戦国大名と国衆

平山優

角川選書
611

戦国大名と国衆　目次

第五章　国衆の武田氏従属

第六章　先方衆としての国衆と武田氏

終　章　武田氏滅亡と国衆

はじめに

本書は、戦国大名武田《たけだ》氏を素材として、その領国《りようごく》支配と軍事編成の特徴を、国衆《くにしゆう》（広域な領域を支配する独立領主、明確な概念規定は後述）を軸に紹介することを目的とする。では、なぜ国衆を軸とするのか。それは、戦国大名の権力構造の特徴と密接に結びついているからである。

戦国大名の領国（「分国」）は、大きくわけて直轄支配地域と、国衆が排他的に支配する国衆領（「領」「国」）によって構成されていた。直轄支配地域とは、戦国大名が軍事侵攻で勝利し、制圧した地域において、敵方を滅ぼしたり追放することでその所領を闕所《けつしよ》として没収し、直轄支配とした部分である。これに対し、武田氏の軍事侵攻に直面して、これに内通、降参した国衆が支配した「領」（数か村から郡規模の支配領域、「国」とも呼ばれる）が国衆領である。その地域では、国衆による自治権が容認され、戦国大名は原則としてその支配領域に干渉することはなかった。

国衆領は、戦国大名の本国の縁辺部に展開しており、武田氏の場合でいえば、甲斐国《かいのくに》（「国中《くになか》」〈甲府盆地一帯〉、「郡内《ぐんない》」〈都留《つる》郡一帯〉、「河内《かわうち》」〈西八代《にしやつしろ》・南巨摩《みなみこま》郡一帯〉の区分があった）のうち、武田氏の本国は「国中」のみで、「郡内」には国衆小山田《おやまだ》氏が、「河内」には国衆穴山《あなやま》武田氏が排他的な地域的領主制を展開していた。さらにその外側には、占領地域となった信濃《しなの》・

上野《こうずけ》・駿河《するが》・遠江《とおとうみ》・飛騨《ひだ》・奥三河《おくみかわ》・東美濃などがあり、それらは国衆領と武田氏の直轄支配地域とによってモザイクのように構成されていた。

また、戦国争乱を戦い抜くために編成された、戦国大名の軍事力も、かなり乱暴な分け方だが、戦国大名の直轄軍事力と、従属国衆の軍事力によって構成されていたといえる。ここでいう大名の直轄軍事力とは、御一門衆、準一門、譜代、在村被官、傭兵《ようへい》など、大名当主に直属する存在である。いっぽう、国衆の軍事力は、自ら「家中」（一門、家臣団）によって構成される軍勢を持ち、それを率いて大名のもとに参陣する形態であった。その規模は大小様々であるが、独自の「備」（軍隊）を編成できるほど、大身の国衆も存在した。戦国大名は、この二つを組み合わせて、軍隊を編成していたのである。ここでも、国衆が戦国大名の軍事力の柱を担っていたことがわかるだろう。

そこで問題となるのは、こうした国衆とは、どのようにして成立したのかという問題である。鎌倉期の地頭領主、室町期の国人《こくじん》領主とはどう違うのか。その領主としての特徴とは何か。まず、これを後に武田領国となる地域の国衆を軸に検討する必要があるだろう。

次に、戦国期に入り、天文十一年以後、武田氏が本格的な他国侵攻を開始したことで、国衆は追放されたり、滅亡した者以外は、これに従属、編成される道を選択した。基本的に、自領の支配については武田氏の干渉を受けず、自治を認められながら、それに結集し奉公することを決断したわけだが、国衆の動向と武田氏への従属過程を詳細に跡づけ、その支配・被支配関係の実態を明らかにする必要があるだろう。

その上で、国衆が戦国大名に対して行った負担（奉公）の内容と、大名が彼らを統制し、様々な命令や指示などの意思伝達をどのように行っていたかを検討する。これは、国衆の様々な思惑や願いごとは、どのような方法で大名当主に報告され、処理されたかを明確にすることにも繋《つな》がる。このことは、同時に大名はその領国（直轄支配地域と国衆領）をどのように統治していたかということと、従属国衆（先方衆ともいう）を武田軍に編成するにあたって、統治方法との関係性がどのように考慮され、実現されていたかを探ることにも繋がるだろう。

武田氏だけでなく、戦国大名領国は、直轄支配地域と国衆領が存在し、モザイクのように構成されたものである。これまで多くの戦国大名論は、直轄支配地域に力点を置いて語られてきた。だが近年、国衆に注目が集まり、多くの研究が蓄積されるようになっている。こうした研究動向を受けて、武田氏をフィールドに、国衆の成立、展開、消滅という歴史に焦点を当て、戦国大名武田氏の領国支配と軍事編成の特徴を通覧することを目指した。少なくとも、武田氏研究では、これを総括した著作はまだ存在していない。近年隆盛をみせる戦国期国衆論と戦国大名論に学びつつ、これらの課題を果たしてみたいと思う。

凡例（本文中の史料出典略記号は以下の通り）

『塩山市史』史料編第一巻→塩＋史料番号／『小田原市史』史料編一→小田原＋史料番号／『愛知県史』資料編11織豊1→愛＋巻数＋史料番号／『甲斐国志』→『国志』／『甲陽軍鑑』→『軍鑑』／『静岡県史』→静＋巻数＋史料番号／『静岡県史料』→静県＋巻数＋頁数／『信濃史料』→信＋巻数＋頁数／『上越市史』別編1・2上杉氏文書集一・二→上越＋文書番号／『新訂徳川家康文書の研究』第一輯→家康＋頁数／『新編信濃史料叢書』→新信叢＋巻数＋頁数／『戦国遺文今川氏編』→戦今＋文書番号／『戦国遺文真田氏編』→戦真＋文書番号／『戦国遺文武田氏編』→戦武＋文書番号／『戦国遺文後北条氏編』→戦北＋文書番号／『増訂織田信長文書の研究』→信長＋文書番号／『武田氏家臣団人名辞典』→『辞典』／『春野町史』資料編一→春野＋史料番号／『山梨県史』資料編4中世1県内文書→県内＋史料番号／『山梨県史』資料編5中世2県外文書上→県外上＋史料番号／『山梨県史』資料編5中世2県外文書下→県外下＋史料番号／『山梨県史』資料編6中世3下県外記録→県外記録＋史料番号

図表作成／小林美和子

第一章　戦国期の国衆と先方衆

国衆とは何か

これまで、しばしば文中で「国衆《くにしゅう》」という言葉を使用してきた。これが、戦国期の有力領主という意味合いで使用されていたことはおわかりいただけたと思うが、それでは具体的に何をもって国衆と規定するのか。まずここから説明しよう。

国衆とは、室町期の国人《こくじん》領主とは性格を異にする領域権力として成長を遂げた、戦国期固有の地域的領主を指す学術用語である。すでに、戦国期の地域領主については、地域的領主論（峰岸純夫・一九六九年）、戦国領主論（矢田俊文・一九七九年）などが提示されていたが、黒田基樹氏が東国の領域権力について、膨大な個別研究を積み重ね、峰岸氏の地域的領主論を継承しつつ、独自の概念として提示したのが国衆論である。

黒田氏の国衆に関する定義をまとめると、おおよそ次のようになる（黒田基樹・一九九四年、一九九七年、二〇〇一年、二〇一四年）。

1、国衆とは、室町期の国人領主制が変質し、自分の居城を中心に地域的支配権を確立した領域権力として成長を遂げたものであり、その領主制の形態は戦国期固有のものである。

2、国衆が戦国期固有の地域的領主制であることの指標として、一円領として地域的・排他的な支配領域を確立していることである。それは郡規模であることが多く、「領」と呼ばれるが、同時に「国」として捉《とら》えられていた。

3、国衆の支配領域は独立しており、平時においては基本的に大名の介入を受けない。
4、国衆は独自に「家中」を編成し、「領」の支配においては、独自に文書発給などを実施するなど行政機構を整え、年貢・公事《くじ》収取や家臣編成などを実施していた。そのため、国衆の領域支配構造は、戦国大名の領国支配構造とほとんど変わるところがない。
5、国衆は、大名と起請文《きしょうもん》を交換し、証人（人質）を提出することで従属関係を取り結ぶが、独立性は維持されたままである。
6、戦国大名は、国衆を従属させ、その支配領域たる「領」の安堵《あんど》と存続を認める代わりに、奉公（軍役《ぐんやく》、国役《くにやく》等の負担）を行わせる。
7、しかし、戦国大名と国衆との関係は、双務的関係であり、大名は国衆の存続のために、援軍派遣など軍事的安全保障を実現する義務を負う。もし大名が援軍派遣を怠ったり、保護を十分になしえない状況に至った場合、国衆は奉公する大名が安全保障を担えないと判断し、大名との関係を破棄（離叛《りはん》）して、他の戦国大名に従属することを躊躇《ちゅうちょ》しない。
8、戦国大名は、国衆を統制するために、重臣を「取次」とし、それを通じて様々な命令を国衆側に伝達した。いっぽう国衆も、大名への要望を「取次」を通じて上申した。なお、国衆と「取次」は、戦時においては同陣（相備《あいぞなえ》）として一体化し、国衆は「取次」を担当する大名重臣の軍事指揮に従うことになっていた。

その後、大石泰史氏が、黒田氏の定義を受け止めつつ、イエズス会宣教師の記録などを踏まえて、さらに国衆について次のような性格を補足した（大石泰史・二〇一五年）。

a、大名クラスの許《もと》で、その領域を有する氏族
b、大規模な郡規模の領域を有する氏族
c、地方の支配者で「殿」と呼ばれて、大名クラスの「王国」と間違われるほどの「国＝郡」を領土・領域として有する＝自立的な氏族
d、「国王」である守護クラスの人物と誤認されるほどの権力を有する、身分の高い家臣や諸城主、地方の支配者＝自律的・自立的な氏族
e、大名領国下で、大名に対して謀叛《むほん》を起こしやすい氏族

また、柴裕之氏は、国衆の権力構造を分析したうえで、それを「応仁《おうにん》・文明の乱によって生じた戦国社会状況に伴う幕府―守護体制の動揺・崩壊と、村・町制を基盤とした地域社会の自立が展開するなか、有力領主の『家』のもとに存立を求める領主たちの結集（「家中」）と一円的支配領域（「領」）の成立により形成された」ものと捉え、国衆の「領」を一郡・一庄・数郷規模に及ぶと指摘した。また国衆の権力構造は、戦国大名と同質であり、またその規模が小さくなっただけに過ぎないという黒田説に賛同しつつも、それは国衆の当主を頂点とする「家」を盟主に、親類・被官、同心衆がそれぞれの「家」の存立を求めて結集したものであるが、それは「一味」して行動する集団（「衆」）という一揆《いっき》的性格が濃厚であると指摘した（柴裕之・二〇一四年）。

史料用語としての「国衆」

そもそも「国衆」という用語自体は、当時から使用されており、ほんらいの意味は、古代律令制下の在庁官人（土着の有力者）をはじめ、国衙《こくが》領の住人を指す用語であったが、中世の室町期に各国の守護のうち、任国に居住した土着の武士を示すようになった（『日本国語大辞典』他）。つまり、地域の武士の総称という性格が濃厚だというのである。

そこで、戦国期の文書をもとに、同時代での事例を探ってみよう。まず、武田領国ではどのような用例があるだろうか。極めて少ないのだが、管見に触れたものを紹介しよう（戦武二五一四号）。

一大島在城之事者、玄徳斎（日向宗栄）井栗伊（栗原伊豆守信重）・小六（小山田六左衛門尉昌盛）□□たるへし、其外秋伯（秋山伯耆守虎繁）同心之国衆、足軽衆守小六・保弾（保科正直）下知、昼夜番勤仕之事

付、堅固之備、各無表裏可申合、又人数為不足者、可有加勢之事

この史料は、武田勝頼《かつより》が長篠《ながしの》敗戦直後の天正三年八月十日付で、高遠《たかとお》衆保科正俊《ほしなまさとし》に宛てて出した全二十八ヶ条に及ぶ「覚」の一条である。勝頼は、徳川家康への反攻を意図し準備を進めたが、その際に信濃《しなの》へ織田軍の後詰《ごづめ》が来襲することを想定し、伊那《いな》・木曾《きそ》郡の防衛策を策定し、これを指示した。ここに掲げたのは、伊那の要衝大島城の防備を指示した部分である。

当時、大島城代（伊那郡代）であった秋山虎繁《あきやまとらしげ》は、東美濃の岩村城に籠城《ろうじょう》中であったため、勝頼は重臣日向宗栄《ひなたそうえい》・栗原信重《くりはらのぶしげ》・小山田昌盛《おやまだまさもり》を派遣し、秋山の同心の「国衆」と足軽衆については、小山田と保科正直《まさなお》の指揮下に編入し、昼夜城番をさせるよう指示している。ここでの「国衆」は、信濃の武士を指すように見えるが、全二十八ヶ条を通読すると、武田氏重臣の指

揮、命令下に入り、様々な指示を受ける主体は、下条《しもじょう》・松尾《まつお》小笠原《おがさわら》・春近《はるちか》衆・木曾《きそ》・座《ざ》光寺《こうじ》・伴野《ともの》・知久《ちく》衆など、城持ちの有力者ばかりである（その他の武士は、「伊奈郡上下之貴賤」「上伊奈衆」「下伊奈衆」という括《くく》りで呼ばれている）。このことから、武田氏においては、「国衆」とは武士のなかでも相当の大身を指す言葉だとみてよかろう。

このことについて、他の史料から検証してみたい。以下では、外国人宣教師がみた戦国大名と国衆の関係について紹介しよう（柴裕之氏のご教示による）。すでに大石泰史氏による紹介と総括がなされているが、いくつかの記事を掲げて検討しておこう。

まず紹介するのは、ヴァリニャーノ『日本巡察記』である。

①「（実力で位階と領土の実権を獲得した――平山註）それらの者の中で、最高の者は屋形《ヤカタ》と称せられる。彼等は諸国の完全な領主であり、日本の法律と習慣に従い全支配権と命令権を有するから、国王であり、その名称に相応している。この下に国衆《クニシュ》と称される人々が居り、我等の公・侯・伯爵に該当する。すなわち各王国は国《クニ》と称せられる八、十、十二ぐらいの部分に分かれており、彼等はその領主であるから国衆と称されるのである。これらの人々のうち、ある者は強大であり、ある者は（弱）小である。ただ一国を有する者もあり、二国、あるいは三国を有する者もあって、内裏から受ける栄誉の種類と、所有する土地の面積によって差異が生じるからである」（第一章）

②「これらの国の各々の中に、その格式に応じて、国衆の家臣である多くの小領主が居り、彼等は、一、二、あるいはそれ以上の城砦や村落を有する。彼等はまさしく我等の間にお

ける男爵に相当し、彼等とその主要な家臣はその地方の郷士である」（第一章）

③「屋形は五十万石――日本人は収入をこのように数える――の米収入を有していて」「同様に国衆もその所有する三万石か四万石を、城塞の主である十二名、十五名、あるいは二十名の殿に分配し、この殿はそれぞれ、千石か二千石前後の領主となる」（第二十八章）

これによると、戦国大名は西洋の国王に相当すると認識され、領土（「王国」）の全支配権と命令権を保持した。だがその「王国」には、いくつもの「国」が存在し、その支配者が「国衆」であり、その規模と勢力は強大なものから弱小なものまで様々であった。また「国衆」の「国」の規模はおおよそ三、四万石程度であり、この中から、「国衆」の家臣である「殿」（「小領主」）に分与された。「小領主」（「殿」）は城砦《じようさい》を持ち、一ヵ村から数ヵ村に及ぶ地域の領主であって、知行の規模は一、二千石ほどであるという。

このように、「国衆」とは、戦国大名領国下で「国」を実効支配する領域権力であり、「国」（「領」）においては数か村を支配する土豪（「小領主」）を家臣に編成していたという姿が浮かび上がる。つまり、国衆は独自の「国家」（「国」＝領土、「家」＝「家中」）の支配者であり、戦国大名領国は、これらを包含する「惣《そう》国家」だったといえる（柴裕之・二〇一四年）。

こうした記録を残しているのは、ヴァリニャーノだけではない。ルイス・フロイスも、一五八八年二月二十日付・イエズス会総長宛書簡において「（戦国乱世は――平山註）様々な領主が興り、屋形という我らの間では国王に相当する称号をとっている。彼ら同志の間で戦さを続け、天下人（五畿内《ごきない》の支配者〈「日本の君主」〉のこと――平山註）とも戦う。そこから日本の戦さや騒乱が引き続いて発生している」「またこれら屋形衆は、自国の中に様々な国衆と呼ばれる殿を持っているため、容易に互いに騒ぎを起こし謀反し易い。日本ほど、大きく一転、二転する所を知らない。というのも、毎回大きな変転があり、今日一国の主人だった者が、数日経つとすべてを失い、また、短期間に大領主になるのである」(『十六・七世紀イエズス会日本報告集』第Ⅲ期第7巻)と記しているからである。ここに記録されている戦国大名と国衆との関係についての認識は一致していることがわかるだろう。

学術用語としての「国衆」

こうしてみると、史料用語としての「国衆」とは、単なる地方武士の総称ではなく、それなりのレベルの有力者を指すのではないかとの印象を強くする。外国人宣教師は、国衆のことを、一国もしくは複数の国を支配し、それは三、四万石規模に相当すると指摘している。これは、近世初期でいえば、上野国《こうずけのくに》前橋三万石(平岩親吉《ひらいわちかよし》、天正十八年〈一五九〇〉)、下総国古河《しもうさのくにこが》三万石(小笠原秀政《おがさわらひでまさ》、同前)、同国佐倉四万石(武田信吉《のぶよし》、同前)、上総国久留里《かずさのくにくるり》三万石(大須賀忠政《おおすがただまさ》、同前)などと同じ規模であり、これらはいずれも戦国期の国衆領にあたる地域である。また国衆の家臣のうち、一門や有力土豪層は、一、二千石だというから、近世では一般的な旗本クラスに相当する。戦国期国衆の「領」(「国」)の規模がどれほどであったかについては、現在のところ明確な研究は存在していない。このことについては、武田領国を事例に後で詳細に検討してみたい。

次に戦国期東国の事例をもとに、「国衆」とはどのような武士と認識されていたかを検討してみよう。

永禄《えいろく》七年三月十三日上杉謙信は、関東在陣中の情勢について越後《えちご》留守居の吉江忠景《よしえただかげ》・本庄実《ほんじょうさね》乃《より》らに「れいしき《（例式）》国衆油断之様候つる間、越後之者共直ニ召連、惣躰白井安内者にて、去一日ハとり入候」「国衆の事ハ佐・宮を始、弓矢かいなくわたられ候間、越後衆計ニていくさハかないかたく候」と書き送っており（上越三九五号）、また天正十年七月十八日、北条家臣の黒澤《くろさわ》繁信《しげのぶ》は、天正壬午《てんしょうじんご》の乱の真っ直中、北条氏直《うじなお》軍本隊が信濃《しなの》に侵攻した際に「くに衆真田・高坂・潮田其外信州衆十三頭者、十三日出仕候」と記している（戦北二三七七号）。

　これをみると、単なる土着の武士の総称というよりも、勢力が大きい領主層を指す用語との印象が強い。上杉謙信は、関東の「国衆」がいつものように緊張感がなく、準備を怠っているがゆえに、作戦がままならず、かといって佐竹《さたけ》・宇都宮《うつのみや》氏らの協力がなければ北条氏康《うじやす》と戦うこともできぬと嘆いている。また北条氏は、信濃に侵攻した氏直軍のもとへ、真田昌幸《さなだまさゆき》・春日《かすが》（高坂《こうさか》）信達《のぶたつ》（海津《かいづ》城代）・塩田氏（塩崎氏の誤記、塩崎城主）ら十三頭（頭は、軍団の数を指す）が出仕したと述べている。このことから、「国衆」とは、単なる地方の武士を指すわけではなく、自前の軍勢を率いる有力領主層のことであり、それは戦国大名の軍事情勢を大きく左右するほどの存在であったことを窺《うかが》わせる。

　例えば天正十一年四月二十二日、上杉景勝《かげかつ》が信濃国麻績《おみ》付近で、麻績城攻略を目論《もくろ》み進撃してきた、小笠原貞慶《さだよし》（松本城主）の軍勢を撃破した上杉方の諸将を激賞した書状において「今度小笠原至于麻績地相動候処、国衆并《ならびに》其地之人数吾分召連」と記している（上越二七四六号）。つまり、ここでも上杉方の宿将に協力した信濃の武士たちは、国衆とその他の武士（「其地之人数」）は明確に区別されている。ここにみえる「国衆」は、有力領主層を指すとみて誤りないであろう。

また後述するように、国衆の支配領域である「領」（「国」）は、国衆の本拠地の城郭もしくは名字を冠して呼称されるのが一般的であり、彼らの属性は本城とその城下を経営しつつ、必要に応じて「領」の各地に城砦を保持する「城持ち」であったといえるだろう。

黒田基樹氏がその研究を牽引《けんいん》し、一般化してきた国衆概念も、もちろんこうした当時の用語を意識しつつも、室町期の「国人」とは違った戦国期の領主の性格を規定するために提起された学術用語である。

ただし、おもに西国の戦国史研究者からは異論も提起されているほか、史料用語としての「国衆」と、学術用語としての「国衆」の差異、ズレがあることから、それが研究に混乱をもたらすことを危惧《きぐ》する批判があるのも事実である。だが、私は歴史学が実証研究に基づく学術用語を共通言語として展開している事実を重く見て、研究概念（学術用語）としての「国衆」論を厳密に規定すべく、その内実をより豊かにする方向性を重視すべきだと考えている。同じような混乱と問題は、室町期の領主制としての「国人」「国人領主制」で発生した経緯がある。「国人」という史料用語（同時代の認識）と「国人領主制」の概念規定には多くの齟齬《そご》があり、それがかえって研究に混乱をもたらしたことは事実であるが、戦国期の国衆研究とは事情が大きく異なることに留意すべきであろう。

室町期の「国人」および「国人領主制」の研究は、まずその史料用語が意味するところの問題を掘り下げることなく、学術用語としての概念が一人歩きしてしまい、その反省から「国人」というほんらいの意味を追求する研究が後発で実施された。だが、戦国期の領主制としての「国衆」概念は、個別事例研究の積み重ねを裾野《すその》に展開されているのであり、学術用語としての成り立ちの経緯からして大きく異なっているといえるのである。

なお、中国地方でも、「国衆」は「国人」のなかでも特に有力な家を限定して指すものであり、室町幕府体制下の地頭御家人の系譜を引き、安芸国《あきのくに》では毛利《もうり》の他に、吉川《きっかわ》・小早川《こばやかわ》・宍戸《ししど》・熊谷《くまがい》・天野《あまの》（二家）・平賀《ひらが》・阿曽沼《あそぬま》の八家のみを指すものであったとの指摘もある（秋山伸隆・一九九八年）。

これらのことから、外国人宣教師の認識といい、東国戦国期の大名当主の認識といい、ともに「国衆」が強大な領主を指す言語と見ていたことは間違いなく、近年の国衆論は極めて有効だといえるだろう。

先方衆とは何か

武田氏の軍事力を支える大きな主柱が、先方衆である。先方衆とは、戦国争乱の過程で武田氏に従属することを選択した他国の国衆のことを指す。先方衆という用語は、戦国期にはすでに使用されていたもので、武田氏直臣の区分を示す呼称でもある。

武田信玄・勝頼《かつより》に従属する武士は、分限の大小、本国・他国に関係なく、すべて「御家人」と呼称されていた。これは、彼らが武田氏当主の直臣であることを意味していた（黒田基樹・二〇〇八年①）。しかし、甲斐《かい》本国の御家人は、武田氏の「家中」を構成し、それゆえに軍事力と統治機構を支える存在、すなわち譜代として重視された。穴山、今井、岩手、油川、小山田、栗原、大井氏など、かつて武田信虎《のぶとら》と鋭く対立した甲斐国衆も、信玄・勝頼の代になるにつれ、武田氏の家政機構を支える存在に変化していき、譜代家臣としての性格を強くしていく。いわゆる「本国内国衆の譜代化」と呼ばれる現象である（丸島和洋・二〇一一年、二〇一三年）。

これに対し、武田氏が軍事侵攻に伴い領国化した信濃《しなの》・上野《こうずけ》・駿河《するが》・遠江《とおとうみ》・飛騨《ひだ》・三河《みかわ》・美《み》濃《の》などで勢力を扶植していた武士のうち、有力な国衆を「先方衆」と呼称し、甲斐の御家人と区別した。なお「先方衆」については、「せんほふ衆」（上越三七二六号）と所見されることから、「先方衆《せんぽうしゅう》」と訓《よ》むのが正しい。

武田氏の発給文書には、数例を見出《みいだ》すことができる。

①一駿州衆惣而城内江出入、分別之外候、就中本城ニ不断、先方衆居住堅禁之候、但於無拠用所之人者、昼計可出入、是も不可過十人候、従酉刻明巳之刻迄者、一切本城江先方衆出入堅禁制之事

附、此旨無思慮出入之輩者、可為罪科之事

②猶其城用心極此一事候、其方同番駿州先方衆ニ候間、聊も無由（油）断城内堅固之仕置専用候、

以上

③一本城江不嫌夜白、先方衆出入之事

①は、永禄十二年四月十九日付で、武田信玄が駿河国興津《おきつ》城に籠城する穴山信君《のぶただ》に宛てた城《しろ》掟《おきて》の一条である（戦武一三九六号）。信玄は、駿河衆（先方衆）に対し味方とはいえ警戒を怠らず、本城（本曲輪《ほんぐるわ》）に居住させたり、一度に十人以上の出入りを禁止させるなど、詳細な指示を与えている。

②は、天正三年六月三日付で武田勝頼が信濃衆清野《きよの》刑部左衛門尉《ぎょうぶさえもんのじょう》に宛てた書状の追而書《おってがき》である（戦武二四九五号）。長篠《ながしの》敗戦直後、勝頼は駿河のどこかの城（詳細不明）を守備していた清野に対し、江尻《えじり》城に穴山信君を配置したこと（前城代山県昌景《やまがたまさかげ》が戦死したため）を報じ、城の守備を厳重にするよう指示した。その追而書で、清野とともに城番を務める「駿州《すんしゅう》先方衆」にも気を配りながら、城の維持につとめるよう督励している。

③は、年未詳七月一日付で武田勝頼が駿河国江尻城に在城していた穴山信君に宛てた「内覚」の一条である（戦武三七一五号）。武田氏は、先方衆が本城に昼夜の別なく出入りしているとの情報を知り、事態を憂慮していることがわかる。

これらの事例から、「先方衆」は、「駿州」のように国名を冠して呼称され、また武田氏の御家人のうち、他国の武士たちを指すことが確認できる。

ところで他国の外様有力国衆は、なぜ「先方衆」と呼ばれることになったのであろうか。それは、彼らが「先方」という語句を特に冠するに値する立場にいた有力武士だったからに他ならない。そもそも「先方」という言葉は、例えば武田信玄が永禄十一年、駿河今川氏攻略を開始した際、氏真《うじざね》を見捨て、武田氏に従属することを選択した国衆に対し、次のような文言を持つ知行安堵を約束した証文にみられる。

信玄は、武田軍が駿河に侵入したのを合図に、一斉に今川氏から離叛した朝比奈《あさひな》・岡部・孕石《はらみいし》・佐野氏ら重臣層に対し、本領安堵や新恩給与を約束したが、その文書に「向後不慕先方、可励忠節者也」（戦武一三七一号）、「畢竟不慕先方可励戦功者也」（同一三七四・九一・九二号ほか）などが多数見られる。ここに登場する「先方」とは、武田氏に帰属した武士の旧主（今川氏真）を指している。つまり「先方」とは、武田氏に敵対していた大名のことであり、「先方衆」とはかつて敵対関係にあった大名に従っていた有力武士が、降伏したり、離叛したりして、武田氏に従属し、新規に味方になった人々のことを意味するわけだ。

『甲陽軍鑑』に登場する先方衆とその兵力

ところが、ややこしいのは、すべての他国武士が「先方衆」に区分されていたわけではないことである。これは先に紹介した「国衆」のように、すべての地方の武士が「国衆」であったわけではないのと同じである。地方の武士の中には、村・町・宿に居住し、武田氏の軍事動員に応じる土豪・有力百姓層ら（「有徳人」「武勇之輩」）のような小身の在村被官や、国衆ほど大身ではないが、土豪らよりも大身の中級武士層（例えば、甲斐国武川《かいのくにむかわ》衆、津金《つがね》衆の頭目であった山高《やまたか》・津金・小尾《おび》氏など）もいる。

では武田領国において、他国の武士のうち、「先方衆」と呼ばれたのはどういった人々であったのだろうか。それを知る手掛かりとして、『甲陽軍鑑』品第十七、巻八に収録されている「武田法性院信玄公御代惣人数之事」（以下「惣人数」で統一）がある。この史料は、すでに小林計一郎氏によって基礎的な分析が行われており、他の文書や記録をつき合わせる必要はあるが、おおよそ信頼できる記述であると指摘されている（小林計一郎・一九六五年）。

この記録がどの時期の武田家臣の様子を示すものなのかを検討してみると、ここに登録されている人物のうち、まず武田氏の御一門衆（「御親類衆」）に松尾信是《まつおのぶこれ》（信玄の異母弟）が登録されていない。信是は、元亀《げんき》二年（一五七一）三月歿《ぼつ》なので、それ以後のものということになる。ところが、御譜代家老衆に浅利信種《あさりのぶたね》（永禄十二年十月の三増峠《みませとうげ》合戦で戦死）、三河《みかわ》国衆奥平《おくだいら》・菅《すが》沼《ぬま》氏ら山家《やまが》三方《さんぽう》衆（元亀三年、武田氏に従属）などが登録されており、記述に一貫した方針が認められない。そのため今のところ、「惣人数」は、必ずしも厳密な一時期の様子を伝えているわけではなく、編者の記憶違い、錯誤などを含みつつ、おおよそ永禄十二年から元亀四年頃までの、すなわち武田信玄晩年の家臣団と軍事編成を登録したものと考えられている。

この「惣人数」において、他国の有力国衆は「信州先方衆」「西上野《こうずけ》衆」「駿河《するが》先方衆」「遠州・三河先方衆」「飛騨国《ひだのくに》先方衆」「越中国先方衆」「武蔵国《むさしのくに》先方衆」の七個に区分されたうえで、それぞれ氏族名と軍役量（騎数）が列挙され、さらに一部に注記が施されている。これらの記述を一覧表にしたものが、表1-1である。『甲陽軍鑑』の古写本や流布本などにより記載の順番や記述内容に若干の相違があるが、それらを考慮しつつ掲げてみた。

すると、先方衆と認識されている有力国衆は九一氏、兵力（軍役量）は最大値で一二六五騎、

区分	No.	登録名	兵力(騎)	郡名	氏族	本拠
信州先方衆	32	常田	10	小県郡	常田氏	常田城
	33	矢沢	16	小県郡	矢沢氏	矢沢城
	34	尾野山	6	小県郡	尾野山氏	尾野山城
	35	桜井(伴野)	5	佐久郡	伴野氏	前山城
	36	丸子	30	小県郡	丸子氏	丸子城
	37	武石	30	小県郡	武石氏	内村(武石)城
	38	おぎ	10	筑摩郡	麻績氏	麻績城
	39	会田	10	筑摩郡	会田岩下(海野)氏	虚空蔵山城
	40	山口	5	?	?	?
	41	戸田大隅守	6	?	?	?
	42	保科弾正	120	伊那郡	保科氏	もと高遠頼継重臣、高遠衆
	43	坂西	60	伊那郡	坂西氏	飯田城
	44	大津	10	?	?	?
	45	与良	10	佐久郡	与良氏	与良城
	46	塔原中務	20	筑摩郡	塔原海野氏	是八本名海野也
	47	小田切采女正	30	佐久郡?	小田切氏	?
	48	知久	55	伊那郡	知久氏	神之峰城、伴野城
	49	座光寺	30	伊那郡	座光寺氏	山吹館
	50	松岡新左衛門	80	伊那郡	松岡氏	松岡城
	51	塩崎	20	更級郡	塩崎氏	塩崎城
	52	小泉	20	小県郡	小泉氏	小泉城
	53	室賀	20	小県郡	室賀氏	室賀城
	54	禰津	30	小県郡	禰津氏	禰津城
	55	大島・片桐・飯島・上穂・赤須	50	伊那郡	大島・片桐・飯島・上穂・赤須氏	春近衆
	56	諏方	50	諏方郡	諏方氏(諏方満隣・頼豊)	粟沢城
	57	清野清寿軒	90	埴科郡	清野氏	清野屋敷
	58	くさま備前守	12	筑摩郡	草間氏	草間屋敷(草間肥前屋敷か)
西上野衆	59	小幡上総守	500	甘楽郡	小幡氏	国峯城
	60	和田	30	群馬郡	和田氏	和田城
	61	多比良	40	多野郡	多比良氏	多比良城(新堀城)
	62	高山	50	緑埜郡	高山氏	高山城

表1-1　武田氏の先方衆一覧（『甲陽軍鑑』による）

区分	No.	登録名	兵力(騎)	郡名	氏族	本拠
信州先方衆	1	真田源太左衛門	300(200)	小県郡	真田氏	松尾城
	2	真田兵部丞	50	小県郡		
	3	芦田	150	佐久郡	芦田依田氏	芦田城、春日城
	4	松尾	100	伊那郡	松尾小笠原氏	松尾城
	5	下条	150	伊那郡	下条氏	下条城
	6	相木	80	佐久郡	相木依田氏	相木城
	7	海野	89	小県郡	海野氏	海野氏館
	8	屋代	70	埴科郡	屋代氏	屋代城・荒砥城
	9	雨宮	70	埴科郡	雨宮氏	唐崎山城（朝日山城・藤崎城）
	10	浦野源之丞	10	小県郡	浦野氏	浦野城
	11	綱島豊後		更級郡	綱島氏	大堀館
	12	寺尾	20	埴科郡	寺尾氏	寺尾城
	13	保科左近		高井郡	保科氏	霜台城、保科氏館
	14	大室	10	高井郡	大室氏	大室城
	15	河田蔵人	10	高井郡	河田氏	川田氏館
	16	大日方	110	水内郡	大日方氏	古山城
	17	綿内	30	高井郡	綿内井上氏	綿内城
	18	嶋津安房守入道	120	水内郡	嶋津氏	矢筒城
	19	須田淡路守	70	高井郡	須田氏	須田城
	20	仁科入道	80	安曇郡	仁科氏	森城
	21	小田切	30	水内郡	小田切氏	吉窪城
	22	栗田刑部太夫	160	水内郡	栗田氏	栗田城
	23	山家	40	筑摩郡	山家氏	山家城
	24	春日播磨	50	水内郡	春日氏	篠平城
	25	芋川	60	水内郡	芋川氏	芋川氏館
	26	岩井左馬助	100	高井郡	岩井氏	岩井城
	27	八幡神主	20	更級郡	松田氏	八幡松田館
	28	西条治部少輔	40	埴科郡	西条氏	竹山城
	29	赤沢	40	筑摩郡	赤沢氏	浅間館
	30	小笠原新弥	6	筑摩郡	小笠原氏	？
	31	青柳	50	筑摩郡	青柳氏	青柳城

区分	No.	登録名	兵力(騎)	郡名	氏族	本拠
西上野衆	63	白倉	50	甘楽郡	白倉氏	白倉城
	64	あまお	50	甘楽郡	甘尾(天引)氏	天引(甘尾)城
	65	木部	50	緑埜郡	木部氏	木部城
	66	倉賀野	50	群馬郡	倉賀野(跡部)氏	倉賀野城
	67	依田六郎	80	碓氷郡	鷹巣(板鼻)依田氏	鷹巣(板鼻)城
	68	後閑	60	碓氷郡	後閑(上条)氏	後閑城
	69	長根		多野郡	長根小幡氏	長根城
	70	大戸	10	吾妻郡	大戸浦野氏	手子丸城(大戸城)
	71	安中	150	碓氷郡	安中氏	安中城
	72	松本兵部	25	碓氷郡?	松本氏	安中衆?
駿河先方衆	73	朝比奈駿河守	150	庵原郡	朝比奈氏	庵原山城
	74	岡部二郎右衛門	50	志太郡	岡部氏(岡部正綱)	朝日山城?
	75	岡部丹波守	10	志太郡	岡部氏(岡部元信)	高天神城将
	76	三浦右馬介	40	?	三浦氏(三浦員久)	清水城在番
	77	朝比奈監物	20	志太郡	朝比奈氏	朝比奈城
	78	三浦兵部	20	?	三浦氏(兵部助)	用宗城在番
	79	三浦右近	10	?	三浦氏(右近助)	高天神城在番
	80	小原	20	?	小原氏	?
遠州・三河先方衆	81	天野宮内右衛門	100	遠・周智郡	天野氏(天野藤秀)	犬居城
	82	奥平美作守	150	三・設楽郡	奥平氏(奥平定能)	作手亀山城
	83	菅沼文左衛門	40	三・設楽郡	長篠菅沼氏(菅沼新兵衛尉か)	長篠城
	84	名倉の奥平	―	三・設楽郡	名倉奥平氏(奥平信光)	寺脇城、奥平館
	85	菅沼新三郎	40	三・設楽郡	田峯菅沼氏(菅沼定忠)	田峯城
	86	武節の川手新二郎	―	三・設楽郡	川手氏	武節古城
飛騨	87	江馬常陸守	50	吉城郡	江馬氏	高原諏訪城
越中	88	椎名	170	新川郡	椎名氏(椎名康胤か)	松倉城
	89	椎名甚左衛門	25(35)	新川郡	椎名氏(康胤の弟)	
武蔵	90	長井豊前守	80	児玉郡	長井氏	武蔵御嶽城、上野三ツ山城
	91	小幡三河守	100	郡・甘楽郡	小幡氏	鷹ノ巣城(上野国下仁田)

(註)『甲陽軍鑑』巻8所収「武田法性院信玄公御代惣人数之事」をもとに作成。『甲陽軍鑑大成』を定本に、『甲陽軍鑑』上巻(新人物往来社版)を参照して作成。本拠の推定は、各県刊行の中世城館跡調査報告書、市町村誌、宮坂武男著『信濃の山城と館』全8巻による。

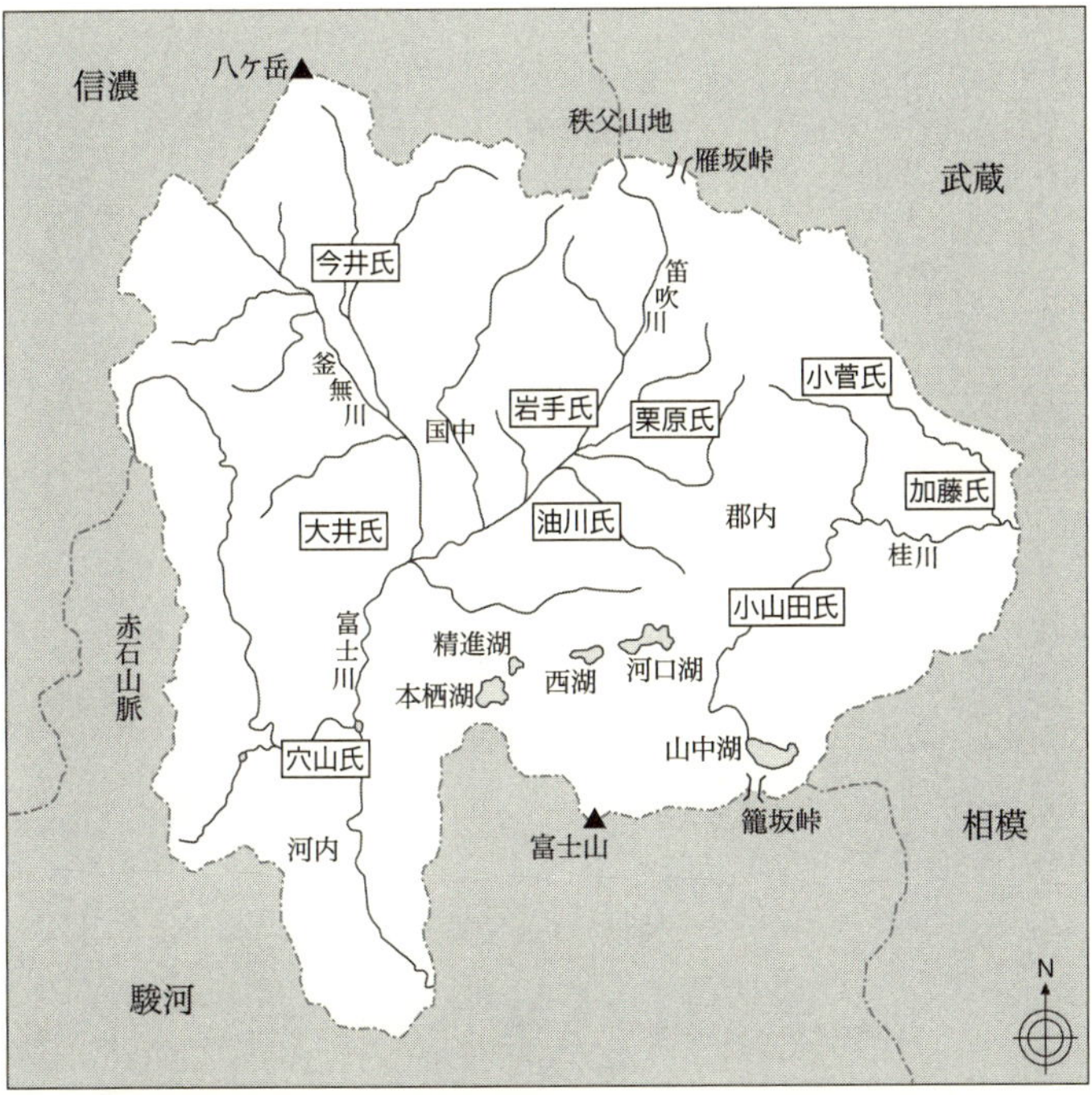

図1-1　戦国期甲斐国の有力国衆分布図

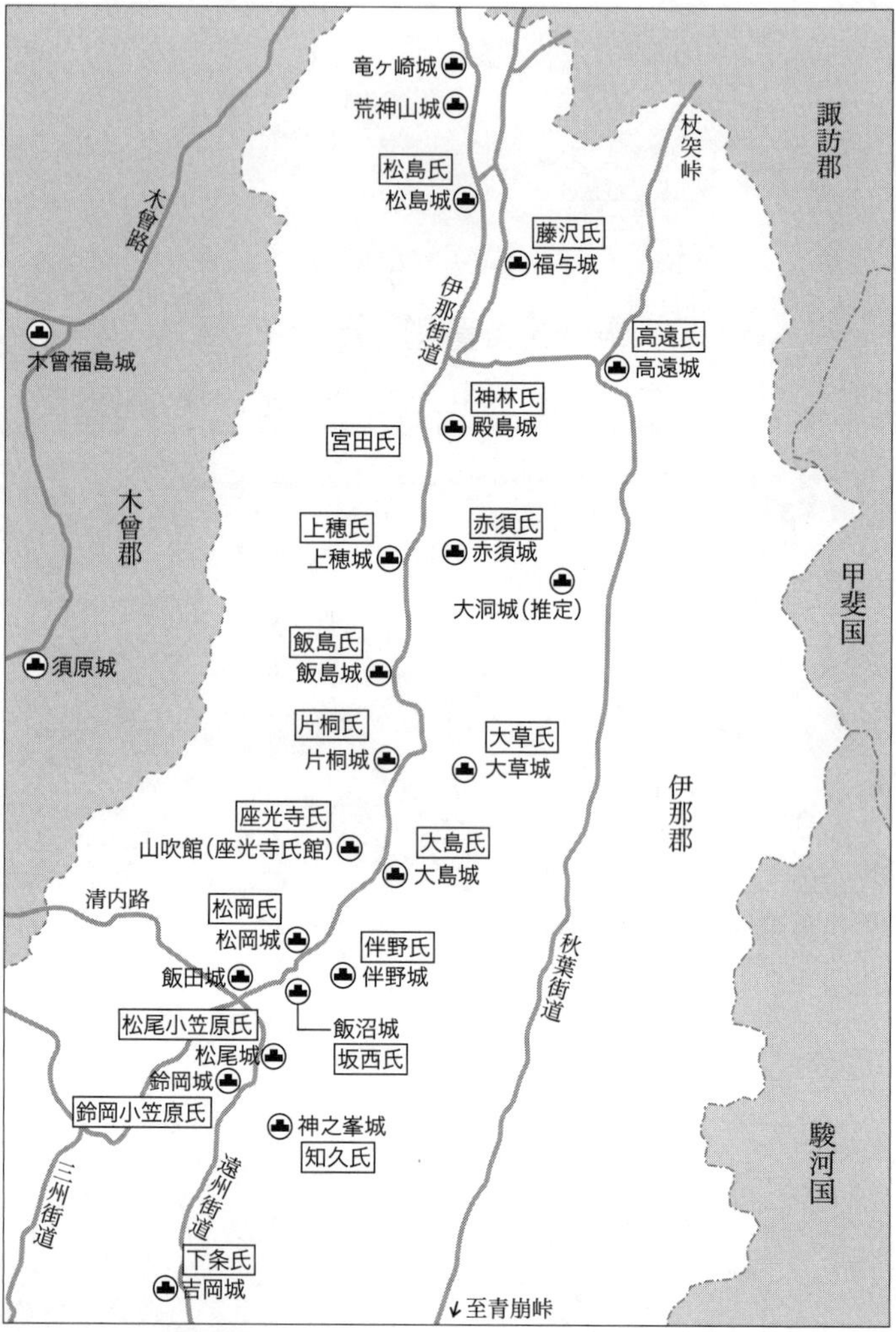

図1-2　伊那郡国衆分布図

図1-3　佐久・小県郡国衆分布図

図1-4　筑摩・安曇・水内郡国衆

図1-5　川中島地方国衆分布図

城主(代)名	持ち城名	軍勢数
豊　島(継信)	下総府川城	150騎
相馬小次郎(秀胤)	(下総守谷城)	100騎
板野刑部大夫(井田因幡守)	(下総) 大台城	150騎
皆川山城守(広照)	下総皆川・栃木・富田・南摩城	1,000騎
蕪木駿河守	(下総) 鏑木城	300騎
壬生中務(義雄)	(下野) 壬生・鹿沼城・日光山	1,500騎
土岐美作守(治綱)	常陸江戸崎・龍ヶ峰 (土岐兵衛助〈胤倫〉・木原城 (進藤〈近藤〉)	1,500騎
氏直相伴人		
小笠原筑後守・伊勢出羽守・大和兵部丞・波賀駿河守・見牛		
		計34,250騎

(注)史料上は34,250騎であるが、総人数を実際に計算すると34,350騎となる。

最小値で一二六〇騎となる。この兵力が果たして正しいかどうかは明らかでないが、参考までに他の事例と対比してみよう。

越後《えちご》上杉氏が、関東の味方中が動員できる兵力（軍役量）を列挙した「関東衆軍役覚」（永禄八年成立か）によると、結城《ゆうき》晴朝《はるとも》は二〇〇騎、小山《おやま》秀綱《ひでつな》は一〇〇騎、小山高朝《たかとも》は三〇騎、佐野《さの》昌綱《まさつな》は二〇〇騎、由良《ゆら》成繁《なりしげ》は三〇〇騎、長尾《ながお》景長《かげなが》は一〇〇騎、成田《なりた》長泰《ながやす》は二〇〇騎、広田《ひろた》直繁《なおしげ》は二〇〇騎、木戸《きど》忠朝《ただとも》は五〇騎、簗田《やなだ》晴助《はるすけ》は一〇〇騎、富田《とみた》重朝《しげとも》は三〇騎、里見《さとみ》義弘《よしひろ》は五〇〇騎、酒井《さかい》胤治《たねはる》は一〇〇騎、太田《おおた》三楽斎《さんらくさい》は一〇〇騎、野田《のだ》政《まさ》朝《とも》は五〇騎、宇都宮《うつのみや》広綱《ひろつな》は二〇〇騎、佐竹《さたけ》義重《よししげ》は二〇〇騎となっている（上越四八一号）。単純に合計すれば、二五一〇騎となり、武田領国の「先方衆」が動員する軍役量のほぼ倍に相当する。

また、天正十八年の小田原合戦に際し、豊臣方によって調査、作成された北条領国の兵力を列挙した「北条家人数覚書」（小田原八二一号）は表1－2の通り

表1-2 「北条家人数覚書」にみる北条方の軍勢

城主(代)名	持ち城名	軍勢数
北条氏直	(小田原城)	馬廻 700騎
北条十郎(氏房)	(武蔵) 岩付・松山城	1,500騎
北条氏政	(小田原城)	馬廻 500騎
北条陸奥守(氏照)	(武蔵) 滝山城、(下総) 水海・関宿・栗橋城、(下野) 小山・榎本城	4,500騎
北条安房守(氏邦)	(武蔵) 鉢形・深谷城、(上野) 厩橋・倉賀野・箕輪・沼田城	5,000騎
北条美濃守(氏規)	相州三浦城、伊豆韮山城	500騎
北条左衛門佐(氏忠)	(上野) 新田城 (下野佐野城ヵ)	300騎
北条右衛門佐(氏光)	(武蔵小机城)	150騎
北条左衛門大夫(氏勝)	相州玉縄城	700騎
箱根寄斎(氏隆)	相州久野城・箱根山	300騎
松田尾張入道(憲秀)		1,500騎
同　左馬亮(直秀)		
大道寺九郎右衛門尉(政繁ヵ)	(武蔵) 河越城	1,500騎
同　孫九郎(直繁)	(上野) 松井田城	
遠山右衛門尉	(武蔵) 江戸城	1,000騎
酒井左衛門尉(政辰)	(上総) 東金城	150騎
山角上野守(康定)		150騎
同　左近大夫		
同　四郎左衛門		
酒井左衛門尉(直治)	(上総) 土気城	300騎
依田大膳亮(康信)		300騎
清　水(康英)	伊豆下田城	200騎
小窪五郎(国分胤政)	(下総) 矢作城	500騎
笠　原		
大藤長門守(直昌)	相州田原城	50騎
長南刑部大夫(武田豊信)	(上総) 長南・池和田・勝見城	1,500騎
成　田(氏長)	武州忍城	1,000騎
内　藤(直行)	(相模) 津久井城	150騎
千葉介(直重)	(下総) 佐倉城	3,000騎
原大炊介(吉丸)	(下総) 臼井城	2,000騎
土岐少弼(義成)	(上総) 万喜・へひうか・鶴か城	1,500騎
高　城(胤則)	下総小金井城	700騎

である。

「惣人数」「関東衆軍役覚」「北条家人数覚書」の三者ともに共通しているのは、兵力を騎数で計上していることである。これは、戦国期において正規兵を馬上の騎馬で表記するのが通例であったことから、実際には「人」と同義と捉えて問題ない（黒田基樹・二〇一三年）。これらには、中間《ちゅうげん》・小者《こもの》などの雑兵（武家奉公人）を含んでいないため、実際の人数はもっと増加することになる。

こうして比較してみると、武田氏の動員に従う「先方衆」の兵力はさほど多くないようにみえるが、これに甲斐本国の国衆（穴山・小山田氏）をはじめ、武田御一門衆、譜代家老衆などを加えれば、最晩年の北条氏には及ばないものの、相当規模の軍勢を動員できたことがわかるだろう。

また、「惣人数」に登録された先方衆をながめてみると、彼らの多くは①地域支配を確立した国衆というだけでなく、②信濃《しなの》国では鎌倉期以来の地頭御家人の流れを汲《く》むほか、③岩村田《いわむらだ》大井氏、坂木村上氏、安曇《あずみ》郡仁科《にしな》氏、信濃守護府中小笠原《おがさわら》氏、諏方《すわ》氏、鈴岡小笠原氏（府中小笠原氏の一族）、滋野《しげの》海野《うんの》氏、高梨氏など、武田氏の信濃侵攻を迎えるまで、地域統合を進め戦国大名化への道を進みつつあった地域的統一権力（地域を統合し、国衆や土豪、地下人らを家臣に編成する権力）を支える一族、宿老出身が多い、という事実を指摘できるだろう。これは、西上野などでも同様であり、また駿河、遠江《とおとうみ》、三河では、戦国大名今川氏や徳川氏を支える重臣や本国国衆ばかりであった。すなわち、先方衆とは、他国の領主層の中でも、とりわけ勢力といい、家格といい、ともに傑出して高く、またそうであるがゆえに、武田氏からその動向が注視され、彼らの帰趨《きすう》と従属が領国拡大と安定に大きく影響する存在であったといえよう。こうしてみると、「国衆」と「先方衆」は同義であったということになる。

つまり、武田領国においては、「先方衆」とは一種の身分、家格であり、傑出した支配領域と軍事力を保持した「国衆」だけに適用された呼称だったといえるだろう。それでは、戦国大名領国下において自立的な支配領域（「領」「国」）を形成し、戦国乱世の過程で大名に従属、編成され、戦国大名の軍事力の支柱の一つを構成した「国衆」（先方衆）とはどのような経緯で出現したのだろうか。これは次章より検討を加えていこう。

「戦国領主」論の問題点

本論に入る前に、本書では、排他的な一円領を支配する地域的領主のことを国衆と呼ぶこととしたわけだが、これを「戦国領主」と呼ぶ論者もいる（村井良介・二〇一五年）。では、なぜ本書ではこの「戦国領主」概念を採用しないのか。このことについて、一言述べておく必要があるだろう。

「戦国領主」論とは、矢田俊文氏により、武田氏を事例として論じられた新たな戦国期権力論である（矢田俊文・一九七九年、矢田氏の研究は一九九八年に集成された）。矢田氏は、何をもって戦国大名というのかという明確な概念規定がなく実に曖昧《あいまい》であり、それが戦国期権力論を混迷させていると論じ、代表的な戦国大名とされる武田氏を事例に、その権力のあり方と特質の再検討を目指した。そして矢田氏は従来に国人領主に代わって、戦国期に成立した固有の地域的領主制を「戦国領主」と規定した。その対象は、甲斐国《かいのくに》の「郡内《ぐんない》」と「河内《かわうち》」で地域的領主制を形成、展開していた小山田《おやまだ》・穴山《あなやま》武田氏である。

矢田氏は、この二氏は、自らの領域を排他的に支配しており、その地域における第一次裁判権、第一次立法権、検注権、夫役《ぶやく》収取権、銭貨役収取権、過書発行権などを行使しており、ここには武田氏の介入が一切見られないことを指摘した。これは室町期国人領主制ではみられなかった、戦国期の地域的領主制固有の展開であり、そのためこれを「戦国領主」と規定したわけである。

これに対し、武田氏は、「戦国領主」側から提起された裁判を実施する第二次裁判権、広域な立法権である第二次立法権、そして彼らを指揮・統率する軍事指揮権、領国の寺社の保護・維持を担う寺社興行権のみを保持すると述べ、それらは守護権を権原とするものと捉え、これは戦国大名ではなく「戦国期守護」であると規定した。つまり、「戦国領主」論は、戦国大名概念の否定論を内包していたわけである。

「戦国領主」論発表当時の戦国史研究は、戦国期とはどういう社会か、そして戦国大名とはいかなる権力であるかについて、日本封建社会論の成立、展開をどう捉えるかという視角から検討されていた。つまり戦後歴史学の主流であった、史的唯物論による社会発展の一形態である封建制をめぐる論争の一環という性格を持っていた。そのため、何をもって戦国大名というかについては、確かに議論が混迷しており、明確な規定がなかったというのは事実である。

また当時の戦国大名研究は、近世大名を一つの到達点とし、それにどれほど近づいているかを評価の基準にしていた。そのため、戦国大名は、こうした地域的領主制に対し、室町期の守護よりも「強い」権力をもって統治したが、結局は彼らの自治支配を否定し直轄支配することを果たし得なかった「弱い」権力であったという評価を生むこととなった。しかも、当時の戦国大名論が、戦国大名の本国や直轄支配地域の史料をもとに組み上げられていたこともあり、地域的領主制をどのように含み込んだ議論を構築するかは、その後の課題として残された。

しかし、峰岸純夫氏の地域的領主制論や、「戦国領主」論を批判的に継承した黒田基樹氏は、膨大な基礎研究をもとに、戦国大名は地域的領主制を否定しようとしたのではなく、それをそのまま領国に編入し統治を実施するのが基本原則であったことを明確にした。その上で、戦国期の地域的領主制は、戦国大名の保護、援助などを受けて、よりいっそう発展を遂げていたことや、彼らは個々では戦国争乱を生き抜くことも、また領内や他の領主との紛争などの諸問題を解決することも困難であり、より上位権力である戦国大名に依拠しなければならなかったことも明らかにされた。こうして黒田氏によって提起されたのが国衆論である。

私が、「戦国領主」論を採用しないのは、黒田説に同意するからであるが、「戦国領主」論を支える矢田氏の武田氏研究の成果に疑問を持っているからに他ならない。その理由として、おもに三つあげることができるだろう。

まず第一に、この概念そのものが、地域的領主制の達成を評価するだけでなく、その上位権力を「戦国期守護」と規定し、戦国大名概念を否定する意図を内在させているからである。ところが、そもそも「戦国期守護」とは何かということについて、実は戦国大名概念よりも明確にされてはいない。室町幕府―守護体制がなおも規定的であり、それゆえに守護補任《ぶにん》を重視するというのであれば、武田氏は間違いなくそれには当てはまらない。

すでに、武田信昌《のぶまさ》（信玄の曾祖父）は守護補任を受けて以後、京都の幕府と連携したり、その支援を受けることなく寛正《かんしょう》・文正《ぶんしょう》・応仁《おうにん》・文明期（一四六〇～八七）の内乱を終息させており、さほどの恩恵を受けてはいない。その後、武田信縄《のぶつな》（信昌の嫡男、信玄の祖父）、信虎《のぶとら》（信縄の嫡男、信玄の父）も幕府と連絡をほとんどしておらず、信虎に至っては、守護補任は大永元年頃と見なされている（秋山敬・二〇〇三年①）。

もはや、首都甲府の建設を独自になし遂げ、国人の反乱を抑えつつ対外戦争を開始するなど、独自の領国支配を展開していたわけであるから、彼の統治権が守護職に重きが置かれていたとは到底みなせない。さらに、武田信玄は、上杉謙信に対抗するために信濃《しなの》守護職の補任を求めたが、続く上野《こうずけ》、駿河《するが》、遠江《とおとうみ》などを制圧する過程ではもはや守護職などまったく視野に置かれてはいない。守護職は、一国単位に補任されるもので、守護職が重視されるのであれば、複数の国を領国とした武田氏などは、すべての守護職獲得に奔走すべきはずなのだが、その必要性すら考慮されていない。また、武田氏の領国支配は、すでに守護の権限をはるかに逸脱するもので、その内容（例えば棟別役《むなべつ》〈棟別銭だけではないことに注意〉、検地、知行役など）も室町期の守護とは大きくかけ離れ、整備されたものになっている。そもそも、「戦国期守護」「戦国領主」論は、北条氏などは検討の視野におさめられておらず、その点も極めて不十分といえるだろう。

第二に、「戦国領主」成立の指標とされた、判物《はんもつ》、印判状など、戦国大名と同じ文書形式により支配領域を統治したことについてであるが、実は小山田・穴山武田氏ともに、こうした文書発給や、税制の整備と賦課・免除権などは、武田氏の領国支配システムの影響を受けて成立したものであり、独自に形成されたわけではない。しかも小山田氏・穴山武田氏ともに、文書発給は天文初期に始まるのであり、それは武田氏よりもはるかに遅れている（黒田基樹・二〇〇七年、丸島和洋・二〇一三年②他）。なお、矢田氏は過書発給を重視するが、小山田・穴山武田氏ともに、その効力は自らの支配領域に限定されており、それを超える過書は、武田氏の専権事項であった。そればかりか、武田氏の過書は、国衆領の通行を自由に行える効力があった（平山・二〇一二年）。

いろいろ数え上げればきりがないが、「戦国領主」論は研究史上での問題意識や議論の内容に異論があるため、本書ではこれを採用せず、国衆論を基底に据えて分析、検討を進めていくこととする。

戦国大名概念について

「戦国領主」論に立脚しないということは、戦国大名という研究概念を支持することに他ならない。では、本書で繰り返し主張される戦国大名を、そもそもどう捉え、概念規定するのか。それを明確にする責任があるだろう。ただ、戦国大名の研究史などの整理を行うと、膨大なことになってしまうため、ここでは残念ながら割愛せざるを得ない（それぞれの立場からの研究史整理は、矢田俊文・一九九八年、池上裕子・稲葉継陽・二〇〇一年、則竹雄一・二〇〇五年、丸島和洋・二〇一一年などが興味深い）。

戦国大名の概念規定は、今も明確化されているとはいいがたいが、一九九〇年代までは戦後歴史学が提起してきた諸問題への対抗軸が確立されてはいなかったため、それに関する概念規定は、「地域封建権力による一国人領を超えた独自の公的領域支配制度」とするのが精一杯であった（池享・一九九五年、平山・一九九九年）。

しかし二〇〇〇年代以後、戦国史研究は、自治体史や『戦国遺文』をはじめとする資料集の刊行を背景に、多様性と層の厚みが増し、各地の基礎研究も進展をみせ、飛躍的に進んだと言ってもよいだろう。とりわけ、武田氏研究の進展は目覚ましいものがある（例えば、平山・丸島和洋編・二〇〇八年、柴辻俊六編・二〇一一年、磯貝正義先生追悼論文集刊行会編・二〇一一年、柴辻俊六他編・二〇一五年など。二〇〇〇年代に刊行された著書、論文集、史料集についてはインターネットホームページ「甲陽雑記」の「武田氏研究文献目録」参照のこと）。

こうした研究成果を踏まえ、丸島和洋氏が提起した戦国大名の定義は注目される（丸島和洋・二〇一七年）。

①室町幕府・朝廷・鎌倉府・旧守護家をはじめとする伝統的上位権力を「名目的に」奉戴《ほうたい》・尊重する以外は、他の権力に従属しない。

②政治・外交・軍事行動を独自の判断で行う（伝統的上位権力の命令を考慮することはあって

も、それに左右されない）。

③自己の個別領主権を超えた地域を一円支配した「領域権力」を形成する。これは、周辺諸領主を新たに「家中」と呼ばれる家臣団組織に組み込むことを意味する。

④支配領域は、おおむね一国以上を想定するが、数郡レベルの場合もある。陸奥《みちのく》や近江《おうみ》のように、一国支配を定義用件とすることが適当でない地域が存在することによる。

右の定義は、戦後歴史学が提起していた唯物史観に基づく時代区分論や、封建制論の影響を受けて混迷していた状況をリセットし、一九九〇年代以来、戦国史研究が進めてきた成果と現状を踏まえて総括されたものであり、極めて説得力があるといえるだろう。今後の研究は、この概念規定を参照しつつ、これをいっそう豊かにしていく必要がある。

戦国大名は、『今川仮名目録』にもあるように、自らの力量をもって統治を行い、それゆえに上位権力に従属しないのが原則である。この力量の内実を、多方面で分析するのが戦国史研究の大切な宿題なのだ。本書が扱う、武田氏と国衆との関係も、戦国大名領国の支配と軍事編成の特質を解明する重要な問題なのである。本書も、この戦国大名の規定を念頭に検討を進めていくことにしたい。

第二章　室町期国人領主の成立と展開

国人と国人領主制

南北朝から室町期の在地領主は、「国人《こくじん》」と呼ばれる。それは地頭御家人の系譜をひき、本領を所領支配の中核としつつ、その拡大を指向し、荘園の押領や他氏との抗争を展開する武士とされる。こうした国人の所領経営や庄郷《しょうごう》、流通支配の実態をめぐるその領主制のあり方を「国人領主制」と呼称している。ただし、そもそも地方武士を「国人」と呼ぶ事例は、鎌倉時代にも確認できる。そのため、室町期の地方武士を「国人」、その領主制を「国人領主制」とする歴史用語には、固有の時代背景と研究上の意図が込められている。

かつて、室町幕府による全国支配は、任国を管掌する守護によって担われたが、守護は荘園制を徐々に掘り崩すとともに、「国人」らを守護被官に編成していき、守護領国（分権的封建権力）を形成していくといわれた。こうした守護の領国支配の実態は、「守護領国制」論として概念化された（永原慶二・一九六一年他）。この中で、「国人」は守護被官となっていくが、やがて応仁《おうにん》・文明の乱を契機に、彼らの自立性が高まり、守護の多くは没落し、戦国争乱が本格化すると説明されてきたわけである。そして、「国人」こそが、国人一揆《いっき》などの多様な動向を展開しながら、地域権力へと成長していき、戦国大名成立の鍵《かぎ》を握る勢力といわれてきた。

つまり、「国人」とは、南北朝・室町期にかけての守護領国を支える存在であり、守護にとって彼らの被官化の実現こそが、領国支配形成の成否を分けたとされたわけである。いっぽう「国人」は、荘園侵略を専らとし、押領や下級荘官としての地位獲得を足がかりに、荘園支配を強め、この動きを押しとどめられぬ荘園領主にかわり、在地の有力百姓層らを被官として取り込んでいく。ここから、荘園の解体と村を基盤とした「国人」による地域的支配が確立していくともいわれた。

しかしその後の研究により、守護も「国人」も荘園制を否定するものではなく、むしろ荘園所職《しょしき》に依拠しながら、権益の拡大につとめ、荘園領主と対立しつつも共存していたことが明らかにされた。さらに、守護は管国の「国人」をすべて守護被官に編成できたわけでも、またその主従制編成が強固なものでもないことも指摘された。とりわけ、「国人」の中には、室町将軍に近侍する奉公衆となり、幕府の御料所管理を委《ゆだ》ねられたり、その所領には「守護不入」の特権が与えられ、守護を牽制《けんせい》する存在でもあったとの事実も明らかにされた。このように、守護管国下の「国人」が守護被官に収斂《しゅうれん》、編成され、荘園制が解体に至るという「守護領国制」論は大きく後退することとなった（黒川直則・一九六三年、一九六四年、北爪真佐夫・一九七〇年他）。

しかし問題なのは、「国人」の概念規定であった。実は、史料に登場する「国人」について、明確な検証をせぬまま、「国人」とは、①鎌倉期以来の地頭領主層が、在地における卓越した地位を固めたもの、②畿内《きない》近国では、荘園の荘官・強剛名主層が南北朝内乱を契機に、領主制の形成に乗り出したもの、という類型化がなされた。さらに、南北朝から室町期を通じて、①が②を家臣団に組み込むなど封建的な主従関係が形成され、これが①による支配の規模拡大を実現しうる方向性であると指摘された（永原慶二・一九六一年他）。

この類型に対し、両者の違いは、①に該当する「国人」は、直営地などの直接経営から遊離し、また庄郷など村落共同体の規制を受けぬことが特徴であり、むしろそれを統属する公的領域権力として地域社会を支配する存在である。いっぽうの②は、荘官・名主層といういわば中間層としての性格を持つゆえに、荘園領主支配の末端を担い、年貢・公事《くじ》を納入する責任を負うために、農民層とも鋭く対立する側面を持つ。だが他方では、村落共同体の規制を強くうけ、村の利害をも代表し、土一揆の中核を担う。このような中間層としての荘官・強剛名主層（②）は、その後、土豪（地侍）として区別された。今日、これが「国人」と土豪の区別として通説化している（黒川直則・一九六三年、峰岸純夫・一九七〇年）。

しかし、これらは研究上の歴史用語（学術概念）であり、史料に頻出する「国人」は大分これとは趣を異にする。史料用語の「国人」について、石田晴男氏は、①守護被官とは明確に峻別されており、守護被官ではないこと、②国人は、幕府御家人であること、③そのため、室町将軍と対面する際に、国人は座敷、守護被官は庭上、というように厳然たる身分差があったこと、④そうであるがゆえに、幕府・守護の「国」支配や「郡」支配に関与し、その安定に寄与することを期待されていた有力武家であること、と指摘した（石田晴男・一九八八年）。

この見解は伊藤俊一氏によってさらに深められた。伊藤氏によると、南北朝期から室町期にかけて内乱と戦争という時代状況のもと、幕府―守護体制において、守護を通じて賦課される守護役（「公事」「公方公事」「公方役」「一国平均之儀」）たる軍役《ぐんやく》、寺社造宮役などを負担する身分（責任者）が「国人」であるという。国の侍身分であり、守護役を負担する守護被官、武家領主、寺社本所一円領の「荘官」「代官」「沙汰人《さたにん》」は、区別なく「国人」と認定されていたという（伊藤俊一・二〇一〇年）。つまり幕府―守護権力に対する公役を担う存在こそが、「国人」の属性と認識されていたのである。ここで注意すべきは、彼らは守護被官でありながらも、荘園領主から荘園所職に補任《ぶにん》され、奉公することが常態であった存在という点である。複数の主《あるじ》との繋《つな》がりを保持する存在こそ、南北朝・室町期の在地領主の特質といえるだろう。

このように、史料に登場する「国人」とは、室町幕府―守護体制に連なる特定の武家を指す身分であることに注意する必要がある。中国地方の「国人」は、自らの所領の分限（社会的に公認された知行高）を基準に、幕府や守護から「国並」の奉公を果たすよう求められ、それを実現してきた存在であるという。それが「国人」の属性であり、特定の主君や家に対する奉公ではなく、「国」に帰属する武家として、「国」の公的支配者への一般的義務を果たす存在として、自他ともに認識されていた（秋山伸隆・一九九八年、松浦義則・一九八一年）。

このような理解を前提にすれば、「国人」の範疇《はんちゅう》に属さない中小領主が存在することは自明であり、実際に国人一揆の構成員には、「国人」の定義にはあわない領主が多数含まれていることが明らかにされている（峰岸純夫・一九八一年、呉座勇一・二〇〇七年）。

翻って戦国期の武田領国についてみると、市河《いちかわ》・高梨・島津・屋代・諏方《すわ》氏などの「国人」は、鎌倉御家人の流れを汲《く》み、地頭職《じとうしき》を保持するとともに、室町幕府の奉公衆などになっており、彼らは滅亡、追放された氏族を除き、ほぼ例外なく「信濃《しなの》先方衆」と位置づけられている。

これは単なる旧敵（「先方衆」）という意味だけではなく、武田領国における社会的身分を指す可能性が高い。そして、室町期には「国人」の範疇に適合しない中小領主も少なくないのである。

また武田氏の本国甲斐《かい》では、「国人」の範疇にあてはまる領主は、史料の不足もあってまったくわかっていない。可能性として、鎌倉府にも奉公した逸見《へみ》氏、信濃守護小笠原《おがさわら》氏の命により守護代として甲斐に移住した跡部《あとべ》氏、都留《つる》郡に入部した小山田《おやまだ》氏、武田一族で後に河内谷《かわうちだに》（甲府盆地南部）に入部した穴山《あなやま》氏、守護武田氏を支え続けた栗原《くりばら》氏などは、「国人」と認定できるが、それ以外はまったく不明である。そのため、南北朝・室町期から戦国初期にかけて、甲斐国内において、室町幕府・守護武田氏と鎌倉府との狭間《はざま》のもと、様々な動向を示した大小の領主を一律に「国人」と規定するには確かに躊躇《ちゅうちょ》する。この点について、当該期の研究をリードしてきた秋山敬も検討した形跡はなく、甲斐の在地武士という意味で「国人」を使用している（秋山敬・二〇〇三年①、二〇一三年、二〇一四年）。

国人領主の成立

それでは、室町期から戦国初期にかけての在地領主を、どのような歴史用語で把握すべきか。少なくとも、甲斐《かい》・信濃《しなの》では在地領主の研究が遅れており、とりわけ甲斐では史料の制約が大きく、実態は不明確である。しかし、甲斐でも応永期に、在地領主たちが守護武田氏が不在という状況下で、「日一揆」と「輪宝一揆」を結成している。前者は武田氏、後者は逸見氏に与同し、激しい戦いを繰り広げた。ここで活動する武士たちは『鎌倉大草紙』などに「国人」と記録されている（秋山敬・二〇〇三年①、二〇一四年、磯貝正義・一九七四年）。

また戦国初期の永正十二年、武田信虎《のぶとら》は、駿河《するが》今川軍に攻められたがもちこたえ、逆にこれを勝山城《かつやま》（甲府市）に追い詰めた。今川軍の侵攻は、反信虎方の武士たちに支えられていたが、形勢が不利になると「いひあわせらる、国人心かはりして、人のかよひ絶はてつ」（『宇津山記《うつのやまのき》』）とあり、甲斐の「国人」たちは掌《てのひら》を返したかのように、今川軍を見捨てたという。ここでも勢力の大小に関係なく、「国人」＝甲斐の武士層という意味で使用されている。

本書では、史料用語としての「国人」と、「国人」以下の武士を一括して、在地の武士層という括《くく》りで国人として呼称したい。また、国人の惣領《そうりよう》と庶家を軸とする家を基礎に、様々な「扶持人《ふちにん》」を抱え込んだ「イエ」による所領経営と軍事力という在地領主としての側面と、室町幕府―守護体制下で公方役《くぼうやく》をつとめる「国人」としての側面を同時にあわせもつ室町期在地領主を国人領主と表記する（菊池浩幸・二〇〇七年）。

さて、既述のように、室町期の国人領主は、複数の主《あるじ》に奉公することが常態であった。つまり同じ国人でありながら、守護ではなく、奉公衆などのように幕府の指揮・命令系統に属し、自立的性格を保持する幕府直属の国人は、地域社会に対し幕命を奉じ、執行する独自の地域権力として重視された。また各地の一揆も、守護と協調しながらも、内部での結束を軸に広域権力として相互の利益を共同で調整、維持した。このように、各国に割拠した国人は、必ずしも守護権力に一元化されていくわけではなかった。ここに、室町期の政治権力の特質があるといえるだろう。

国人領主が、必ずしも守護被官に収斂されなかった背景には、室町期の政治制度と土地制度があった。それは、国人領主の所領形態によく反映されている。国人領主の所領は、①本領(惣領職、地頭職で構成される、鎌倉期以来の伝統を持つ先祖伝来の所領)、②庶子知行地(軍役以下の奉公を条件に知行を承認したもの、惣領が不奉公などを理由に取り上げることが法的には可能、それが実現できるかは力関係による)、③給地(恩地、幕府や守護より充行《あてが》われた所領)、④請地《うけち》(荘園領主から一定の年貢・公事納入を請け負い、得分を認められた荘園所職。これは代官職、領家職、預所職《あずかりどころしき》など)、⑤買得地、などで構成されていた。

このうち、①から③は「知行」と呼ばれ、請地とは明確に区別されていた。それは「知行」の実現が、国人領主自らの実力を前提としつつも、その安定は幕府―守護体制に連なることで実現していたからである。とりわけ、②は庶家が惣領に従わず、奉公を怠るという現象は、室町期を通じて発生し続けており、これを国人領主が押さえ込むのには限界があった。さらに、他国で与えられた散在所領維持の困難さは、たとえ国人領主であっても、荘園領主と立場は変わらなかったのであって、幕府―守護体制の保護がなければ知行の維持は不可能であった。

いっぽうの請地は、荘園領主からの補任によるものであり、年貢・公事の納入について、国人と荘園領主との合意・契約に基づくものであった。そしてそれらは、荘園領主に一定額の年貢等を納入することで初めて得分の取得が認められた。だが荘園領主は、京都・奈良・鎌倉などに居住しており、国人領主の年貢・公事抑留や下地押領《したじおうりょう》を抑止することが難しく、これら荘園所職は国人領主にとって優位だったとみられがちであった。しかしこれらの年貢・公事をもし対捍《たいかん》すれば、当然譴責《けんせき》され、所職から解任された。それが可能であったのは、荘園領主が幕府に請負を履行せぬ国人を訴え、これを受けて幕府（東国では鎌倉府）は守護を通じて年貢の速やかな納入指示や、代官職などの請負の改易を実行したからである。このように、幕府―守護体制によって荘園の領有と年貢等の収取が保証、実現される土地制度は、「室町期荘園制」「再版中世荘園制」などと定義されている（国立歴史民俗博物館編・二〇〇三年、伊藤俊一・二〇一〇年他）。

この室町期荘園制の確立は、将軍足利義満《あしかがよしみつ》・義持《よしもち》の時代である応永期頃とされる。紆余《うよ》曲折があったにせよ、幕府は半済《はんぜい》を解除し、地方の武士たちに年貢半済地ばかりでなく下地の半済の返還を指示している。荘園領主の多くは、この時期に検注を実施し、荘園の田畠《たはた》と百姓の実態調査による課税の把握および荘域（境界）把握につとめた。この結果、地頭ら武士が領有する武家領と本所寺社一円領の分離が、鎌倉～南北朝期よりもいっそう進められた。時は「応永の平和」とも呼ばれる政治的安定を迎え、幕府の地方支配のシステムである守護体制も整備が進められた（山田邦明・二〇〇九年他）。つまり、室町期荘園制という土地制度の再編は、幕府政治の整備、確立過程と密接に連動していたことがわかる。このため、室町期荘園制は、将軍義教《よしのり》暗殺（嘉吉《かきつ》の乱）を契機に動揺をみせ、応仁・文明の乱によって最終的に瓦解《がかい》することとなる。

室町期荘園制と国人領主

国人領主の成立と安定も、室町幕府―守護体制による安定した荘園制支配のシステムである室町期荘園制の枠組みによって実現された。その態様を、数少ない甲信の事例で確認してみよう。

まず、国人と荘園の関係について、史料の希少性からほとんど紹介されたことのない甲斐国《かいのくに》の荘園のうち、若干の史料が奇跡的に残されている志摩庄《しまのしょう》〈甲府市西部〈湯村・千塚・金竹・長松寺・中村・荒川〉から甲斐市〈長塚・島上条・大下条・中下条など〉にかけての荒川沿いにあった荘園、湯村温泉は古くは「島の湯」〈志摩の湯〉と呼ばれた〉の事例をみてみよう〈秋山敬・二〇〇三年②〉。

志摩庄には、領家職《りようけしき》の請負に関する文書が残されている。志摩庄は、京都松尾社領↓九条家領↓一音院領と荘園領主が変遷したと推定されている。立荘は平安末期と推定され、鎌倉初期の建久七年（一一九六）、京都の松尾神社が、鎌倉幕府に地頭による年貢対捍を訴えており、源頼朝《よりとも》より書状で対応が報告されている（県外下二六一一）。残念なことに、文字に欠損があるため、詳細が明確ではないが、頼朝は志摩庄の地頭に先例通りの年貢員数を確実に納入するよう指示している。

それにしても、早くも甲斐の地頭（鎌倉幕府への訴訟なので、鎌倉御家人の甲斐源氏とみられる）による押領が始まっていたことが窺《うかが》われる。その後、正和《しようわ》五年（一三一六）七月二十七日作成の「一音院領目録」によると、志摩庄は「地頭請所　年貢万五千疋」とあり、すでに地頭請による年貢一万五〇〇〇疋《ぴき》（一五〇貫文）の納入が実施されていたことがわかる（県外上五三二）。また、建武三年（一三三六）八月作成の二通の九条道家家領目録案には「一音院領　甲斐国志摩庄　領家職」と記載され、九条家は領家職を保持していたことが判明する（同前五三二・三）。

そして、永和二年（一三七六）十月二十五日、甲斐の国人山県文雅丸《やまがたぶんがまる》は、志摩庄領家職の所務と年貢納入を、代官として請け負うと誓約する請文《うけぶみ》を作成、提出した。年貢額は三〇貫文である。鎌倉末期の地頭請の年貢額一五〇貫文であったことを想起すれば、南北朝内乱を経て、荘園領主の年貢額は五分の一に低下している。だが注目すべきは、もし年貢を無沙汰すれば「武家御沙汰」（室町幕府─守護体制、すなわち守護武田氏）によって「罪科」に処せられることが規定されていたことである（県外上五三五）。

ここに登場する山県氏は、守護武田氏の譜代である。ところが、わずか二年後の永和四年十一月一日、今度は土代千寿丸が田福寺を請人《うけにん》として、領家職の所務と年貢納入の代官を請け負うとの請文を九条家に提出した（同前五三六）。年貢は年額六〇貫文であり、山県文雅丸の倍額である。事情は定かでないが、山県の代官請負はわずか一年で終わりを迎え、土代千寿丸に交替したのである。ところが、土代千寿丸も、毎年十月中に完納すべき年貢額を実現できず、取り敢《あ》えず二〇貫文を送り、残る一〇貫文は年内に納めると述べている。

どうやらこの請文は、年貢完納が果たされぬ事態を受け、荘園領主の九条家が、土代千寿丸に保証人としての請人を立て、それとの連署で請文の再提出を命じたことを受けて作成されたものらしい。ここでも「条々若背請文之旨、難渋不法之儀候者、被改御代官、於武家雖被申行罪科、更不可申一言子細」と明記され、「武家」（幕府―守護武田氏）による強制力発動がなされ、代官更迭が保証されていることが確認できる。山県がわずか一年で代官を土代に交替したのは、年貢対捍による強制執行だった可能性がある。

ところで、代官が山県から土代に交替したことといい、土代が年貢完納を果たせず、請人を立てて新たに請文の再提出を余儀なくされたことといい、これは何らかの背景による一連の出来事と考えられる。この二つの請文が提出された永和二年から同四年にかけては、全国規模で水害や旱損《かんそん》が頻発し（藤木久志編・二〇〇七年）、播磨国《はりまのくに》矢野荘では荘園領主東寺《とうじ》の派遣した直務代官の非法を訴える荘家の一揆が勃発《ぼっぱつ》しており（伊藤俊一・二〇一〇年）、東国でも常陸国《ひたちのくに》小河郷の百姓が、荘園領主円覚寺《えんがくじ》に反発し、改易された本領主益田氏の復帰を望む訴訟を展開していた（『南北朝遺文 関東編』三八五四号）。これらはいずれも、災害と凶作を背景とする荘園領主と庄郷との対立を示しており、志摩庄の代官による年貢未進もこうした文脈で捉《とら》える必要があるだろう（伊藤俊一氏のご教示による）。しかしこの記録を最後に、志摩庄は九条家の記録から姿を消し、荘園の維持と年貢収納は放棄されたとみられる。

もう一つの事例として、研究が進んでいる北信濃《しなの》の島津氏と太田荘《おおたのしょう》の事例を紹介しよう（福嶋紀子・二〇〇一年）。信濃国水内《みのち》郡太田荘（近衛《このえ》家領荘園）は、地頭職を島津氏と武蔵国《むさしのくに》金沢の称名寺《しょうみょうじ》がそれぞれ保持し、用水路の整備や開墾などを積極的に実施する所領経営を展開した。このうち、太田荘地頭職は、島津氏の惣領である薩摩《さつま》島津宗家が保持しており、現地を代官として実効支配したのが分家にあたる信濃島津氏であった。しかし南北朝内乱の過程で、称名寺の支配は信濃島津氏の押領などにより次第に後退した。それは同時に、信濃島津氏の実力支配(当知行)の進展を意味し、いっぽうの薩摩島津宗家の立場からすれば押領(信濃島津氏の自立)に他ならなかった。やがて、有力国人高梨氏も太田荘に介入し始め、この過程で島津氏と高梨氏との連携が形成されていったものとみられる。

それでも称名寺は、鎌倉府や室町幕府に働きかけ、守護小笠原《おがさわら》氏を通じて、信濃島津氏の非法を排除し、荘園支配の維持につとめた。いっぽう、荘園領主としての領家職は、山城国東福寺海蔵院に寄進され、室町期には守護請《しゅごうけ》となり、幕府―守護体制のもと、年貢が上納された。しかし地頭職は薩摩島津氏や称名寺から離れていくこととなる。薩摩島津氏は、信濃国太田荘の所領安堵《あんど》を九州探題今川了俊《りょうしゅん》を通じて、室町幕府に申請した。だが、所有の権利は保証されたようだが、ほんらいは現地代官に過ぎなかった一族信濃島津氏への強制力は及ばず、所務の実現は不可能となり、まもなく薩摩島津氏は遠隔地所領たる太田荘地頭職を放棄したとみられ、それは信濃島津氏の存立基盤になっていき、戦国期には一円領たる「島津領」を形成するに至る。

そして信濃島津氏は、太田荘の地頭職を、高梨氏らと結んだ国人一揆に依拠することで維持を図り、称名寺の地頭職分までも押領する。こうした情勢下で、守護小笠原氏は、国人たちの不法な押領の排除や守護役賦課などを実現すべく守護使《しゅごし》を入部させ、彼らとの対立を深めていくこととなる。これが、守護小笠原氏への国人たちの抵抗(大塔《おおとう》合戦)へと発展し、敗北した小笠原氏は信濃を退去せざるをえなくなる。かくて、信濃島津氏は、太田荘の大部分を押領して自らの支配領域としたため、荘園領主の年貢収取は機能不全となり、二度と回復することはなかった。

室町幕府―守護体制の崩壊

このように、甲斐《かい》・信濃《しなの》における荘園でも、室町幕府―守護体制が機能し、国人による、荘園押領や年貢対捍は厳しく規制された（ただし信濃では守護と国人の対立で失敗したが、幕府の直接支配により維持に向けた努力が続けられた）。このシステムに依拠することで、荘園領主は、遠隔地荘園を維持しえたのである。

国人領主にとって、幕府や守護から安堵された本領や、給与された所領はいうまでもなく、荘園領主から委託された請負地での得分も重要な収入源であったが、その他に買得地の存在も見逃すことはできない。しかし、その維持も幕府―守護体制に依拠しなければ、安定的な確保ができなかった。

永和元年（一三七五）十月、北信濃の国人領主市河頼房《いちかわよりふさ》は、上杉朝房《ともふさ》より「本領并買得地」「本領中野右馬允入道跡并買得之地」を安堵されている（信⑦八）。また、北信濃の右衛門蔵人（高梨氏か）は、嘉慶《かけい》二年（一三八八）十二月二十六日、信濃守護斯波義将《しばよしまさ》の守護代二宮氏泰《うじやす》を通じて祖父道休より譲与された所領と「買得地」を安堵された（同前二〇〇）。応永七年（一四〇〇）十月二十九日、北信濃の国人領主市河刑部大輔《ぎょうぶたいふ》入道（興仙《こうせん》）は、高井郡志久見山（栄村）、水内《みのち》郡常岩《ときわ》中条、中曾根《なかぞね》郷内の小穴河、平滝（飯山市）の買得地について、信濃守護小笠原長《なが》秀《ひで》に安堵を申請し、十月二十九日付で安堵を保証する判物《はんもつ》を与えられた（同前四〇八）。

その後、守護小笠原氏没落後の応永八年六月二十五日、信濃守護斯波義将は、市河興仙の前記の買得地を安堵し、さらに近隣の国人領主須田・井上・高梨氏らに押領された所領の回復と安堵を約束し、守護代嶋田遠江《とおとうみ》入道常栄に彼らの排除と所領の沙汰付《さたつけ》（係争地の引き渡し）の実行を指示している（同前四一四）。これは買地安堵状であり、市河氏は売券《ばいけん》を所持していたとみられるが、それだけでは他氏からの干渉を撥《はの》ね退けることができず、自力での確保にも限界があったことから、守護小笠原氏に申請してその安堵を得たのであろう。土地の売買による所有権移動と維持すら、自力で確保できぬほど国人領主の個別領主権は不安定であったと推察され、その保証を守護に求めていたわけである。

しかし、信濃では大塔合戦（応永七年〈一四〇〇〉）、甲斐では上杉禅秀の乱（応永二十三年〈一四一六〉）、関東では享徳の乱（享徳三年～文明十四年〈一四五四～八二〉）、全国的には応仁・文明の乱（応仁元年～文明九年〈一四六七～七七〉）によって、室町幕府―守護体制、鎌倉府体制は大きく動揺し、戦国争乱の過程でそれらは解体を遂げていく。信濃では守護小笠原氏が、甲斐では守護武田氏がそれぞれ没落し、守護なき時期が続くこととなる。それは、この政治体制に依拠していた、室町期荘園制の終焉《しゅうえん》をも意味したわけであり、国人らは近隣の荘園や他者の知行地、請負地の押領を重ね、下地《したじ》支配を確立していく。いっぽう、彼らもまた遠隔地所領を放棄せざるをえなくなり、それは自《おの》ずと新たな国人領主による一円領の形成を促すこととなるわけである。

すでに、彼らの所領構成が、室町幕府―守護体制に基づき安堵、給与された本領、知行地と、室町期荘園制を背景にした荘園諸職（代官職、預所職など）を軸にしていたことは述べた。その二つが崩れ去ったということは、室町期の領主である国人領主は自己変革を余儀なくされ、戦国争乱の過程で周辺の諸勢力と対抗しながら領域権力へと脱皮していく。かくて国人領主から国衆への転換という胎動が始まるのであり、それは戦国争乱という社会状況を背景にしていたわけである。

国人領主の「家中」

室町期国人領主の所領支配と軍事力は、「家中」（「家風中」）によって担われていた。この「家中」は、鎌倉期の領主の所領支配や紛争解決のため、惣領を中核に一族が結集を遂げた一族寄合《よりあい》、一門評定《ひょうじょう》を歴史的前提とする（小林一岳・二〇〇一年）。その後、南北朝・室町期の内乱を経験するなか、非血縁者や急激に台頭してきた村落の上層民を含み込むことで、国人の家を単位とし枠組みとしつつ、結合のあり方を地域社会との関係性に傾斜させ、所領支配と紛争解決のための独自の結合体として成立した。具体的には、通常の血縁者で構成される一族・一門（家子《いえのこ》、庶家）の他に、非血縁者である被官・若党・牢人《ろうにん》らに知行を、さらに村落の指導者層でもある土豪・地侍に扶持を与えることで編成された。「家中」が国人領主の「家」を軸とし、展開を遂げた「イエ」といわれるゆえんである（久留島典子・一九九四年、菊池浩幸・二

○○七年)。

室町期国人領主の「家中」は、惣領を中心に、庶家が参集する形態であり、これらは「一族」「一家」「寄類」と呼ばれていた。さらに家来である「被官」が加わり、「親類・被官人等」「一族被官人等」で構成されていた(信⑦七二、⑧三七など)。この点は、戦国期の国衆もまったく同じである。そしてその内実もまた、戦国期国衆の「家中」との連続性を持っていた。

国人領主の「家中」構成については、よく安芸国《あきのくに》小早川《こばやかわ》氏の事例などから、①親類、②内者《うちのもの》、③中間《ちゆうげん》とされる(『小早川家文書』二巻「小早川家証文」四一〇号)。このうち、①はa一家一属(一族)、b家子に区分される。aは主人から「別分《わけぶん》」と呼ばれる所領を分与された庶家、bはそれを持たず主人から扶持を受けている庶家である。②は家臣の中核を担う存在で、小早川氏本拠周辺の小武士、勢力拡大に伴い従属した者、村の上層クラスの土豪(「沙汰人」)、他家から来た新参者、もとは内者の従者であったが能力を買われて抜擢《ばつてき》された者、など多様であった。この中には、「本名字の者」「家有者」と「沙汰人」「家なき者」とあるように、名字や家の有無などで身分格差が存在していた。だが、①bと②こそ、国人領主小早川氏の「家中」において人数も多く、軍事力の中核をなしていた。そして③は、武家奉公人であり、名字を持たず、戦陣において武具を持ったり、様々な雑事をこなす者たちであった。そして、①親類、②内者、③中間の相違は、仕える国人の「家」に対する役負担の内容にあった。

①は、国人の「家」にとって公的かつ重要な事柄(守護家や他家からの訪問者を、惣領とともに迎えるなど、「家」にとって重要なもの)を、惣領を支えて行う、②はそれに対応することはで

きず、惣領やその家族に対する日常的、かつ私的な奉公（家の年中行事や身の回りの世話など）、親類や他家への使者などをつとめる、③は①②のような公的、私的な役を務めることは許されず、諸々《もろもろ》の雑務全般を担う、という家格に対応した役の内容と有無によって区別されていた（石井進・一九七四年、田端泰子・一九八六年）。また同じ安芸国熊谷氏は、家人（被官、郎党、殿《との》原《ばら》）は「重代相伝の家人」、中間は「譜代相伝の下人」と区別していた。いっぽう、東国の国人領主も、上野国《こうずけのくに》岩松氏の事例などから、①一族御門葉、②被官、③賞翫《しょうがん》の牢人衆によって構成されたと指摘される（峰岸純夫・一九六二年、一九六三年）。

こうした「家中」を構成する「一族・被官中」は、互いを「傍輩《ほうばい》中」と呼び、相互扶助を使命とする関係性を結んでいた。この関係性こそ、「一味同心」によって結ばれた一揆的構造であった。彼らは、国人領主の家に仕える者として、身分や出自、出身地など多様であり、それゆえにこれらを超えた集団として結束する必要があったのである。つまり「一族・被官中」は、国人領主の当主より知行や扶持などの御恩を受け、これに軍役などで奉公する主従制を結んでいたわけだが、同時に当主を奉戴《ほうたい》しつつ、対外的軍事行動に際しての一致結束した行動と相互扶助、さらに「一族・被官中」（傍輩中）における私戦（紛争）の禁止と平和解決を維持する必要があった。それを実現するための一揆集団こそ、「一族・被官中」だったわけである。

その様相をよく示すのが、国人領主相互の和睦《わぼく》、同盟に際しての手続きである。国人領主「家」の対外戦争や外交に大きく関与し、他の国人領主との和睦、同盟などに際しては、まず「家中」のなかの「老者《おとな》」「宿老」が、相手のそれと契状《けいじょう》（起請文《きしょうもん》）を取り交わし、それを踏まえて当主同士の盟約（起請文）交換がなされた（久留島典子・二〇〇一年）。これは、戦国大名の外交においても同様であり、当主を推戴する「家中」の特徴をよく示している。

庶子の独立傾向とその統制

しかし、いっぽうで室町期国人領主で目をひくのは、庶子など「親類」「一族」の自立化傾向である。すでに南北朝内乱期には、北信濃《しなの》の中野氏には「中野一族中」があり、足利直義《ただよし》から参陣を命じられ、同じく市河氏にも「市河庶子一族」に対する守護斯波《しば》義種《よしたね》による参陣命令が出されている（信⑦一四四）。いっぽうで守護斯波氏は、「市河庶子一族」に参陣を命じつつも、「惣領・庶子等相共」にと指示し、惣領の指揮・監督下で戦闘に参加することを強く求めていた。しかし、国人の惣領は、次第に庶子らを統制することが困難になりつつあった。

北信濃の惣領高梨朝高《ともたか》が、自身のほか一族・給人ら十八人の所領安堵を、明徳三年三月、室町幕府に申請した（信⑦二二八）。これらの所領は、高井郡・水内郡に分布しており、惣領が知行として彼らに給与し、家臣として組織していたことがわかる。ところが、高井郡北笠原上条郷内の夜《よ》交《ませ》村を与えられていた中野弥六について、高梨朝高は次のように嘆息している。

　一、同郡北笠原上条郷内夜交村之事

　　彼所者、正平七年二月十三日、祖父経頼法名性阿拝領畢、然而中野弥六契約、于今為給恩知行処、忽忘譜代芳恩、令向背号本主及異儀者也、有尋御沙汰、欲承安堵御成敗焉

この夜交村は、高梨朝高の祖父経頼《つねより》が、正平七年に知行として幕府から与えられた給恩地で

あった。これを高梨氏と主従関係を取り結ぶことを誓約し、給人（譜代）となった中野弥六に給恩として充行ったところ、まもなく高梨氏に反抗するようになったという。しかも高梨氏から与えられた給恩地を、中野自身が「本主」であると主張し始めたのである。この事態に高梨朝高は、自身の力で中野氏から所領を取り上げ、知行を回復することができていない。この実行を、室町幕府に求めていることから、守護権力の援助を得たいと考えていたのであろう。この結末については定かでないが、中野氏はその後も高梨氏の麾下《きか》に属しているので、惣領高梨氏がこれを規制することに成功したとみられる。

室町後期から戦国期にかけて、国人領主の当主は、こうした庶家の独立傾向を抑えながら、一元的な支配権確立を進めていくが、この傾向は戦国期国衆の段階でも克服することはできなかった。しかし、応仁・文明の乱終了後から戦国初期にかけて、信濃の国人領主は、惣領が庶子を抑え、彼らを自らの統制下に置くことに成功し（その多くは、庶子らの反抗や叛乱《はんらん》、敵との結託などを粉砕することで実現している）、さらに彼らへの知行宛行《あてがい》とその見返りとしての軍役・公事負担を実現させている（花岡康隆・二〇一八年）。

次に国人の軍事力を支える主体として「被官」「被官人」「若党」「郎党」が、その他に「中間」、「旗差」、「力者」などが史料にみられる。北信濃国人領主の麾下の軍事活動に関する史料を見てみると次のようになる。

①「若党難波太郎左衛門尉被射弓手指、小見彦六被右手眼、中間孫五郎者被射通足頸、小二郎者被射左股畢」（建武三年六月二十九日・市河経助軍忠状、信⑤三二三）。

②「旗差弥六男乳上被射通畢」（建武三年七月五日・高梨時綱軍忠状、信⑤三三四）
③「倫房・同子息、郎党等馳向」（暦応三年八月日・市河倫房軍忠状、同四三三）
④「若党金子又二郎令打死」「上杉若党力石兵庫助打取了」（観応三年一月日・佐藤元清軍忠状、信⑥一一九）
⑤「若党難波左衛門二郎打死仕、同左衛門三郎以下輩数十人蒙疵了」（至徳四年九月日・市河頼房軍忠状、信⑦一九二）
⑥「若党江尻兵庫助、嶋田彦太郎両人被疵訖」（応永七年十一月十五日・市河興仙軍忠状、同四〇二）
⑦「小笠原内者一人於当座被打了、雑人手負視認数十人在之云々」（信⑧四一）

これらは南北朝内乱から室町期にかけての軍忠状などから、国人領主、守護被官の様子を抜粋したものである。まず、「若党」「郎党」「内者」が国人領主や守護の軍隊の中核を担っていたことが瞭然《りょうぜん》であろう。彼らは名字や官途を持つ武士身分であった。これに対して「中間」「旗差」「雑人《ぞうにん》」は名字を持たず、「〜男《おのこ》」と表記される身分の低い武家奉公人であった。だが彼らもまた、国人領主の惣領、庶子、被官の指揮のもと軍隊を構成する重要なメンバーであり、戦闘に参加していたのである。

また文明期に入ると、新たな「家中」構成員が記録に登場し始める。それが「足白《あしじろ》」（足軽）、「野《の》臥《ぶし》」、「悪党」（『守矢《もりや》満実《みつざね》書留』文明十二年・同十五年条）、「牢人」などである（信⑩三〇二・三六七・四三八）。彼らの多くは傭兵《ようへい》であり、災害や飢饉《ききん》によって村を離れたり、没落して本領を捨て流動化した人々がその供給源であった。応仁・文明の乱に際し、歴史の舞台に登場した足軽は、京都や畿内だけでなく、東国にも姿を現し、国人の軍事力の一端を支えていたのである。

第三章　国人領主から国衆へ

国人領主の動揺と再編

既述のように、室町期国人領主の所領支配や、荘園領主による荘園支配がまがりなりにも安定しえたのは、室町期荘園制システムが機能したからである。だがそれが機能しえたのは、幕府―守護体制の安定だけがその要因ではなかった。それは現地の荘園そのもの、もっと具体的にいえば、法人格を持つ政治団体として、また個々の百姓の再生産を保証する社会組織として機能していた村によって下から支えられていたからである。

村は、百姓らで構成される「寄合《よりあい》」という合意形成の機関を持ち、先例や慣習を維持、継承する法的主体として、構成員の恣意《しい》や不法を規制した。また、集団で村の権益と安全保障を維持するための武力を組織し、対外的な不法から村の構成員を保護するいっぽう、村の構成員の違法行為に対しては、自検断と呼ばれる警察権として作用した。また村の武力は、他村との山林、水利、領域をめぐる争論や、武士らの不法に対抗する軍事力として機能していた。さらに荘園下の村々は、荘園領主や地頭から賦課される年貢・公事《くじ》、守護から賦課される守護役などの納入を請け負っていた。だが、災害や飢饉《ききん》、戦乱が頻発した時代相ゆえに、荘園領主から代官職を請け負った国人や、荘園領主が派遣した直務代官らと年貢・公事や守護役の賦課、収取をめぐって激しく争い、守護や荘園領主に訴えてその非法の排除や減免を目論《もくろ》む動きを展開していた。村々は、室町期荘園制システムを下から捉《とら》え返し、ある時は在京の荘園領主に、あるいは守護に、排除すべき対象に最も影響力を行使できる政治権力に働きかけ、それを利用して自分たちに降りかかる諸困難を振り払おうとしたのである。

このため村々は、荘園領主が守護や国人の不法を排除できなければ、年貢・公事納入は不可能になると突き上げを行い始めていた。そして、荘園領主に頼っても、国人らの排除が期待できなければ、国人らの支配を受け入れるほかないと、自ら領主を選択する意志までちらつかせるほどであった。

備中国《びっちゅうのくに》新見荘《にいみのしょう》では、文明三年（一四七一）閏《うるう》八月、荘園領主東寺《とうじ》に対し、応仁《おうにん》・文明の乱が波及して荘園を取り巻く情勢が困難を極めており、国人らの非法を排除すべく様々な訴訟を提起していた。だが、将軍や守護細川氏らにかけあってもらったものの、一向に情勢が好転しないことに落胆し、東寺はもはや頼りにならず、新見荘に介入しようとする国人らとかけあい、平穏に入部してくれる勢力と関係を構築すべきだと決意し、これを荘園領主東寺に伝達している（辰田芳雄・二〇一二年、酒井紀美・二〇一四年）。

このように、村社会は室町期荘園制システムを下から捉え返し、支えるいっぽう、これを利用して守護や国人らの動きを掣肘《せいちゅう》しようとしていたわけである。幕府―守護体制が機能している限り、荘園領主はこれに保護され、村社会からの要請を実現しえた。だがそれができなくなったとき、村社会は室町期荘園制システムに期待しなくなり、これを捨て去るのである。これは同時に、村の安全保障を実現しえぬ領主に、もはや村は期待しなかったことを意味している。

また幕府—守護体制の動揺により、国人領主ですら個々の実力では散在所領を維持することも、押領の排除を実現することも、買得地の確保すらも困難になっていく。戦国初期の戦乱下で、戦国大名に成長した勢力は、国人や土豪層を被官に組み込む際に、彼らから申請される買得地の安堵《あんど》（買地安堵）を積極的に進めたことはよく知られている（藤木久志・一九六六年）。だがそれ以前では、国人領主や土豪らを軸とする相互の協定によって維持する方向性が存在していた。著名なものが、甲賀の国人領主山中氏と郡中惣《ぐんちゅうそう》による協定である。山中氏は、中小の領主層や惣村などとともに、土地売買の保証などを軸とする一揆《いっき》を結成していた（久留島典子・一九八一年、二〇〇七年、なお甲賀郡中惣を小領主連合による「地域的一揆体制」とする宮島敬一氏の議論は再検討を迫られている〈宮島敬一・一九七五年〉）。

これらは、戦乱による地域社会の混乱を背景に、土地の売買とその維持が、単に売券《ばいけん》などの証拠証文だけでは不可能となりつつあったことを示している。それは同時に、国人領主であろうと、単独では買得地の所持が困難になっており、他の領主層や村々と連携しなければならなかった。しかし、その連携も、相互の対立や不履行が発生した場合、たちまち困難になったであろうことは想像に難くない。領主層の持つ様々な権益を安定的に保証しうる体制の成立、それを実現する勢力の登場が、戦乱と飢饉という異常事態のもとで客観的に要請されていたのである。

だが、国人一揆を保護しうる上位権力が形成される以前は、国人一揆の結成による利害の調整がなされていた（小林一岳・二〇〇一年、呉座勇一・二〇一四年他）。各地で発生する戦乱は、相互の利害調整を不可能にしていき、国人間の衝突が各地で発生する。かくて、国人領主の所領維持は、本領、給恩地、請負地、買得地の全面にわたって危機にさらされた。

　こうした室町期荘園制システムの動揺、解体を起点に、在地社会では、守護、国人と村社会との新たな支配関係構築をめぐる相剋《そうこく》が始まる。東国における郷村の台頭について、それを明確に語る史料に乏しいが、永和三年（一三七七）の相模国円覚寺《さがみのくにえんがくじ》領の常陸国《ひたちのくに》小河郷の動向は、最も早い事例であろう。永和三年、円覚寺造営料所であった小河郷は、本主と主張する益戸常陸入道行政により押領されていた。円覚寺は、これを鎌倉府に訴え、支配の回復を求めた。これを受けて関東管領上杉能憲《よしのり》は、同年四月十六日、壱岐左京亮政高に対して、雑賀左近蔵人入道希善とともに小河郷に行って不法を排除し、これを寺家雑掌に「沙汰付《さたつけ》」（係争地の引き渡し）するよう命じた（『南北朝遺文 関東編』三八四九号）。

　これは同月十八日に実行に移され、小河郷は寺家雑掌妙識に引き渡された。これを受けて、雑賀希善は請文《うけぶみ》（請取状）を提出したものの、寺家雑掌妙識は同二十日に小河郷から追放され、「村々名字」と「土貢分」を調査、列挙した「地下目録」などを進上することもできずに帰参する体《てい》たらくであった。ではなぜこのような事態に至ったのかといえば、小河郷の百姓たちが、本主益戸常陸入道に与《くみ》して、円覚寺の回復を認めず、鎌倉府の壱岐政高とともに入部を果たした寺家雑掌妙識を自分たちの力で追放したためであったという（同三八五四号）。

　小河郷百姓らが、なぜこのような動きに出たのかは、判然としないが、永和三年は既述のように、全国で不作と飢饉が深刻化していた時期であり、これが背景にあった可能性はあるだろう。いずれにせよ、郷村の百姓たちが一致して荘園領主円覚寺を排除して、本領主益戸氏を支持し引き入れるなど、東国でも郷村が自らの利害と判断をもとに、領主に対抗する主体として登場するのが確認できるのは重要である。鎌倉府体制が健在な時期に、東国の郷村が荘園領主に対抗すべく、本領主の押領の動きを支持し、これを受容する動きを示したということは、上杉禅秀《ぜんしゅう》の乱、永享の乱、享徳の乱と続く鎌倉府体制の動揺、分裂、解体という時代の推移にあたって、相次ぐ領主層の没落と勢力交替に直面した村社会が、紆余《うよ》曲折がありながらも、この局面に対峙《たいじ》し自らの安全保障を実現しうる勢力との関係構築に動いたとみられる。

ここで村々を支配する主体として登場するのが、国人領主である。彼らが村々を支配しうるのは、それらの保護を使命とするがゆえである。村同士や国人の所領の外側の地域との対立、紛争は、地域社会の安全と法秩序を動揺させる。さらに戦争の勃発《ぼっぱつ》は、村々が蹂躙《じゅうりん》され、田畠《たはた》の荒廃、放火、乱取《らんど》りなどの惨禍に巻き込まれる危機を増大させる。これは関東では享徳の乱、中部地方では、甲斐《かい》守護武田氏や信濃《しなの》守護小笠原《おがさわら》氏の弱体化とその巻き返しを図る政治・軍事情勢により、各地で争乱が激化していく。

こうした情勢下で、地域社会では幾多の紛争や、近隣の国人ら外部勢力の介入などが発生し、その解決のために、自力の動きが発動されたり、また平和回復と維持に向けた周辺の諸勢力による仲裁などが試みられるなど、解決に向けた動きが行われる。こうした戦乱のもとでは、地域社会から法秩序と平和回復のための公共的役割を、地域を支配する領主としての国人が担うこととなる。つまり地域の国人が敵方の攻撃を防ぎ、これと戦うことは、単に国人が自らの所領を維持するためというだけでなく、それを構成する村々や、場合によっては周縁部の地域をも保護する意味あいを持つことにもなる。これらが、戦国争乱の過程で、国人領主は本領を中核に、周縁部の村々を取り込んで一円領たる新たな「領」を形成し、国衆へと脱却を遂げる契機となるわけである。

東国では、享徳の乱をきっかけに戦国争乱が本格化すると、東国の国人らの所領支配は動揺し、その過程で没落する者と、自らの領主制を再編成していく者とに分かれていく。では、同じ東国ではあるが中部地方ではどうであったのだろうか。ここでは、比較的史料に恵まれている小県郡《ちいさがた》の国衆海野氏《うんの》を事例に、所領支配の動揺と再編が行われ、「海野領」が形成されていく様相を追求してみよう。さらにその過程で、惣領海野氏から分離、自立し、国衆として独立していく一族の様相も紹介していきたい。

室町期に小県郡海野庄《しょう》を本拠とした海野氏は、滋野《しげの》一族の惣領として鎌倉・室町期にかけて、禰津《ねつ》・望月《もちづき》を有力一門とし、さらに真田《さなだ》・会田・塔原《とうのはら》・光・田沢氏などを分出していったといわれる（「信州滋野三家系図」）。海野氏は、鎌倉期に海野庄（摂関家領荘園）の地頭職《じとうしき》を獲得し、ここを本領としていた。その後、鎌倉期には筑摩郡《つかま》会田御厨《あいだのみくりや》（松本市）の地頭職、さらに室町期に埴科郡《はにしな》船山郷（春近領《はるちか》、千曲市《ちくま》）、青木郷（青木村、近世の入田沢村・中村・中挟村に相当し、これらは青木郷から分立したといわれる。そのため青木郷は消滅し、地名としては入田沢の小字に痕《こん》跡《せき》を留《とど》める）を所領とするようになった。船山郷と青木郷を所領とした経緯は定かでないが、室町幕府もしくは守護から与えられたものであろうか。

これら海野氏による本領と遠隔地所領の支配を窺《うかが》わせる史料として、『諏訪御符礼之古書《すわみふれいのこしょ》』（以下、『古書』と略記）がある。これは、文安三年（一四四六）から延徳二年（一四九〇）にかけて諏訪《すわ》大社上社への祭礼役が賦課された荘園、郷村と役銭《やくせん》などを納入した地頭、代官を記録したものである。

『古書』の記述を追っていくと、室町後期から戦国初期にかけて、海野氏は本領を拠点に勢力を近隣に拡大し、「海野領」を形成するいっぽう、懸命に遠隔地所領（散在所領）を維持しようとしていたことが浮かびあがってくる。これらが室町後期から戦国初期にどのような変転を辿《たど》るのか。その様相を紹介しよう。

海野領の形成

まずはじめに、信濃国小県《しなののくにちいさがた》郡に存在した「海野《うんの》領」（後掲表4-1№17、82）について検討しよう。「海野領」は、小県郡海野氏（滋野《しげの》一族の惣領）の支配領域であり、それは海野氏館を中心に展開していた。「海野領」の前身は、海野庄《しょう》である。海野氏は、この海野庄の地頭職を鎌倉期には獲得しており、この海野庄の範囲については、古くは深井郷・岩下郷・加納田中郷・賀沢《かざわ》村・林三ヶ条などが含まれていたことがわかる（信④一一二、四五〇、信⑤七〇）。このうち、林三ヶ条とは、中世の林郷（上田市林之郷）である。さらに、戦国期に作成された『諏方上下宮祭祀再興次第』（永禄《えいろく》九年〈一五六六〉成立）、『上諏方造宮帳』（天正六年〈一五七八〉成立）などによると「海野分」として、「東上田」・「田沢」・「大河」・「大屋」・「吉田」・「開善寺」・

岩下」・「小井田」・「林」・「上青木」・「下青木」・「漆戸」の十二ヶ郷が登録されており、当時から「海野拾二郷」（『上諏方造宮帳』）とされ、そのまま近世でも「海野十二ヵ村」と呼称されていた。これらを地図に落とすと、東は望月《もちづき》領に接し、西は神川《かんがわ》を境界に展開した、排他的な一円領であったことが判明する（図3-1）。

ところが、戦国期の史料をみると、「海野領」はさらに広がりを見せていることがわかる。表4-1№95によると、真田《さなだ》昌幸《まさゆき》は一族で宿老の矢《や》沢頼綱《ざわよりつな》・頼幸《よりゆき》父子に対し、上野国《こうずけのくに》沼田在城の奉公を賞し「海野領之内房山為始、一跡一千貫文之所進置者也」との判物《はんもつ》を与えている。ここでは、房山《ぼうやま》という場所が「海野領」に含まれていることが明記されていた。そこで、房山について調べてみると、次のような記載がみられる。

まず『下諏方春宮一御柱造宮之次第』（天正六年成立）に「常田庄房山之内上西脇分」、さらに『春秋之宮造宮之次第』（同）には「常田庄　房山・矢手・中村・踏入」とあり、房山とはもともと常田《ときだ》庄《しょう》の荘域にある郷村であり、当初は海野領ではなかったことがはっきりする。

常田庄は、八条院領として平安・鎌倉期の史料に登場する。この荘域については、前記の郷村の他に、『下諏訪春秋両宮御造宮帳』（同）、『下諏訪春宮造宮帳』（同）に多くの手掛かりが記述されている。それは「常田庄房山之内上西脇分」「同庄房山之内下西脇分」「同庄房山之内矢手分」「同庄房山之内踏入分」「同庄上常田之分」「同庄中常田分」「同庄落合分」とあることだ。これらの記録から、常田庄の範囲は、東側は神科《かみしな》台地（染屋台、染屋原）の西側の縁、西側は矢手《やで》沢川《さわがわ》と千曲川が合流する地域（「落合」）を境界とする一帯とみられ、現在の上田市街

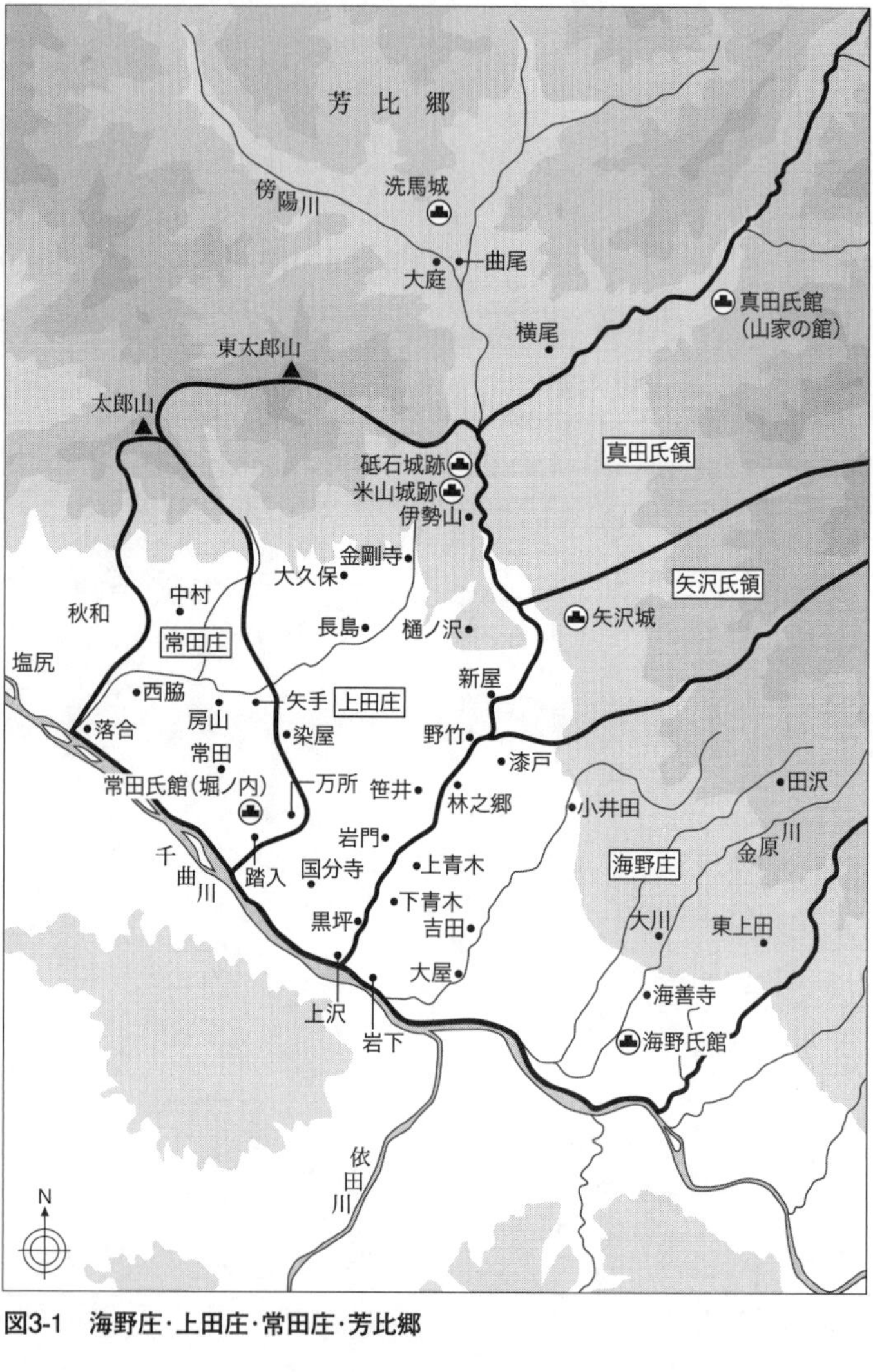

図3-1　海野庄・上田庄・常田庄・芳比郷

地に相当する。しかも、常田には小字名として「万所《まんどころ》」「堀ノ内」も残され、常田が常田庄の中心であったことも窺われる。

さて、戦国期に海野領へと編入されていたのは、このうちの房山である。そして前掲の史料から、房山という地域は、常田庄を構成する大きな郷村で、それは上西脇・下西脇・中村・矢《や》手《で》・踏入《ふみいり》の小村を裾野《すその》にしていた。これは、常田庄の荘域のほぼ三分の二を占めるほどであり、常田庄で海野領になっていなかったのは、同庄の中心部の常田、西端の落合に過ぎない。しかも、残る常田には、海野一族常田氏の勢力下となっている。こうした事実から、常田庄全域は海野氏の支配下となり、常田庄のうち常田、落合は海野一族常田氏に与えられたとみてよかろう。

では、常田庄が海野氏の勢力下に入ったのはいつ頃のことか。それについては、『古書』（文明十二年〈一四八〇〉条）に「一前宮、踏入、海野信濃守氏幸、初御符礼一貫八百、使弥三郎」とあり、海野氏の惣領海野氏幸が初めて踏入の役銭を上納したことがみえ、さらに文明十七年（一四八五）条には「一前宮、踏入、滋野信濃守氏幸、御符礼一貫八百、国分ヨリ三百出候、使金五郎」とも記され、海野氏は踏入だけでなく、国分（国分寺）をも支配下に置いていたことが確認できる。つまり、海野氏の常田庄進出は、文明期とみて間違いないだろう。

制圧される上田庄・常田庄

ところで、これらの事実から新たな問題が浮上する。というのも、海野氏の本領海野庄と、文明期に進出し押さえた常田《ときだ》庄《しょう》の中間には、上田庄が存在するからである。すなわち、上田庄も海野氏の支配下に入っていたのかどうかということだ。

そこで史料を集めてみると、興味深い事実が浮かび上がる。「上田庄」は、「上田郷」としても史料に登場し、近世、上田という地名の由来としても知られるが、同庄について史料を時系列で追ってみると次のようになる。

まず『大宮御造栄之目録』（嘉暦《かりやく》四年〈一三二九〉成立）には、「一上田　五月会御符之札三貫三百文　頭役三拾貫文　太田三善義虎　頭役二拾貫文、御教書如御符」、『古書』（文安六年〈一四四九〉分）には「一上田　五月会御符之札三貫三百文　頭役三拾貫文　太田三善義虎　頭役二拾貫文、御教書如御符」とみえる。ここで諏方大社の役銭《やくせん》上納を請け負っている太田《おおた》氏は、上田庄の地頭だったとされる（『上田小県誌』第一巻）。ところが、応仁三年（一四六九）になると『古書』は「一左頭、上田、太田三郎義光御符札三貫三百文、御教書同前、使与五郎、御頭役二拾文、上田御頭時、海野、小宮山維貞五百文別而出候」と記し、地頭の後裔《こうえい》とみられる太田氏のところに、海野小宮山氏（海野氏被官）が食い込んでいるのである。そして、これを最後に上田庄における太田氏の痕跡が消え、同書の文明五年（一四七三）に「一流鏑馬、海野、小宮山・上田郷（庄）、頭本打替々被勤仕候、小宮山遠江守枝貞代始（持）（下略）」とあるように、小宮山氏が単独で役銭上納を実行している。そして、長享二年（一四八八）には「一加頭礒並、上田庄、御符礼五貫六百六十にて候ヲ、是へ三貫三百勤定持来候、使弥三郎、代官今井重春、同小宮山副状付候へハ五百被出候、小宮山幸広」となっており、完全に海野氏の支配が確立した様相が看取できる。

このように、海野氏が神川《かんがわ》を越えて隣接する上田庄に進出したのは、応仁初期と考えられる。なお、上田庄地頭太田氏は、記録から姿を消すものの、海野氏の庶家塔原海野氏、会田岩下海野氏の家臣に太田氏がみえ、武田信玄の筑摩《つかま》郡侵攻に際し、刈谷原《かりやはら》城に籠城《ろうじょう》した城主太田長門《ながとの》守《かみ》の実在が確認できるので（『高白斎記』）、太田氏は海野氏の家臣になったとみてよかろう。

そして上田庄の荘域については、『上諏方造宮帳』（天正六年〈一五七八〉）には「小窪」（国分郷、後の国分寺村）が含まれており、『上諏方造宮帳』（清書帳、同年）には「岩門之郷」「日之沢郷」「小窪之郷」が、『上諏方大宮同前宮造宮帳』に「海野之内西上田之郷」「海野之内東条之郷」がそれぞれ記録されている。このことから、上田庄は、岩門、日之沢（樋ノ沢）、小窪（国分）、東条（上田市住吉）が確認でき、この他に笹井、野竹、染屋、新屋、伊勢山、長島、大久保、金剛寺、堀、上沢、黒坪を含む一帯であったと推定されている（『上田小県誌』第一巻他）。

これは、東側は神川を境に、西側は常田庄の境までの一帯であり、荘域は神科《かみしな》台地（染屋台、染屋原）一帯であったと考えられるだろう。そして、管見の限り、海野氏より上田庄一帯の支配と管理を委《ゆだ》ねられたのが、小宮山氏であったと考えられる。このことを前提にすると、次の記録は戦国期の堅城として知られる砥石《といし》城の成立に関わる伝承として、興味を惹《ひ》かれる。それは「砥石米山古城図」（文政三年〈一八二〇〉成立）に、砥石城の一角を占める米山城について「此山米麦ノ焼タルアリ、依テ里人米山ト云、小宮山トモ言」と記していることだ。また『千《ち》曲之《くまの》真砂《まさご》』所収の「戸石古城之図」にも米山城の場所は「小宮山」とある。

砥石城は、米山城などを取り込んで完成したといわれ、この米山城の由来は炭化米が出土する伝承とともに、ほんらいは小宮山城であったとも記されている。そして現在では砥石城の前身は、小宮山氏が築いた小宮山城（米山城）だという説が有力とされている。上田庄の荘域の北限は、砥石城のある伊勢山までを含むことといい、そして代官小宮山氏の存在といい、これらを勘案すると小宮山城は海野氏の拠点として築城された可能性が俄然浮上してくるのである。なお、上田庄代官となった小宮山氏は、その拠点として長島の「堀ノ内」（上田市住吉にある小字の名）に館を構えたと推定されている。

実をいえば、海野氏の領域拡大は、埴科《はにしな》郡葛尾《かつらお》城主村上政清《まさきよ》との抗争を通じて徐々に実現したものなのである。『古書』によると、応仁元年に「此年海野大乱、村上切勝、所領被持候」（文正二年条）、「岩下治野（ママ）満幸、此歳十二月十四日於海野打死候」（応仁元年条）とあり、海野氏は一族の会田岩下海野氏の援軍を得て村上氏と戦ったが敗退し、所領を奪われたらしい。この抗争は、翌二年まで続き、海野氏は村上軍と「海野千葉城」（洗馬《せば》城、上田市真田町傍陽《そえひ》）での戦いでも苦戦していた。だがどうやら海野氏は、村上軍を辛うじて撃退したようだ。というのも、既述のように、海野氏の領域支配拡大は、応仁・文明期にかけて、上田庄→常田庄へと拡大しており、さらに戦場となった芳比《ほうひ》郷（旁辺郷、放火郷、傍陽）の洗馬に洗馬城という拠点をも設けていることが確認できるからだ。

興味深いのは、海野領の北限が、洗馬城の所在する一帯と推定されることである。天正六年成立の『下諏訪春秋両宮御造宮帳』に「海野之内芳比郷」とあり、芳比郷が「海野之内」（海野領）だったことがわかる。この芳比郷とは、同書によると横尾・曲尾・洗馬三ヵ村を小村とする郷村であった。同書は「真田之内芳比郷」とも記録しており、当初は「海野之内」（海野領）であったが、天正六年当時は真田氏が支配する地域となっていたのだろう。このように、洗馬城が「海野千葉城」として海野の持城と認識されていたのは、ここが海野領だったからとみられる。そうすると、砥石城の前身小宮山城の成立も、海野氏の上田庄制圧時期および小宮山氏の配置や、この村上氏との抗争などを視野に入れると、築城の条件がちょうどこの時期に整っていることが認められるだろう。

かくて上田庄は、応仁期に神川を越えて進出してきた海野氏によって制圧され、地頭の系譜を引く太田氏は被官となり、代官として小宮山氏が配置され、村上氏と抗争を繰り広げる過程で小宮山城も構築されたのだろう。そして上田庄は、海野領へと編入され、やがて上田庄という枠組みそのものも消滅する。天正六年成立の『上諏方造宮帳』には「小県海野上田庄」とあるが、いっぽうで『上諏方造宮帳』（清書帳）には「海野之内上田之郷」「海野之内東条之郷」とあるように、「海野之内」（海野領）という扱いになっている。

海野氏は、さらに文明期には常田庄をも支配下に組み込み、常田庄房山（上西脇・下西脇・中村・矢手・踏入）を分離し、海野領を形成したのであろう。

このようにみてくると、戦国期海野領は、応仁・文明期にかけて神川を越え、千曲川以北の小県郡経略を開始した海野氏により、上田庄、常田庄が支配下に組み込まれ、北部は芳比郷も編入され、戦国初期には成立したと推定される。つまり、「海野領」は、海野庄や上田庄、常田庄という荘園制の枠組みを突き破り、それを組み込みつつ、膨張、拡大したうえで再編、形成されたことが窺えるのである。その結果、上田庄、常田庄は消滅し、その荘域に展開していた郷村は、「海野之内」「海野」を冠して呼称されるようになった。また海野氏は、「海野領」の縁辺部に、海野一族真田・矢沢・常田氏などの一族を配置していき、東信地域への進出を目論む葛尾《かつらお》城主村上氏と激しく対立することになる。

信濃国筑摩郡会田御厨と岩下海野氏

次に、海野氏の散在所領の筑摩《つかま》郡会田御厨《あいだのみくりや》（松本市）について検討しよう。会田御厨は、その名称の通り伊勢神宮領荘園として立荘されたもので、成立は鎌倉期である。ほんらい、伊勢神宮領である会田御厨が、諏方《すわ》大社上社への奉仕をすることは極めて異例であり、『古書』でも他に類例がない。その理由について、会田御厨は、鎌倉から室町期にかけて、地頭海野氏と伊勢神宮との間で支配をめぐって争論となり、解決の方法として下地中分《したじちゆうぶん》が実施されたことに由来するのではないかとの推定がある（『東筑摩郡・松本市・塩尻市誌』第二巻）。つまり下地中分により、領家分（伊勢神宮内宮分）と地頭分（海野分）に分割され、地頭分に諏方大社上社役が賦課されたのではないかというものだ。

いずれにせよ地頭分が、戦国期に至る会田岩下海野氏の所領であろう。その領域は、会田、小岩井郷など合計で五ケ郷と推定されている。これは『古書』の文明十一年（一四七九）条に、会田の注記に「小岩井郷一郷して御頭勤候、余郷四ケ条《(ママ)》不勤仕候」とあることによる。しかし残念なことに、残る四ケ郷がどこであるのかは定かでない。

会田御厨の地頭海野（岩下）氏が記録に登場するのは、嘉暦四年（一三二九）三月成立の鎌倉幕府下知状である（信⑤七〇）。これは、諏方大社上社五月会御射《みさ》山頭役《やまとうやく》等の結番と造宮役の対象となる荘郷と納入責任者を決定したもので、そこには「（上部欠損）頭、会田御厨海野信濃権守入道以下」とある。彼こそが、会田御厨の知行を維持すべく惣領海野氏が入部させた庶子であろう。「信州滋野三家系図」などによると、海野幸房《ゆきふさ》（幸則《ゆきのり》とも）の子豊後守幸久《ぶんごのかみゆきひさ》が岩下氏を称したことになっているが、確実な史料では確認できない。ただ、岩下氏は海野庄岩下郷を惣領から与えられた庶子が名乗ったものとみられ、会田御厨を支配、維持するために岩下を去って、会田に移住したのであろう。記録で最初に確認できる岩下氏の当主海野信濃権《しなののごん》守《のかみ》入道が、海野庄には所領を保持していないのは、こうした経緯があるからであろう。

その後、『古書』によると、享徳四年（一四五五）、寛正三年（一四六二）の頭役を、会田では岩下入道沙弥《しゃみ》重阿《じゅうあ》（岩下入道三河重阿）が納入している。彼は、海野信濃権守入道の子孫と思われる。次いで、応仁元年（一四六七）の頭役は、岩下氏の当主岩下海野満幸《みつゆき》が同年十二月に戦死したため、わずか二歳の息子が務めたという。その後、文明十一年頭役は、海野下野《しもつけ》守《のかみ》氏貞《うじさだ》が務めている。会田岩下氏は、本姓は海野で、戦国期の歴代当主は下野守を称しているので、これは当時の会田岩下海野氏の当主とみて間違いなかろう。恐らく、応仁元年に戦死した岩下海野満幸の息子に相当しよう。文明十七年（一四八五）の頭役は、ほんらい前年の同十六年に納めるべきものであった。ところが、岩下海野氏が難渋し実現しなかった。すると、文明十七年三月、岩下殿の母が死去したため、海野下野守氏貞は代官を通じて役銭を納入したという。これを最後に、会田岩下海野氏の記録は、戦国期まで姿を消すことになる。

このことから、惣領海野氏の遠隔地所領（散在所領）である会田御厨は、庶家岩下海野氏が地頭職として入部、管理を実施し、少なくとも応仁元年の村上・海野合戦までは、惣領海野氏の軍勢催促に応じ、当主岩下海野満幸自ら出陣して村上軍と戦っており、満幸は戦死を遂げた。だがこれを最後に、惣領海野氏と岩下海野氏との関係は途絶え、天文十年（一五四一）の海野平合戦（武田・村上・諏方軍と滋野一族の合戦）にも加わった形跡がない。その頃までには、会田岩下海野氏は信濃守護府中小笠原《おがさわら》氏に従属していたと考えられる。これは同時に、惣領海野氏は会田御厨の支配権を失い、いっぽう庶家岩下海野氏はそれを自らの所領とし、筑摩郡の国衆として自立したことを意味する。

信濃国埴科郡船山郷と海野・村上氏

埴科《はにしな》郡船山郷（千曲《ちくま》市）と海野氏の関係について紹介しよう。『古書』によれば文安六年（一四四九）、海野持幸は埴科郡船山郷の頭役を勤仕した。実際には頭役の役銭は、代官海野《うんの》平原《ひらはら》直光《なおみつ》が納入している。ところが、康正二年の御射山役は、海野氏に代わって代官室賀《むろが》貞信《さだのぶ》が納入しており、さらにその後屋代氏に交替している。室賀・屋代氏はともに村上氏の庶家であり、その船山郷の支配権は海野氏から村上氏に移ったとみてよかろう。なぜそのような事態になったのかは定かでないが、船山郷の支配が海野氏から村上氏に代わった直後の応仁元年（一四六七）、村上・海野合戦（村上政国《まさくに》〈頼国〉が、海野氏幸を攻める）が勃発しているので、船山郷など支配領域の拡大をめぐって対立が始まったのではなかろうか。しかしこれ以後、船山郷は屋代氏の所領となり、海野氏は二度と支配を回復することはなかった。

信濃国小県郡青木郷と海野・村上氏

最後に、小県《ちいさがた》郡青木郷（海野青木郷とも、現・青木村）であるが、『古書』によれば寛正二年（一四六一）、同六年の頭役を代官深井《ふかい》肥《ひ》前守《ぜんのかみ》治光（海野家臣）が納入しており、海野氏の支配領域であったことが判明する。文明五年（一四七三）の頭役は、ともに海野家臣深井肥前守滋《しげ》光《みつ》、小《こ》宮《み》山《やま》伊勢守貞数《さだかず》が代官として納入しており、文明十一年頭役は、海野信濃守《しなののかみ》氏幸の代官（氏名不詳）から納入されている。文明十五年頭役は海野氏幸が務め、代官深井滋光が納入した。最後の記録となる長享二年（一四八八）の頭役は、海野代官深井氏の代始めと重なり、深《ふか》井《い》勘《か》解《げ》由《ゆ》左《ざ》衛門尉《えもんのじょう》満信が納入している。時期的にみて、深井満信は滋光の子であろう。その後、青木郷と海野氏との関係は判明せず、戦国期になると村上氏の塩田平《しおだだいら》進出が積極的となるので、不知行化に追い込まれたと推定される。

以上のように、室町期海野氏の所領海野庄、会田御厨《あいだのみくりや》、青木郷のうち、会田と青木は村上氏との抗争と、府中小《お》笠原《がさわら》氏の勢力拡大という状況下で不知行となり、会田に入部した庶家岩下海野氏が自立し、虚《こ》空《く》蔵山《ぞうさん》城を本拠に国衆へと成長していった。この間、惣領海野氏は、遠隔地所領を放棄し、本領海野庄を基盤に、やがて勢力を上田庄、常田庄《ときだしょう》、芳比郷《ほうひ》へと拡大し、「海野領」を形成した。

なお海野氏が勢力を拡大し、一円領たる海野領を形成した際に、その基盤となったのは常田庄、上田庄などの荘園ではなく、その下から発展を遂げた郷村であったことに注意が必要である。本領海野庄も、実は「海野十二ケ郷」がその主体であり、荘園の枠組みは、もはや過去のものとなっていた。信濃国においても室町期荘園制は、村の成長と彼らが新たな領主として海野氏を迎え入れたことで、下からも放棄されたといえ、それは同時に国衆領たる海野領とそれを支配する領域権力海野氏の成立を促したといえるだろう。

かくて海野氏は、所領支配の再編を行い、室町期荘園制システムにも、守護にも依存することなく、争乱の過程で一円領（海野領）を基盤とする領域権力としての国衆へと成長を遂げた。だが、天文十年五月、村上義清《よしきよ》・諏方《すわ》頼重《よりしげ》・武田信虎《のぶとら》連合軍の軍事侵攻に直面し、海野平合戦に敗れた惣領海野棟綱《むねつな》は、深井氏をはじめとする海野家臣や、真田氏などの一族とともに、上野国《こうずけのくに》に亡命した。その結果、海野領は村上・諏方氏によって分割、解体されたのである

第四章　戦国大名領国下の国衆「領」（「国」）

武田領国下の国衆領

室町末期から戦国初期にかけて、争乱が深刻化するなか、国人らは遠隔地所領の維持を放棄し、自らの本領とその周辺への支配力を強め、領域権力へと成長を遂げていく。その過程で形成されたのが、一円的支配権を保持する「領」である。この「領」は、国衆の本領とその本拠（本城）を中核に、一族・家臣らを周辺に配置することで形成された排他的な支配領域のことであり、しかも「領」には国衆の本拠などに町場、市場などが成立し地域経済の軸になっており、経済的にも一つの地域世界を作り上げていた。その規模は、一郡もしくは半郡規模に及ぶものも少なくなかった。

こうした「領」は、戦国期以前にはみられぬ、戦国社会特有の領域であるといわれる（峰岸純夫・一九六九年）。既述のように、それは「国」とも呼ばれる排他的な一円領だった。つまり、「領」（「国」）の形成こそが、室町期の国人と、戦国期の「国衆」との明確な領主権の相違を象徴するものだということだ。

そこで、武田氏の領国における「領」についてまとめたものが表4-1である。武田氏の領国であった甲斐《かい》・信濃《しなの》・上野《こうずけ》・駿河《するが》・遠江《とおとうみ》・三河《みかわ》・東美濃に限定して掲出したものだ。これをみて気づくのは、①天文期以前に「領」の管見がないこと、②「領」は、国衆の氏族名もしくは本城名を冠していること、③武田氏の本国甲斐には「領」の事例がほとんどないこと、などである。これらの事例を一見しただけでも、「領」が戦国期固有の領域世界であること、それを支配していたのが国衆であるという、峰岸氏の指摘が正しいことがわかるだろう。問題なのは、こうした「領」の具体的な位置や規模、そしてその内実であろう。ここではまず、武田領国もしくは、武田氏に関わりが深い地域の史料に登場する「領」について紹介していきたい。

〔1〕甲斐国

武田氏の本国甲斐（「国中《くになか》」＝甲府盆地一帯）では、管見の限り「領」の存在は確認できない。その理由は定かでないが、今井（逸《へ》見《み》）・大井・栗原《くりばら》・岩手・油川氏などの甲斐国衆は、自らの力量で一円領の形成をする以前に、武田氏との軍事対決に敗北し、その所領を大幅に削減されたり、分散させられたからではないかとの可能性を想定できる。今後の研究に期待したい。

いっぽう、都留《つる》郡小山田《おやまだ》氏と河内穴山《かわうちあなやま》氏の支配領域について、特殊な呼称が確認できる。

・「河内谷中《かわうちたにじゅう》」「谷中《たにじゅう》」……武田氏の一門で、室町後期まで南部（南部町）を、戦国期に下山（身《み》延《のぶ》町）を本拠とした穴山武田氏の支配領域は、富士川沿いの巨摩郡南部と八代郡西南部一帯であり、ここは「河内《かわうち》」と呼称された地域であった。まさに谷間に相当するため、「谷中」と呼ばれ、穴山氏自らも支配領域のことを「当谷河内」「河内谷中」と呼んでいた。その範囲は、近世の「河内領」とほぼ重なり、「国中」との境界は、鰍沢《かじかざわ》（富士川町）と黒澤（市川三郷町）に設置された関所（口留番所）であった。

・「谷中《たにじゅう》」「郡内《ぐんない》」……都留郡の中津《なかつ》森《もり》（後に谷村）を本拠とし居館を設置していた小山田氏は、

No.	領の名称	国	年代	文書の発給者	出典	備考
33	足利領	上野国	永禄13年	上杉謙信	上越885	
34	館林領	上野国	永禄13年	上杉謙信	上越885	
35	勝路領	駿河国	元亀1年	武田信玄	戦武1623号	
36	葛山本領	駿河国	元亀1年	武田信玄	戦武1627	
37	沼田・厩橋・深谷・藤田領	上野国・武蔵国	元亀2年	武田信玄	戦武1639	
38	秩父領	武蔵国	元亀2年	武田信玄	戦武1689	
39	河内領	甲斐国	元亀2年	武田信玄	戦武1727	?
40	深谷・藤田領	武蔵国	元亀2年	武田信玄	戦武1740	
41	藤田・秩父・深谷領	武蔵国	元亀2年	武田信玄	戦武1743	
42	厩橋領	上野国	元亀2年	武田信玄	戦武1743	
43	多比良領	上野国	元亀3年	武田信玄	戦武1913	
44	高山領	上野国	元亀3年	武田信玄	戦武1913	
45	安中・高田領	上野国	元亀4年	武田勝頼	戦武2125	
46	野田領	三河国	元亀4年	武田勝頼	戦武2131	
47	西郷領	三河国	元亀4年	武田勝頼	戦武2131	
48	牛久保領	三河国	元亀4年	武田勝頼	戦武2131	
49	木曾谷中	信濃国	元亀4年	武田勝頼	戦武2187	
50	吾妻谷	上野国	天正2年	武田勝頼	戦武2333	
51	勝路領	駿河国	天正2年	武田勝頼	戦武2390	?
52	成田・上田領	上野国	天正2年	上杉謙信	上越1232	
53	新田領	上野国	天正2年	上杉謙信	上越1232	
54	足利・館林・新田領	上野国	天正2年	上杉謙信	上越1232	
55	清水領	上野国	天正3年	和田信業	戦武2471	?
56	木曾谷中	信濃国	天正3年	武田勝頼	戦武2506	
57	谷中	信濃国	天正4年	(木曾家中)	戦武2629	
58	小幡谷	上野国	天正4年	武田勝頼	戦武2702	?
59	花蔵領	駿河国	天正4年	武田勝頼	戦武2705	
60	上田領	武蔵国	天正6年	北条氏	戦北1973	
61	那波殿御領	上野国	天正6年	北条氏邦	群2905	
62	清野領	信濃国	天正6年	武田氏	戦武2922	
63	仁科領	信濃国	天正6年	武田氏	戦武2922	
64	島津領	信濃国	天正6年	島津泰忠	戦武3004	

表4-1　武田領国および周辺国における「領」一覧

No.	領の名称	国	年代	文書の発給者	出典	備考
1	当谷河内	甲斐国	天文10年	穴山信友	戦武94	
2	田口領	信濃国	天文17年	武田信玄	戦武250	
3	田口領	信濃国	天文17年	武田信玄	戦武265	
4	落合領桜庄	信濃国	天文23年	武田信玄	戦武398	
5	綿内領	信濃国	弘治2年	武田信玄	戦武501	
6	山田領	信濃国	弘治3年	武田信玄	戦武528	
7	作手領	三河国	弘治3年	今川義元	戦今1323	
8	牛久保領	三河国	弘治3年	今川義元	戦今1323	
9	平居領	三河国	弘治3年	今川義元	戦今1323	
10	菅沼織部領	三河国	弘治3年	今川義元	戦今1323	
11	長澤領	三河国	弘治3年	今川義元	戦今1323	
12	長篠領	三河国	弘治3年	今川義元	戦今1323	
13	伊奈本田領	三河国	弘治3年	今川義元	戦今1323	
14	岩櫃・嶽山領	上野国	永禄2年	北条氏	戦北613	?
15	洗馬領	信濃国	永禄4年	武田信玄	戦武728	
16	羽尾領	上野国	永禄5年	武田信玄	戦武775	
17	海野領	信濃国	永禄5年	武田信玄	戦武775	
18	箕輪領	上野国	永禄5年	武田信玄	戦武797	
19	高梨領	信濃国	永禄7年	武田信玄	戦武921	
20	羽尾領	上野国	永禄9年	武田信玄	戦武987	
21	仁科領	信濃国	永禄9年	武田信玄	戦武1028	
22	大胡領	上野国	永禄9年	由良成繁	群2330	
23	葛山本領	駿河国	永禄10年	武田信玄	戦武1055	
24	長野領	上野国	永禄10年	武田信玄	戦武1075	
25	白井領	上野国	永禄10年	武田信玄	戦武1213	
26	高遠領	信濃国	永禄11年	諏方勝頼	戦武1324	
27	引間領	遠江国	永禄11年	今川氏真	戦今2173	
28	天野領	遠江国	永禄11年	徳川家康	戦今2182	
29	花蔵領	駿河国	永禄12年	武田信玄	戦武1392	
30	仁科領	信濃国	永禄12年	武田信玄	戦武1472	
31	花蔵領	駿河国	永禄13年	武田信玄	戦武1496号	
32	佐野領	上野国	永禄13年	上杉謙信	上越885	

No.	領の名称	国	年代	文書の発給者	出典	備考
98	布施領	信濃国	天正15年	須田満親	上越3207	
99	吾妻領	上野国	天正17年	北条氏直	戦真関連175	
100	下条領	信濃国	天正18年?	毛利秀頼	信⑰185	
101	高遠領	信濃国	天正19年	勝斎	信⑰251	
102	下条領	信濃国	文禄2年	京極高知	信⑰521	
103	上伊奈領	信濃国	文禄2年	京極高知	信⑰521	
104	谷中	信濃国	慶長5年	徳川家康	信⑱478	木曽谷
105	木曽谷中	信濃国	慶長5年	徳川家康	信⑱529	
106	たに中	信濃国	年未詳	木曽義勝	信⑰155	木曽谷
107	作手領	三河国	年未詳	参河国桜井寺	戦今参考29	
108	牛久保領	三河国	年未詳	参河国桜井寺	戦今参考29	
109	平居領	三河国	年未詳	参河国桜井寺	戦今参考29	
110	菅沼織部領	三河国	年未詳	参河国桜井寺	戦今参考29	
111	長篠領	三河国	年未詳	参河国桜井寺	戦今参考29	
112	伊名本田領	三河国	年未詳	参河国桜井寺	戦今参考29	
113	田原領	三河国	年未詳	参河国桜井寺	戦今参考29	

（註）出典は本文と同じ。備考欄の？は要検討を示す。

自らの支配領域を「谷中」「郡内」と呼称していた。管見の限り、小山田領や郡内領と呼ばれた痕跡《こんせき》は認められない。小山田氏の支配領域は、小菅《こすげ》・丹《た》波山《ばやま》を除く都留郡と相模国《さがみのくに》奥三保《おくみほ》に及んでいたが、上野原加藤氏、小菅《こすげ》氏、西原《さいはら》武田氏、小俣氏などは従属下には編入しておらず、その意味で小山田氏の支配領域「郡内」は、近世の「郡内領」（都留郡全域）とは必ずしも一致しない。ただし、上野原加藤氏は、戦時には小山田氏の軍事指揮下に編入されており（「惣《そう》人数」）、西原武田氏も当主丹波守有氏は小山田氏の偏諱《へんき》を受けている可能性がある。また小菅氏も、武田氏重臣山県昌景《やまがたまさかげ》の同心衆ではあるが、当主五郎兵衛尉の妻が小山田信茂《のぶしげ》の妹と伝わり、従属関係にこそないが、

No.	領の名称	国	年代	文書の発給者	出典	備考
65	高梨領	信濃国	天正6年	島津泰忠	戦武3004	
66	川巴領	上野国?	年未詳	上杉謙信	上越983	川場か?
67	飯山領	信濃国	天正7年	武田勝頼	戦武3087	
68	河内谷中	甲斐国	天正8年	穴山信君	戦武3239	
69	望月領	信濃国	天正8年	武田信豊	戦武3282	
70	沼田領	上野国	天正8年	土屋昌恒	戦武3283	
71	望月領	信濃国	天正8年	望月一峯	戦武3313	
72	小泉・館林・新田領	上野国	天正8年	武田勝頼	戦武3438	
73	飯山城領	信濃国	天正10年	上杉景勝	信⑮234	
74	知久本領	信濃国	天正10年	徳川家康	信⑮349	
75	高梨領	信濃国	天正10年	上杉景勝	信⑮357	
76	葛山領	信濃国	天正10年	上杉景勝	信⑮383	
77	井上領	信濃国	天正10年	上杉景勝	上越2464	
78	松尾・知久領	信濃国	天正10年	徳川家康	信⑮391	
79	須田領	信濃国	天正10年	真田昌幸	信⑮483	
80	安中領	上野国	天正10年	北条氏	戦北2361	
81	尻高領	上野国	天正10年	真田昌幸	信⑮488	
82	海野領	信濃国	天正10年	北条氏直	信⑮492	
83	日岐領	信濃国	天正10年	小笠原貞慶	信⑮516	
84	禰津領	信濃国	天正10年	真田昌幸	信⑮548	
85	高梨領	信濃国	天正10年	上杉景勝	上越2491	
86	布施領	信濃国	天正10年	上杉景勝	上越2492	
87	葛山領	信濃国	天正10年	上杉景勝	上越2524	
88	箕輪領	上野国	天正11年	北条氏邦	群3189	
89	惣社領	上野国	天正11年	北条氏	戦北2546	
90	阿江木領	信濃国	天正11年	依田信蕃	信⑮561	
91	西牧領	信濃国	天正11年	小笠原貞慶	信⑯85	
92	高遠領・箕輪領	信濃国	天正11年	守矢信真	信⑯113	
93	谷中	信濃国	天正12年	小笠原貞慶	信⑯148	
94	皆川領	下野国	天正13年	結城晴朝	戦真関連112	
95	海野領之内房山	信濃国	天正14年	真田昌幸	信⑯403	
96	高遠領	信濃国	天正14年	保科正直	信⑯408	
97	川内谷中	甲斐国	天正14年	穴山勝千代	戦武4001	

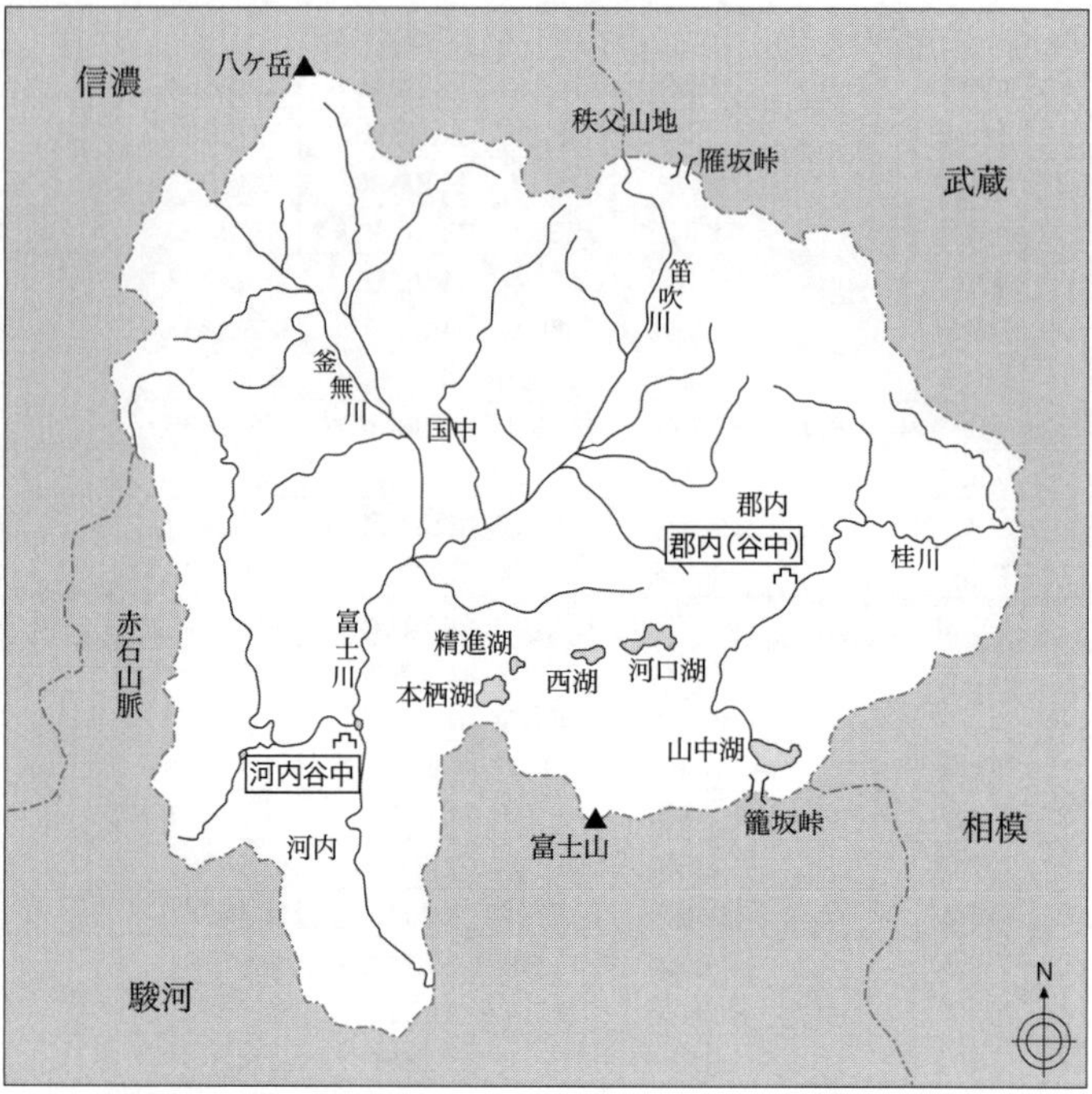

図4-1　戦国期甲斐国「領」地名分布

何らかの影響を受けていたことは十分考えられよう（丸島和洋・二〇一三年②）。

〔2〕信濃国

ここでは、信濃国の「領」について紹介していく。但し、先に紹介した海野領と、後でまとめて紹介する伊那《いな》郡の「領」（上伊那領、箕輪《みのわ》領、高遠領、大草《おおくさ》領、飯島領、上穂領、赤須《あかず》領、片切領、大島領、市田領、飯田領、松尾領、下条領、知久《ちく》領、南山領、遠山領）については除外した。

・田口《たのぐち》領……佐久郡の田口城（佐久市）およびその一帯の呼称。田口氏は、武田氏の佐久侵攻に抵抗し滅亡したが、その支配領域は広域呼称として残存した。

・落合《おちあい》領・葛山《かつらやま》領……落合領は、水内《みのち》郡葛山城（長野市）一帯の呼称で、ここは国衆落合氏が勢力を張っていた。落合氏は、第二次川中島合戦の前哨《ぜんしょう》戦で滅亡したが、上杉謙信は武田氏に対抗すべく落合領に葛山城を築いた。その後、落合領は管見されなくなり、葛山領に変わっている。葛山城の支配領域として再編成されたのであろう。

・綿内《わたうち》領・井上領……綿内井上氏の支配領域を示す。綿内城（長野市）とその周辺の呼称であろう。

・山田領……高井郡壁田《へきだ》城（中野市）とその周辺の呼称。高梨政頼《まさより》の有力家臣山田氏の支配領域と推定される。

・洗馬《せば》領……筑摩《つかま》郡洗馬（洗馬・三村氏）の支配領域。三村氏は、鎌倉時代の承久《じょうきゅう》の乱後、新補地頭として洗馬庄《しょう》に入部し、室町・戦国期には武居城（洗馬城・朝日村）を本拠に、洗馬・宗賀・広丘《ひろおか》（塩尻市）、西洗馬・針尾・小野沢・古見《こみ》（朝日村）、今井・笹賀《ささが》・神林《かんばやし》（松本市）などを所領とし、知行貫高は三〇〇〇貫文に及んだとされる。小笠原《おがさわら》氏に従属したが、後に武田氏に帰属したものの、天文二十四年に三村長親《ながちか》ら一族が甲府で誅殺《ちゅうさつ》されたと伝えられる（『東筑摩郡・松本市・塩尻市誌』第二巻、『長野県町村誌』他）。三村氏が逆心を企てたことは事実なので（戦武五四九号）、この伝承は信じてもよかろう。

・仁科《にしな》領……安曇《あずみ》郡森城（安曇野市）を本拠とし、安曇郡全域を支配下に置いた仁科氏の支配領域。

・木曾《きそ》谷中……木曾郡福島城（木曽町）を本拠とし、木曾郡全域を支配下に置いた木曾氏の支配領域。信濃では、単に「谷中」といえば木曾谷を指したらしい。

・清野《きよの》領……埴科《はにしな》郡清野屋敷（長野市）を本拠とした清野氏の支配領域。その詳細は不明。

・島津《しまづ》領……水内郡矢筒城・長沼城（長野市）を本拠とした島津氏の支配領域。島津領は、太《おお》田荘《たのしょう》と若月荘がその前身であり、島津氏は太田荘地頭職《じとうしき》として次第にこれを押領し、周囲に勢力を拡大して自己の所領化していったと推定される。戦国期には、矢筒島津氏と赤沼島津氏が勢力を伸長したが、矢筒島津氏は武田氏に追放され、赤沼島津氏が島津領全域を支配した。それは屋敷廻（赤沼）、西尾張辺、撫川、福王子（戦武三〇〇四号）、「しま津之内三歳・狩箱」（同二九四六号、三歳は三才、狩箱は金箱のこと、いずれも長野市）などがその範囲であった。島津領には、永禄《えいろく》十一年により武田氏が長沼城の再興と拡張、整備に着手し（上越六一一・三号他）、上杉氏への最前線拠点としている（長沼歴史研究会・二〇一四年）。

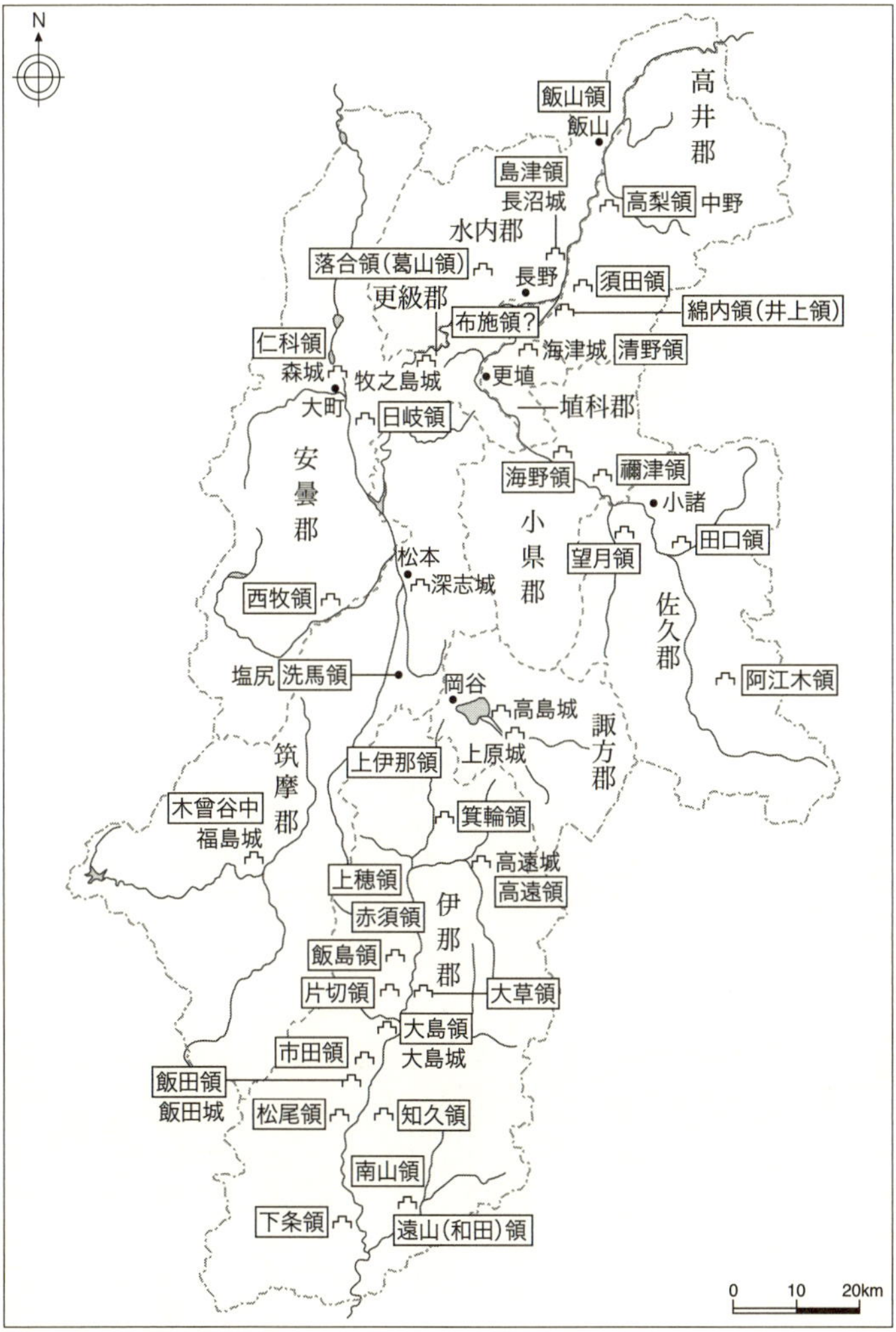

図4-2 信濃国「領」地名分布

・高梨領……高井郡中野御館《おたて》（中野市）を本拠とした高梨氏の支配領域。高梨領は、高梨政頼が武田氏に追放され、越後《えちご》上杉氏のもとに亡命した後も、広域呼称として残存した。しかし、高梨領内の諸村は、武田氏によって家臣らに分与され、一円領としての性格を喪失した。武田氏滅亡後、上杉景勝《かげかつ》の支配下に入ったが、かつて高梨氏の所領であった諸村は、「高梨領」を冠しているが（戦武三〇〇四号、上越二四九一号）、それは一円領としてのそれではなく、村々の帰属する広域呼称として名残を留《とど》めていたに過ぎない。高梨領については、湯本軍一、花岡康隆氏の研究があるので、ここでは詳述しない（湯本軍一・一九九一年、花岡康隆・二〇一七年、表4-2参照）。

・飯山領……水内郡飯山城（飯山市）とその周辺一帯の呼称。武田氏は、天正六年に勃発《ぼっぱつ》した御館《おたて》の乱に乗じて、飯山城をはじめとする北信濃を占領し、上杉氏から割譲させている。飯山領の範囲については、天正八年八月、武田勝頼《かつより》が城将禰《ね》津常安《つじょうあん》に対し、飯山城の破損や普請のために動員を許可した大蔵郷ら三十三ヵ村がそれに相当すると考えられる（戦武三四〇六号）。ただしこれは一円領ではなく、現在の飯山市、木島平《きじまだいら》村、野沢温泉村、信濃町、中野市、栄《さかえ》村などに分布しているので、城領の呼称だった可能性が高い。

・望月《もちづき》領……佐久郡望月城（佐久市）を本拠とする滋野三家の望月氏の支配領域。

・須田領……高井郡須田城（須坂市）を本拠とする須田氏の支配領域。須田氏は、上杉方に付き越後へ亡命した系統と、武田方に従属し本領を維持した系統に分裂した。

・日岐《ひき》領……安曇郡日岐城・日岐大城（生坂村）を本拠とする日岐氏（仁科一族）の支配領域。

表4-2　高梨氏所領の概略(湯本・1991年より転載)

	南北朝末期	室町〜戦国期
中野市	吉田郷	間(前)山、新野(含む高遠)、桜沢、南北大熊、新保、江部、片塩、吉田、岩船、安源寺、牛出、草間、立ヶ花、大俣、厚貝、壁田郷、田麦郷、笠原郷、柳沢、岩井、赤岩、中野、西条、小田中、更科(?)
山ノ内町	夜交村	佐野、菅(小島)、角間、長倉、金倉、田中、上条、夜交、宇木
木島平村		宮島、中島、長沢、岸、中村、瀬屋沢、本栖、平沢、野沢、計見、千石、上木島
小布施町	松川北	狩田、中条、飯田、小布施半分、堤、原、高梨本郷(六川周辺)
高山村	山田	山田
飯山市	安田郷、大蔵郷、柏尾分、小堺郷、戸狩村、中条、飯山	犬飼、小菅、下木島、安田、柏尾、野坂田、静間、蓮、伽佐(替佐)
豊田村	飯岡村	
三水村	長井郷、蔵井郷	
信濃町	沼尻(野尻)関所	
豊野町	浅野郷	
長野市	保科、若槻、上長沼、和田郷、高岡(東和田のあたり、地名なし)、中駒沢、石渡部郷、尾張部、小井郷、吉田村、高田郷、郷長郷(後町のあたり)、北中島郷、広瀬、中条	和田、若槻
新潟県		新屋(小千谷市高梨町)、寺村(上越市寺)、石塚(安塚町か柏崎市)、針村(板倉村針)、新堂《しんどう》(柏崎市新道)、本堂(上越市本道か)、石塚内岡宿(安塚町か)、蓬田(松代町か)、杉袋(上越市杉野袋)、米沢(広神村か)、小千谷(小千谷市)、高梨(小千谷市高梨町)、宮島(板倉町宮島)、他に不明の所領4ヵ所あり

(註)南北朝末期は、『信濃史料』7巻(228〜231頁)による。室町〜戦国期は、『信濃史料』8〜17巻による。新潟県については、『信濃史料』12巻(328〜329頁)による。

・禰津領……小県郡《ちいさがた》禰津城（東御市）を本拠とする滋野三家の禰津氏の支配領域。その範囲については、禰津・禰津田中・禰津小田中・大石・桜井・芝生田（柴生田）・別府・新張《みはり》・賀沢（加沢）などがそれに相当すると考えられる（『諏訪御符礼之古書』『上田小県誌』第一巻他）。

・布施領……詳細不明。更級郡《さらしな》布施本庄（長野市篠ノ井山布施《しののいやまぶせ》）が存在した地域の呼称か。

・阿江木領《あえき》……佐久郡相木城《あいき》（北相木村）を本拠とする阿江木氏の支配領域。

・西牧領……安曇郡西牧城（松本市）を本拠とする西牧氏の支配領域。西牧氏は、小笠原氏に従属していたが、武田氏のもとに転じ、武田氏滅亡後、小笠原貞慶《さだよし》に帰属。まもなく貞慶に滅ぼされたという。武田時代の動向については、史料がなく不明。ただ、永禄四年一月、武田氏は「西牧之逆徒」を討ったことが知られ、西牧氏が上杉方に内通した可能性があり（戦武七二三号）、勢力を大きく低下させたらしい。「惣人数」に登録されていないのは、こうした事情によるものか。

〔3〕上野国

上野国の「領」のうち、新田領（由良氏）・廏橋領《まやばし》（北條氏《きたじょう》）・足利領《あしかが》（足利長尾氏）・館林領（館林長尾氏）・小泉領（富岡氏）・沼田領（沼田氏）などについては、すでに峰岸純夫・黒田基樹氏の論著がある（峰岸純夫・一九六九年、黒田基樹・一九九七年）。また、上野国の「領」全般の概略については、則竹雄一、久保田順一氏による分析があるので（則竹雄一・二〇〇八年、久保田順一・二〇一八年）、ここでの叙述は割愛する。

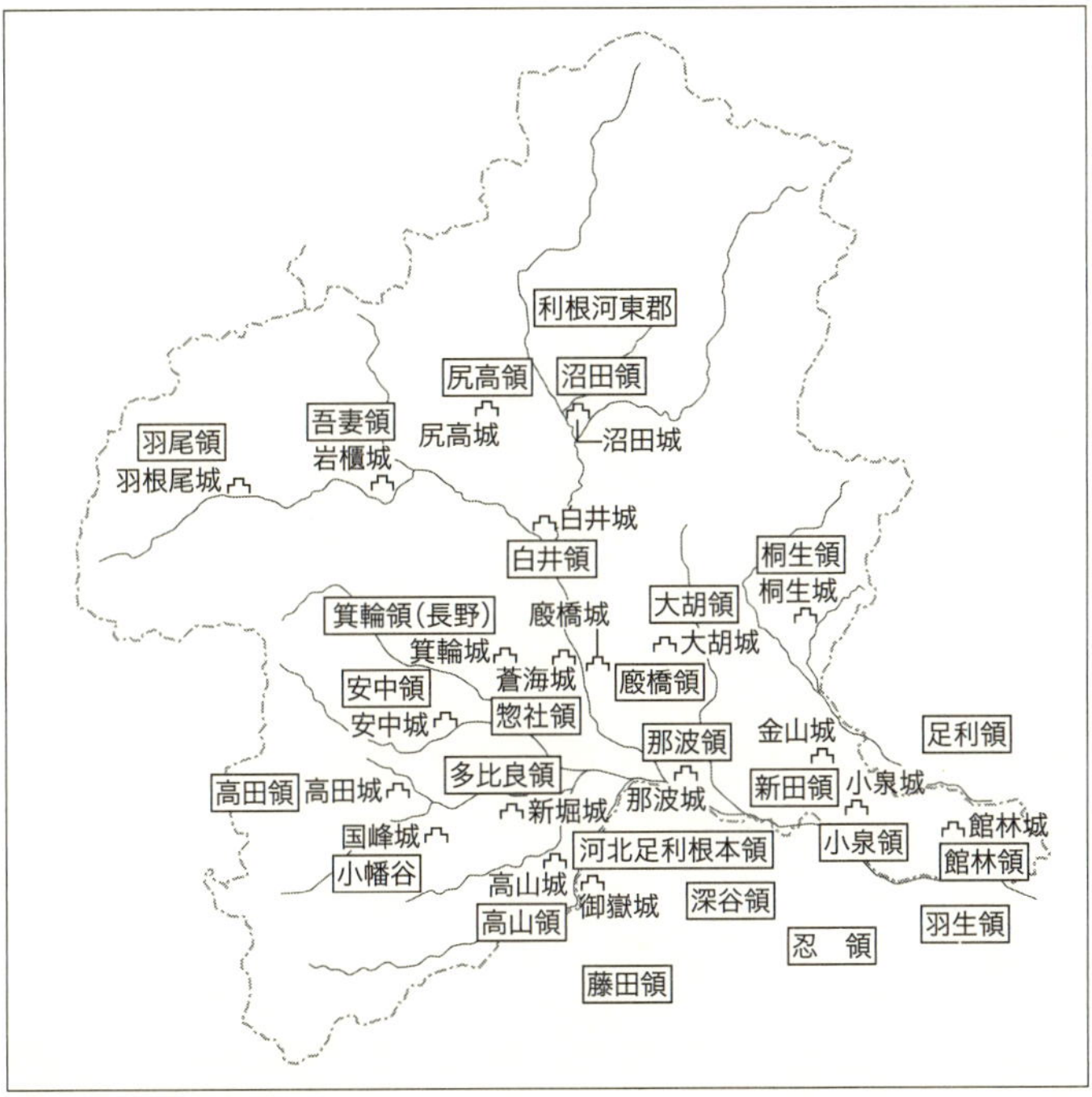

図4-3　上野国「領」地名分布

・羽尾領《はねお》……吾妻《あがつま》郡羽根尾城（長野原町）を本拠とする羽尾海野氏の支配領域。羽尾海野氏は、天正九年に謀叛《むほん》を企図したとして、武田勝頼《かつより》の命を受けた真田昌幸《さなだまさゆき》により滅ぼされた（平山・二〇一七年）。

・箕輪《みのわ》領・長野領……ともにもと箕輪城（高崎市）を本拠に、西上野に大きな影響力を保持した長野氏の支配領域が原形である。永禄九年、長野氏を滅ぼした武田氏は、箕輪城を西上野支配の拠点と定め、重臣浅利・内藤らを郡司（郡代）として配置した。箕輪領については、栗原修・丸島和洋氏の論著を参照のこと（栗原修・一九九三年、一九九七年、一九九八年、丸島和洋・二〇一一年、二〇一四年）。

・多比良《たいら》（平）領……多野郡多比良城（新堀《にいぼり》城、高崎市）を本拠とする多比良氏の支配領域。多比良氏は、永禄四年の関東幕注文には総社衆として登録され、上杉謙信に帰属。その後、武田氏に攻略されたという。多比良氏のその後については不明であるが、多比良領は武田氏の御料所になったらしく、上野国衆高山行重《ゆきしげ》を代官に任じ、管理を命じており（『辞典』、戦武一九一三号）、さらに上野国衆浦野新八郎に領内の一部を知行として与えている（同一九一四号）。

・高山領……緑埜《みどの》郡高山城（藤岡市）を本拠とする高山氏の支配領域。
・安中《あんなか》領……碓氷《うすい》郡安中城（安中市）を本拠とする安中氏の支配領域。
・高田領……甘楽《かんら》郡高田城（富岡市）を本拠とする高田氏の支配領域。
・尻高《しったか》領……吾妻《あがつま》郡尻高城（高山村）を本拠とする尻高氏の支配領域。

〔4〕駿河国

・葛山領《かずらやま》……駿河郡葛山城（裾野市《すその》）を本拠とする葛山氏の支配領域。葛山氏については、数多くの研究が蓄積されている（『裾野市史』通史編が代表的な成果である）。葛山氏は、駿河郡（駿東郡《すんとう》、御殿場市《ごてんば》・裾野市・沼津市）および富士郡の一部を支配領域とする、駿河では最大規模の国衆であった。永禄十一年十二月、武田信玄の駿河侵攻が始まると、葛山氏元《うじもと》は瀬名《せな》信輝《のぶてる》らとともに武田氏に帰属するが、その結果、葛山領は相模から進撃してきた北条氏康《うじやす》・氏政《うじまさ》軍に占領され本領を喪失する。氏元は、信玄の六男十郎信貞《のぶさだ》を次女おふちの婿に迎えたが、本領復帰は実現されず、家督と実権は武田氏に奪われ、晩年は富士郡に一部の知行を与えられた程度だったと考えられる。氏元は、武田氏への逆心を企てたが発覚し、天正元年二月、信濃国諏方で処刑された。葛山領は、葛山信貞の管轄地域と、武田氏直轄領が混在する状況となっている。天正十年三月、武田氏滅亡後、葛山信貞が織田氏に処刑され、葛山氏は滅亡した。

・花蔵領《はらぐら》……志太郡《しだ》花蔵（花倉、葉梨《はなし》）城（藤枝市）を中心とする周辺一帯の呼称。花倉城は、今川義元《よしもと》の異母兄花倉殿（玄広恵探《げんこうえたん》）が在城し、義元と家督争いをしたこと（花倉の乱）で知られる。花蔵領とは、花倉城の城領もしくは一門衆の所領か。花倉（葉梨）城下は、駿河守護今川氏の初代範国《のりくに》、二代範氏《のりうじ》、三代泰範《やすのり》まで、今川氏の拠点として繁栄し、城下集落も発達していた地域である。今川氏は、初代範国が駿府《すんぷ》に守護所を設置した後も、軍事拠点として花倉を機能させ続けたといわれる。また、三代泰範が一時ここに守護所を置いたとの説もある。戦国期になっても、花倉城は維持され、城下も繁栄を続けていたといい、ここが今川氏の軍事拠点の一つであったことは間違いなかろう（『藤枝市史』通史編上による）。花倉の乱により、花倉城と城下は打撃を受けたとみられるが、その後復興され、武田時代にも軍事、経済の一拠点である「領」としての実態を保持していたものか。記して後考をまちたいと思う。

・勝路《すぐろ》（勝呂）領……武田氏海賊衆の知行地になっているが、場所や成立の経緯などは詳細は一切不明。

〔5〕遠江・三河国

遠江国のうち、天野領、中部《なかべ》領などについては次項で検討することとし、ここでは三河国の領について紹介する。

・野田領……三河国設楽《したら》郡野田城（愛知県新城市）を本拠とする野田菅沼《すがぬま》氏の支配領域。なお、今川氏の文書に登場する「菅沼織部領」とは、野田領のことを指すとみられる。菅沼定盈《さだみつ》は、武田氏に抵抗を続けたことで知られるが、元亀《げんき》三年七月、山家《やまが》三方《さんぽう》衆（田峯《だみね》菅沼氏・作手《つくで》奥平氏・長篠《ながしの》菅沼氏）が武田氏に内通した際、定盈もこれに同調していた節がある（戦武一九二九号）。だが実際に、定盈が武田氏に帰属することはなかった。そのため元亀四年（天正元年・一五七三）二月、武田信玄は菅沼定盈を攻撃、降伏させ、野田領を接収した。しかしその直後に信玄が死去し、同年七月に徳川家康が長篠城を奪回すると、野田領も徳川方が取り戻し、定盈が本領を回復したと推定される。天正三年四月、長篠合戦の前哨戦で、武田軍が野田で築城を行っていた定盈を追放し再制圧した（戦武一七〇三・四号）。なおこの時、菅沼定盈が築いていた城は、野田城ではなく大野田城（浄古斎砦《とりで》）であるという（『菅沼家譜』）。長篠合戦後、菅沼定盈は武田氏の勢力を駆逐し、本領を回復している。

・作手《つくで》領……三河国設楽郡作手亀山城（新城市）を本拠とする作手奥平氏（山家三方衆）の支配領域。奥平氏は、奥平定勝《さだかつ》（道紋《どうもん》）・定能《さだよし》・信昌《のぶまさ》三代が、元亀三年七月、徳川氏から離叛《りはん》して武田氏に帰属するが、天正元年八月、定能・信昌父子が武田氏を離れて徳川氏に再出仕した。いっぽう、奥平定勝は武田方に残っている。定能・信昌父子の離叛後、武田氏は作手亀山城を破却し、作手領を接収したらしいが、天正三年五月の長篠敗戦後、徳川氏によって制圧され、奥平定能・信昌父子は本領を回復した（平山・二〇一四年）。

・長篠領……三河国設楽郡長篠城（新城市）を本拠とする長篠菅沼氏（山家三方衆）の支配領域。長篠菅沼氏は、元亀三年十月、武田信玄の遠江・三河侵攻が開始されると武田氏に帰属した。しかし天正元年七月、本拠地長篠城を徳川家康に奪取され本領を失った。長篠菅沼氏は、武田氏のもとで本領回復を目論《もくろ》むが果たせず、天正十年三月、武田氏滅亡とともに没落した。

・牛久保領……三河国宝飯《ほい》郡牛久保城（豊川市）を本拠とする牧野氏の支配領域。牧野氏は、武田氏に帰属した事実はないが、山家三方衆を調略、帰属させた際に、牛久保領の安堵《あんど》を約束している。ただ、その配分をめぐって山家三方衆内部で対立が起こり、武田氏は三氏の談

富士山
愛鷹山
葛山領
富士川
駿河
安倍川
花蔵領
狩野川
伊豆半島
大井川
駿河湾
御前崎
石廊崎

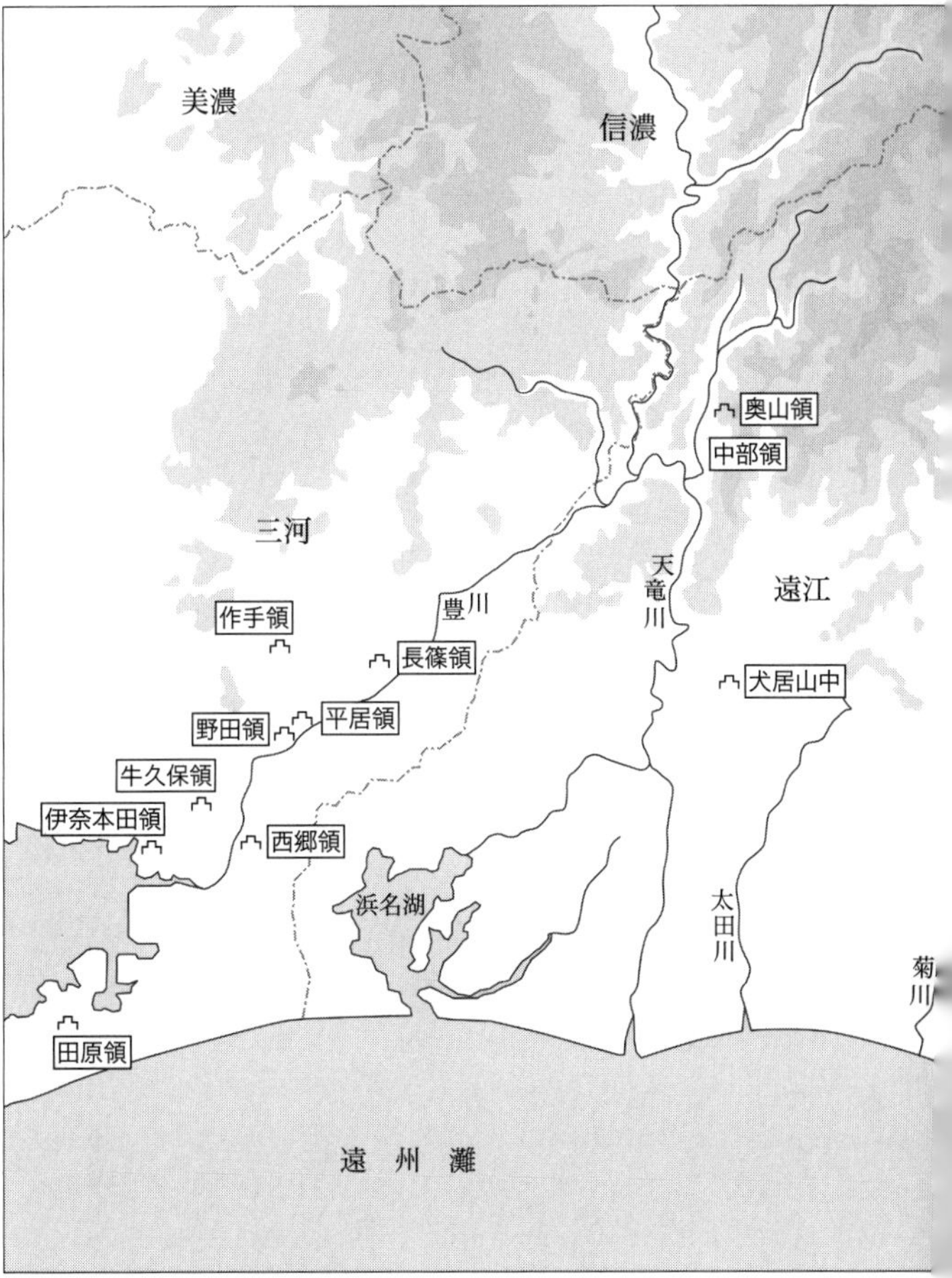

図4-4　東海地方「領」地名分布

合で決着するよう指示したため、不満を持った作手奥平定能・信昌父子が徳川方に転じる事態を招いている（平山・二〇一四年）。天正元年と同三年に牛久保領は武田軍の侵攻を受けたが、長篠合戦での戦勝により危機を脱している。

・西郷領……三河国八名《やな》郡嵩山《すせ》月ケ谷《わちがや》城（豊橋市）を本拠とする西郷氏の支配領域。西郷氏が武田氏に帰属した事実はないが、牧野氏と同様、山家三方衆を調略、帰属させた際に、西郷領を与える約束をしている。

・平居領……平居は平井か。三河国設楽郡平井（新城市）のことを指すとみられる。ここには「平居城」があり、永禄五年一月、今川氏真《うじざね》は田峯菅沼小法師（定吉か）に破却を命じている（戦今一七八七号）。この「平居城」とは、大谷城を指すとみられ、田峯菅沼大膳亮定広が隠居したところといい、その子定継が継承したという（『三河国二葉松』『愛知県中世城館跡調査報告Ⅲ』他）。すなわち、平居領は田峯菅沼氏の所領の一部と推定される。

・伊奈本田領……三河国宝飯郡伊奈《いな》城（上島古城、豊川市）を本拠とする本多氏の支配領域。

・田原領……三河国渥美《あつみ》郡田原城（田原市）を中心とする領域。かつては、国衆田原氏の支配領域であったが没落し、今川方の支配するところとなった。今川氏の勢力後退後、徳川方に奪取され、家康家臣本多広孝《ひろたか》が在城している。元亀三年十月から同四年四月にかけての武田信玄による遠江・三河侵攻に際して、武田海賊衆が田原表を攻撃しようとしている（戦武一九九五号）。ただ、攻撃が実際に実施されたかは確認できない。

以上のように、古文書《こもんじょ》に登場する「領」（以下、国衆領）は、ほぼ例外なく、国衆の支配領域であることが確認できた。そしてこの国衆領は、武田氏に従属を余儀なくされた際に、一円領のまま国衆に安堵された場合と、大幅なもしくは一部削減を受けた場合とに区分される。後者の場合、削減（武田氏に没収）された地域には武田氏の御料所が設定されたり、他の給人領（知行地）が設定されたことなどにより、完全なる排他的一円領としての性格は変化を余儀なくされている。このほか、追放もしくは滅亡した国衆領は解体され、「～領」と史料に登場しても、その実態は個々の郷村がかつて帰属していた広域呼称に変化し、国衆領としての性格を喪失していったことがわかる。

国衆領（「領」「国」）の実態

前項で、武田領国下とその縁辺部に存在した国衆領の事例を紹介した。そこで次に問題となるのは、このような国衆領は、果たして研究史上指摘されるような一円領としての実態があるのかどうかであろう。これまで、国衆論において指摘されてきた議論そのものはわかるのだが、その実態がなかなかつかみにくいうらみがあった。国衆論を豊かで稔《みの》りあるものにすべく、武田領国における国衆領の実態について検討しておきたい。具体的には、国衆領とは、どれほどの郷村を含み込んだ領域であり、その範囲や特徴は何かということである。

しかし問題なのは、それを証明することが可能な史料が果たして存在するのかということである。そこで、本項では、信濃国伊那郡《しなののくにいな》、遠江国周智郡《とおとうみのくにすち》の二地域を事例に国衆領の実態に迫っていきたい。

〔1〕信濃国伊那郡

武田領国において、国衆領の規模と範囲を窺《うかが》うことのできる史料は存在するのだろうか。実は一点だけ貴重な記録が確認できる。それは、武田氏滅亡から九年が経過した天正十九年九月成立の「信州伊奈青表紙之縄帳」である（信⑰四二〇、以下「縄帳」で統一）。これは、天下一統と、徳川家康の関東転封後、信濃国伊那郡を拝領した毛利秀頼《ひでより》が、天正十八年から翌十九年にかけて実施した太閤《たいこう》検地の結果把握した伊那郡諸村の石高を集計したものである。興味深いのは、伊那郡諸村の村高を、「領」ごとに集計していることで、それは上伊那領、箕輪《みのわ》領など全部で十六の「領」で構成されている（図4-5）。

これらの「領」のうち、下条・知久《ちく》・松尾（小笠原《おがさわら》）・遠山などは戦国期の文書にも登場するるので、滅亡からまだ九年しか経過していない、武田時代の国衆領の範囲と規模を示す貴重な情報といえるだろう。しかも、これらの「領」は、近世を下るにつれ、幾多の藩領や旗本知行所、天領が設定されることにより細分化され、単なる広域呼称となっていき、支配単位としての実態を喪失している。そこで「縄帳」の情報と、戦国期の文書をつき合わせて検討していくと、国衆と武田氏との関係について興味深い事実が浮かび上がってくる。以下、「領」ごとに紹介しよう。

（1）下条領

下条領は、吉岡城（下條村）を本拠とした下条氏の支配領域のことである。「縄帳」による

図4-5　信濃国伊那郡の国衆領と主要城郭(「信州伊奈青表紙之縄帳」をもとに作成。一部推定を含む。⛫は国衆の本拠、◉は武田氏の拠点城郭を示す。)

と、下条領は、月瀬《つきぜ》村、根羽根《ねばね》村など七〇ヵ村で構成されており、石高は九七三一石七斗六升六勺であった。これらの諸村を地図で確認すると、天竜川右岸地域に限られ、三河《みかわ》・美濃《みの》国境から松尾領に接する地域（山本、立石、小松原、阿知原を結ぶ境界）に至る広大な領域であった。下条領と松尾領は境界を接していたことや、双方が室町期以来不仲で対立しがちであった（下条氏は鈴岡小笠原氏に帰属していたが、松尾小笠原氏は鈴岡小笠原氏と一族ながら宿怨《しゅくえん》の間柄であった）ことから、天正壬午《てんしょうじんご》の乱終結後の天正十一年六月、九月の二度にわたって衝突している（平山・二〇一一年①②）。

ただし注意すべきなのは、下条領の範囲は、諸記録によれば実はもう少し広かったらしく、「縄帳」は武田氏滅亡後の勢力縮小を反映しているようだ。実際に、信濃・三河国境の新野（下伊那郡阿南《あなん》町）には、室町前期までに伊那に入部し日差館を本拠にした関氏が存在していた（以下、『関伝記』『下伊那史』第六巻）。

関氏はやがて、天文初期に和知野に進出して権現城（和知野城）を築いて本拠を移し、阿知川を境界に、以北を下条氏、以南を関氏が領有していた。そればかりでなく、関氏は奥三河に進出し、根羽、月瀬（長野県根羽村）、津具《つぐ》（愛知県北設楽郡設楽町）、垣場（坂場か）、黒河《くろがわ》（黒川、以上愛知県北設楽郡豊根《とよね》村）、佐分渡、瀬（以上詳細不明、旧富山村か）をも編入したといい、その所領は関三〇〇〇貫文に及んだとされる。天文十三年、関盛永《もりなが》は家臣や領民と対立して支持を失ったといい、これを察知した下条時氏《ときうじ》（信氏《のぶうじ》の父）が総攻撃を行い、関氏は滅亡したという。かくて下条領は、関盛永を滅ぼしたことにより、一挙に奥三河にまで伸長し、信濃・三河・美濃国境に及んだ。その結果、下条氏の所領高は、関三〇〇〇貫文を加えた六〇〇〇〇貫文に上ったと伝えられるが（『下伊那史』他）、事実かどうかは確認できない。

（2）松尾領

松尾領は、松尾城（飯田市）を本拠とした松尾小笠原氏の支配領域のことである。「縄帳」によると、竹佐村など二十二ヵ村で構成されており、石高は一万二四四一石九斗四升六合三勺であった。松尾領は、「縄帳」にも「伊賀良庄《いがらしよう》」と注記されているように、小笠原氏が地頭職となった伊賀良庄をそのまま一円領としたものである。ただしその旧荘域は、松尾領よりもはるかに広大で、当初は北は飯田市を流れる松川、南は阿知川を境界としていたが、室町期になると信濃・三河国境の新野（下伊那郡阿南町）にまで拡大している。しかし、室町後期から戦国期にかけて、伊賀良庄の支配をめぐる鈴岡小笠原氏（鈴岡城）と、松尾小笠原氏（松尾城）の抗争が激化し、鈴岡小笠原氏が弱体化したが、やがて勢力を挽回《ばんかい》して松尾小笠原氏を追放したという。

松尾小笠原氏は、武田信玄を頼り、武田氏の伊那侵攻により鈴岡小笠原信定を放逐して松尾城と伊賀良庄の本領を回復したとされる。だが、この時期の混乱により、阿知川流域の伊賀良庄は、下条氏、関氏によって侵食され、山本（飯田市）、伍和《ごか》（阿智《あち》村）、会地《おうち》（同村大字駒場《こまんば》木戸脇）などを境界とする阿知川以南を失っており、これは天文期に下条領に完全に編入された（『下伊那史』他）。このことから、武田氏の支援による本領回復後も、下条氏とは不仲であったと伝えられる。

（3）飯田領

飯田領は、飯田城を本拠とする坂西《ばんざい》氏の支配領域である。「縄帳」によると、上飯田、別符二ヵ村で構成され、石高は二九一二石六斗七升八合であった。これを地図で確認してみると、北は野底川を境界に市田領と接し、南は松川を境界に松尾領と接していることがわかる。飯田領は、「縄帳」にも「郊戸庄」と記録されているように、摂関家領郡戸庄《ごうどのしょう》があった領域に相当している。郡戸庄は、「縄帳」に「松川より北山迄《(吹脱カ)》」とあるように、南は松川、北は境の沢川を境界とし、吉田郷、市田郷、座光寺《ざこうじ》郷、飯沼郷、別府郷、飯田郷が成立した。このうち、室町中期の享徳元年（一四五二）を初見に、飯田郷の地頭となったのが坂西氏である（『諏方御符礼之古書《すわみふれのこしょ》』）。

（4）市田領

市田領は、松岡城（高森町）を本拠とする松岡氏の支配領域である。「縄帳」によると、座光寺、上黒田をはじめとする十一ヵ村で構成され、石高は七八一一石三斗三升五合であった。これは、北は境の沢、南は野底川中流域と黒田、南条、飯沼を除く地域を境界とする領域であり、郡戸庄の荘域におさまることがわかる。つまり郡戸庄は、飯田領、市田領と黒田、南条、飯沼をまとまりとする三地域に分割され、国衆領になったと推察される。松岡氏は、郡戸庄松田郷（市田郷）の地頭職となり勢力を拡張したと考えられる。松岡氏は、天正十三年、羽柴秀吉に内通し徳川氏から離叛しようとしたが発覚し滅ぼされた（平山・二〇一一年②）。

（5）大島《おおじま》（大嶋）領

大島領は、春近衆《はるちか》（飯島・上穂《うわぶ》・片桐・赤須《あかず》・大島氏の五氏で構成）大島氏の支配領域である。「縄帳」によると、大島、福与、上新井、邊野、樫原、桑園、名子、小和田の八ヵ村で構成され、石高は二七〇七石九斗六升六勺であった。大島領は、北は片桐松川を境界に片切領と、南は境の沢川を境界に市田領と接していた。その領域は天竜川の対岸福与にまで及んでいる。なお、大島領では、小和田村一ヶ所だけが片切領の領域に含まれる飛び地になっている。こうした所領の事情も、春近衆としての結集を促したのかも知れない。

大島氏は、片切氏の支流で、大島郷の地頭職を務め、大島城を本拠としていた。室町期まで、名子郷の地頭名子氏とともに諏方大社御射山頭役などを務めていたが、名子氏を寄子とし、やがてこれを滅ぼしたか、被官として支配下におさめることで名子郷を併合したと推察される（『下伊那史』第五巻。名子氏は享徳四年〈一四五五〉を下限に史料から姿を消す〈信⑧三四二〉）。武田氏に従属後、大島氏は春近衆のメンバーとして活動した。その際、居城大島城を接収されたといわれる。そのため、大島氏は拠点を移したと考えられるが、詳細は不明。大島氏は、武田氏滅亡後、徳川氏に仕えた。

（6）片切（片桐）領

片切領は、春近衆で片切城（船山城、中川村）を本拠とする片切（片桐とも）氏の支配領域である。「縄帳」によると、上片切村をはじめとする十一ヵ村で構成され、石高は二五五四石八斗二升七合三勺であった。片切領は、北は子生沢を境界に飯島領と、南は片桐松川を境界に大島領と接していた。また天竜川の対岸にある葛島なども所領に含み込んでいた。片切氏は、鎌倉幕府の御家人で、片切郷の地頭職であった。片切氏は、大島・名子・飯島・赤須氏などを分出し、それゆえに春近衆では宗家の立場にあったとされる（『尊卑分脈』『下伊那史』他）。片切氏は、武田氏滅亡後、徳川氏に仕えた。

（7）飯島（飯嶋）領

飯島領は、春近衆で飯島城（飯島町）を本拠とする飯島氏の支配領域である。「縄帳」によると、上飯島、石曾根、田切の三ヵ村で構成され、石高は二一七三石九斗七升三合であった。ただし、中世の飯島郷は、田切・本郷・上山・岩間で構成されているので、上飯島の範囲はもっと南に伸びており、飯島氏が保護した臨照山西岸寺《りんしょうざんせいがんじ》（臨済宗）がある一帯までを含むと考えられる。さすれば飯島領は、片切領と接する南の境界は子生沢と呼ばれる小川であろう。北は中田切川を境界に赤須領と接していた。飯島氏は、鎌倉幕府に仕えた御家人で、飯島郷の地頭職であったと推定される。飯島氏の惣領は、武田氏滅亡時に高遠《たかとお》城で戦死したが、一族が徳川氏に仕えた。

（8）赤須《あかず》領

赤須領は、春近衆で赤須城（駒ヶ根市）を本拠とする赤須氏の支配領域。「縄帳」には、村の記載がなく、赤須領として石高一五八九石二升一合二勺とあるのみである。その所領範囲は明確にならないが、南は中田切川を境に飯島領と、北は太田切川を境に高遠領と接し、東は天竜川を、西は信州往還を境界に上穂領と接する範囲と考えられる。近世の赤須村は、赤穂、小町屋、市場割、上赤須、下平、南下平、北下平で構成されており、上穂領や高遠領、飯島領との関係から考えると、これが戦国期の赤須領とほぼ一致すると推定される。赤須氏は、鎌倉幕府の御家人で、赤須郷の地頭職であった。その後、片切・飯島・上穂氏らとともに春近衆を結成して争乱を生き抜き、武田氏に従属した。武田氏滅亡後、赤須氏も滅んだと推定されている。

(9) 上穂《うわぶ》領

上穂領は、春近衆で上穂城(駒ヶ根市)を本拠とする上穂氏の支配領域である。「縄帳」には、赤須領と同じく村の記載がなく、上穂領として石高一七一九石一斗二升四合三勺とあるのみである。南は中田切川を境に飯島領と、北は太田切川を境に高遠領と接し、東は信州往還を境界に赤須領と接する範囲と考えられる。最も区分が困難なのは、西側一帯の山岳地帯で、赤須領と上穂領がそれぞれ領有する山の区画の詳細は不明。図4-5では、西側の木曾郡と境界を接する地域は一応上穂領として示しておいたが、検討の余地があることをご了承願いたい。

上穂氏は、その出自がはっきりしておらず、片切氏の支流説と、治承・寿永の内乱初期、甲斐《か》源氏に滅ぼされた菅冠者の後裔《こうえい》説とがあるが、どちらもまったく確証がない。上穂氏の初見は、大塔《おおとう》合戦(応永七年・一四〇〇)であるが、上穂の地頭職を保持していたかどうかも確認できない。武田氏の伊那侵攻を受け降伏、従属したとみられるが、『甲陽軍鑑』は、信玄が伊《い》那を制圧した際に、成敗し所領を没収した武士の中に「一はぶ殿」と記載している。『軍鑑』の記述は、弘治《こうじ》二年(一五五六)のこととされるが、これは事実ではない。だが、武田氏が敵対した信濃の国衆や中小武士を成敗したり、所領を没収したことは事実であり、その中に上穂氏も含まれていたのかも知れない。記して後考をまちたい。武田氏滅亡後、上穂氏は史料から姿を消すので没落したと推定される。

(10) 大草領《おおくさ》

大草領は、大草城(中川村)を本拠とする大草氏の支配領域である。「縄帳」には、宮嶋郷(異本には宮地之郷、実際は大草郷のこと)、日曾利《ひっそり》、飯沼、山田、大河原、鹿塩《かしお》、間柱など七ヵ村で構成され、石高は二〇二二石八斗一合三勺であった。この地域は、鹿塩や大河原などのように、多くの小村(枝郷)が山間部に点在し、それを村が統括するという構造が近世まで続いていた。これは、郷がいくつもの小村を裾野に成立していた状況を反映しているといえよう。

大草領を支配した大草氏の詳細は不明であるが、武田氏滅亡時の当主に大草休斎がおり、天正壬午の乱に際しては、北条氏直より調略を受け、北条方に従属しているが、まもなく徳川方に帰属した(平山・二〇一一年①)。大草氏は、大草領の土豪らとともに「大草衆」と認識され、天正三年八月、長篠《ながしの》敗戦後、信濃防衛強化を企図した武田勝頼より、北遠江の奥山領に派遣され、奥山氏に加勢するよう命じられている。この時、大草衆は、武田重臣小原丹後守継忠《おはらたんごのかみつぐただ》の同心衆に編成されていた(戦武二五一四号、平山・二〇一七年)。武田氏滅亡後、徳川氏に提出された「天正壬午甲信諸士起請文《きしょうもん》」では、大草休斎は起請文を単独(一紙起請文)で、そして大草休斎家中衆として、片切意釣西謙・片切源三昌忠以下、橋部・松平・北村・南嶋・上沼・米山・塩沢・宮下・新居・北原・大沢氏ら十五名が起請文を提出している(県外記録二四八号)。なお、大草氏と大草衆のその後については詳細不明。

(11) 知久領《ちく》

知久領は、神之峰城《かんのみね》(飯田市)を本拠とする知久氏の支配領域である。「縄帳」には、河野、田村、伴野など十七ヵ村で構成され、石高は一万一九三二石八斗七升七合七勺であった。なお、「縄帳」には帰属不明の村が三ヵ村(下黒田、南条、飯沼)、石高二四九八石七斗四升四合五勺があり、これがどの「領」に含まれるのかがはっきりしなかったが、「知久文書」のなかに「知久本領村書之覚」という史料があり、知久氏の所領を構成した村が列挙されている(信⑮三四九)。これによると、「縄帳」で帰属不明扱いとなっていた三ヵ村のうち、飯沼と黒田(上黒田・下黒田)は、知久領の一部だったことが明記されている。これに隣接する南条も同様とみて間違いないだろう。また市田領のうち、上野村《うえの》も知久領であったと記載されており、これらから、知久領の一部は天竜川の対岸に伸び、市田領と松尾領に食い込む形で存在していたと考えられる。

知久領を支配した知久氏は、伴野庄の伴野氏などを家臣に編成し、伊那の有力国衆に成長したが、天文二十三年(一五五四)、武田信玄に神之峰城を包囲され、知久頼元《よりもと》は降伏した。頼元と二人の子息、そして家臣五人のあわせて八人は甲斐に送られ、河口湖の鵜《う》の島に幽閉された後に処刑された(『勝山記《かつやまき》』『妙法寺記』)。

武田時代の知久氏については不明確な点が多い。知久頼元が降伏、処刑されると、知久四郎左衛門尉(系譜関係不明)ら八人は伊那を脱出し、知久氏と縁の深い文永寺の伝手を頼って山城国醍醐寺三宝院に逃れ、まもなく上洛したという(信⑫五五)。はっきりしないが、知久四郎左衛門尉が後の知久頼氏かも知れない。知久氏は、頼氏の近親と推定される知久兵部丞頼純が率いたとも、京都から帰還を許された頼氏が統括したともいわれるが（『下伊那史』六巻）、詳細は不明。しかし、知久衆が武田氏に編成されていたことは間違いなく、大島城代（下伊那郡司）秋山伯耆守虎繁《ほうきのかみとらしげ》の相備衆《あいぞなえ》となった。

天正三年八月、長篠敗戦後、武田勝頼は信濃防衛強化を企図する。この時、知久衆は、寄親《よりおや》秋山虎繁が東美濃岩村城に籠城《ろうじょう》中であったため、武田御一門衆武田信豊《のぶとよ》と武田重臣跡部《あとべ》勝忠《かつただ》の同心衆に分割、再編成され、遠江国奥山領にある大洞城《おおぼら》（若子城、静岡県浜松市）に派遣されて、奥山氏に加勢を命じられている（戦武二五一四号、平山・二〇一七年）。天正十年武田氏が滅亡すると、神之峰城には知久頼氏が当主として本格的な活動を開始し、徳川方に従属するが、同十三年、謀叛の嫌疑で切腹を命じられ、国衆としての知久氏は滅亡した（平山・二〇一一年②）。

(12) 南山領《みなみやま》

南山領とは、南山郷のことを指し、その名は知久氏の本拠知久本郷の南方に展開する山間地の村々の総称に由来するといわれ、すでに戦国期には文書に「南山」として登場する（戦武一六七五号）。現在の泰阜村《やすおか》全域と、飯田市のうち龍江《たつえ》、千栄《ちはえ》、千代《ちよ》地区が相当する。「縄帳」には、尾科《おしな》、雲母《きらら》をはじめとする四十五ヵ村で構成され、石高は三〇九一石九斗五升九勺であった。ところが注意すると、南山領（郷）に、今田、下村は含まれておらず、それらは知久領に登録されている。近世になると、今田と下村は南山郷分となり、南山郷三十六ヵ村と呼ばれるようになった（『角川日本地名大辞典 長野県』『平凡社日本歴史地名大系20 長野県の地名』）。なお詳細は後述するが、南山領は戦国期は武田氏の御料所だったと推定される。

(13) 遠山《とおやま》領

遠山領は、和田城(飯田市)を本拠とした和田遠山氏の支配領域である。「縄帳」には村の記載がなく、遠山領として石高一〇八〇石三斗二升八合六勺とあるのみである。遠山領は、平安から鎌倉期にかけて江《え》儀遠山庄《ぎとおやまのしょう》と呼ばれた荘園があった地域で、その荘域は、遠山川沿いにあったとされる。さらに地蔵峠以南の上村川沿いの地域も、遠山領に含まれていた。それを支配し所領としたのは、和田遠山氏である(以下『南信濃村史遠山』)。和田遠山氏の系譜については不明な部分が多いが、鎌倉御家人加藤景廉《かげかど》が、美濃遠山庄の地頭職を受け、さらに子孫が江儀遠山庄の地頭になったともいわれるが確定できない。ただ、応永七年(一四〇〇)の大塔合戦に遠山出羽守《でわのかみ》が伊那衆の一員として参戦しており、室町期には遠山氏の存在が確認できる。天文二十三年、武田信玄が下伊那侵攻を実施した際に、遠山孫次郎は北遠江の天野景泰を仲介に武田氏に降伏し、人質を進上したうえで出仕した(戦武四一〇～二・六五〇号)。この遠山孫次郎と、軍記物や系譜類が伝える和田城主遠山遠江守景広は同一人物と推定される。和田遠山氏は、天正十年三月、高遠城に籠城して戦死し、国衆としての遠山氏は滅亡した。

(14) 上伊那領(上伊奈領)

上伊那領は、伊那郡の北端、諏方・筑摩《つかま》・木曾郡と境界を接する地域である。「縄帳」には、小野郷、横川をはじめとする十三ヵ村で構成され、石高は五〇四〇石五斗三升一合であった。ここに国衆がいたという痕跡はないが、天文二十年(一五五一)十二月、高遠城主高遠頼継《よりつぐ》が、宮所（辰野町宮所）のうち一瀬を、一瀬氏に給与した知行宛行状が存在する（信⑪五〇五）。また、神長官守矢信真《もりやのぶまさ》が武田氏滅亡後、訴状のなかで諏方惣領家から高遠諏方氏を分出した後も「宮所・平井弖・宮木・辰野・横河・佐瀬子者、諏方殿膝本衆知行候」という状況が続いていたと記し、さらに箕輪は藤沢という庶子に与えられたこと、「其後武田信玄信国悉静謐比者（中略）佐瀬子者小坂ニ着、辰野者下諏方ニ着候」とし、信玄の配慮によって佐瀬子（佐底、辰《たつ》野《の》町沢底）は小坂（岡谷市）に、辰野は下諏方（下諏訪町）に帰属することで落着したと訴えている（信⑰四三三）。つまり、守矢氏は伊那郡の大田切（太田切川）までが実は諏方郡であったとの主張を展開している。これをまったくの虚偽と考える論者もいる（丸島和洋・二〇一七年）。このことについては、後で詳細に検討したい。

これらの主張のうち、信玄の裁定により、諏方衆が多かった佐底や辰野の諏方郡帰属を認めたというのは、実際にはここに居住する辰野氏らの武士たちが諏方大社下社に奉仕する諏方衆の一員だったため、その知行を安堵、保証するとともに、彼らの社家衆としての指揮権を諏方に委《ゆだ》ねるという意味合いだったと推定される。

ところで、天文十四年、武田信玄が箕輪城主藤沢頼親《よりちか》を攻めた際、府中小笠原長時《ながとき》が軍勢を率いて後詰《ごづめ》を行い、陣所としたのが竜ケ崎城（宮所）であった。武田軍は、箕輪城を包囲したまま、別働隊により竜ケ崎城を攻略し、小笠原軍を撃退している（『高白斎記《こうはくさいき》』他）。

実は、この竜ケ崎城については、築城時期を明記する史料が残されているのである（信⑨四三〇）。『諏方御符礼之古書』に、次のような記述がある。

　此年（文明十九年）七月廿七日、信州（諏方継宗）有賀へ箭あほハし候、同年被食福島（諏方郡）、孫七・真木殿・西木殿・中澤・高見打死候、御射山無御延引故候、八月七日迄、鞍懸御陣被御座候、有賀へ矢射、其間之りうか崎之城取立候、御知行候

これは、諏方高遠継宗が諏方郡に攻め込み、有賀郷に乱入したばかりか、福島郷を奪取した経緯を記したものである。この合戦で戦死した孫七らは、御射山《みさやま》神事を延引した神罰で戦死したとされた。高遠継宗は、八月七日まで陣を据えて有賀郷を頻りに攻撃しつつ、拠点として竜ケ崎城を築き、一帯を支配したという。

　これらのことから、上伊那領は、もとは高遠城主高遠氏の支配領域だった可能性が高く、その帰属をめぐって高遠氏と諏方氏との抗争が激しかったものとみられ、高遠氏が武田氏に従属すると、これに敵対する箕輪城主藤沢氏やこれを援助する府中小笠原氏などが押領したのではなかろうか。その後、武田氏は小笠原氏の勢力を逐《お》い、藤沢氏を従属させると、上伊那領は没収され、諏方衆などの知行地を除き、他は武田氏の御料所になったものと推察され、高遠城代に就任した上伊那郡司の管轄下に入ったと考えられる。

(15) 高遠領

　高遠領は、高遠城（伊那市）を本拠とする高遠諏方氏の支配領域である。「縄帳」には、黒河内、市野瀬をはじめとする五〇ヵ村で構成され、石高は一万四五三八石二斗四升七合一勺であった。「縄帳」によると、高遠領は、三峰川《みぶがわ》の右岸と左岸の二地域に区分されていた。「高遠領」は、戦国期の文書に登場する。

高遠諏方氏は、天文十一年、当時の当主頼継が武田信玄と同盟を結んで諏方《すわ》頼重《よりしげ》を攻略するものの、まもなく武田氏と対立し、同年九月に対決するが敗北、従属した。ところが、天文十五年に再び武田氏から離叛するも敗北し、高遠城を放棄して逃亡、同十七年に武田氏に再出仕した。信玄は、頼継《よりつぐ》の高遠在城を許したが、その行動は常に監視されており、天文二十一年八月十六日、甲府に召喚され自刃させられた（丸島和洋・二〇一七年）。この後、高遠城と高遠領は武田氏の管轄下に入り、永禄五年六月、信玄の四男諏方四郎神勝頼《かつより》（後の武田勝頼）が入城する。

勝頼は、高遠領・箕輪領をあわせて支配したというが（信⑰四三二）、実際には「郡主」（上伊那郡司）として上伊那領も統治した（戦武九一六号）。勝頼が、武田宗家の後継者として甲府に去ると、上伊那郡司の在城するところとなり、重臣今井左近大夫信仲（逸見《へみ》今井氏の惣領）が後を受けたとみられる。上伊那郡司今井信仲は、武田勝頼、勝頼外祖母麻績《おみ》氏（御大方様）らとともに、天正三年十一月、諏方神社宝殿の新造を実施し、棟札を納めている（戦武二五五二号）。こうしたことから、高遠城と高遠領は、武田氏の上伊那郡支配の拠点となっていたことが確認できる。

⒃　箕輪領

箕輪領は、箕輪城（福与城、長野県箕輪町）を本拠とする藤沢氏の支配領域である。「縄帳」には、中坪、野口をはじめ二十六ヵ村で構成され、石高は一万三二六石三斗四升三合であった。箕輪城を本拠とした藤沢氏は、諏方神氏の一党といわれ、室町期の『諏方御符礼之古書』に登場する。戦国期に登場する藤沢頼親《よりちか》は、箕輪次郎と呼ばれ、府中小笠原長時《ながとき》の妹を妻に迎えている（『笠系大成《りゅうけいたいせい》』他）。武田氏の信濃侵攻が開始されると、高遠城主高遠頼継と行動をともにしており、恐らく高遠氏に従属していたと推定される。武田氏と激しい抗争を展開したが、天文十四年に降伏し、武田氏に従属したが、同十七年二月の上田原《うえだはら》合戦で武田軍が敗退すると再び叛《そむ》き、九月に降伏した（『高白斎記』他）。その後、藤沢頼親は史料に登場しなくなり、武田氏滅亡後、箕輪城を回復したことが判明するので、伝承通り本領を離れ、上方で牢人《ろうにん》していたのだろう（平山・二〇一一年①②）。藤沢氏没落後、箕輪領は武田氏に接収され、高遠領・上伊奈領とともに、上伊那郡司の管轄下に入った。

(17) 上伊那・中伊那・下伊那の成立と国衆領

以上、伊那郡の国衆領について紹介してきたわけだが、これらを武田氏はどのように統治していたのであろうか。武田氏は、天文二十三年に下伊那一帯を攻略して、伊那郡全域の制圧を完了すると、高遠城と大島城を伊那支配の拠点と位置づけている。

高遠城は、武田氏によって天文十六年以来、普請が続けられていた。いっぽう、大島城は、大島氏から接収した後に、武田氏が拡張工事を行ったが、その時期について、かつては元亀二年説が有力であった（『日本城郭大系』八巻他）。しかし、①弘治元年（一五五五）八月、美濃斎藤道三《どうさん》が軍事行動を開始したことを、信濃・美濃国境付近に配置されていた重臣秋山虎繁《とらしげ》が大島に注進し、早速情報が武田信玄のもとに届けられていること（戦武六四二号）、②永禄三年十二月、南山の境争論が発生した際、当事者で地頭の赤須昌為と上穂貞親は、中人として仲裁に入った片切為成と飯島為定の勧告を受諾し、これを証文にして二人に送った（戦武七一五号）。この時、片切と飯島は「大島御在城被移」とあり、大島城に在城していたことが判明すること、などから武田氏の拠点大島城の成立は、天文二十三年の伊那制圧直後だったと考えられる。

そこで次に問題になるのは、高遠城と大島城の管轄地域である。すでに、高遠領の項目で、高遠城（上伊那郡司）の管轄地域が、高遠領・箕輪領・上伊那領であることを指摘した。ということは、それ以外の国衆領は、大島城の管轄であったことになるだろう。では、その境界はどこなのだろうか。実のところ、これが少し複雑なのである。

興味深いのは、武田氏が永禄六年頃、美濃国久々利《くくり》を支援すべく、兵粮《ひょうろう》の搬入を実施した際に、動員された人足は「人足者高遠より下、飯田より上之人夫にて信濃境迄遣へく候」とあることだ（戦武八五六号）。これは、上伊那郡と下伊那郡両方から人足を動員せよという指示である（ただし、下伊那を飯田までとしているので、知久・南山・松尾・下条領は除外ということであろう）。

そこで気づかされるのは、伊那郡が上下に区分されている事実である。すでに上伊那領と上伊那郡司の存在からも明瞭《めいりょう》だ。現代人の感覚では、上・下伊那郡の存在は自明だが、古代・中世当時では異質といえる。そもそも信濃国は古代以来、佐久・小県《ちいさがた》・諏方・筑摩・安曇・更科《さらしな》・水内・高井・埴科の十郡であった（『和名抄』『延喜式』他）。その後、室町期までに美濃国であった木曾郡が信濃国と意識されるようになり、武田信玄は、信濃国を十二郡と認識していた（『高白斎記』天文十五年八月十九日条）。織田信長もまた、天正十年四月、武田領国を解体し家臣に分与した際に、木曾郡を二郡と数え、信濃国十二郡として扱っている(『信長公記』巻十五)。ところが、伊那郡は公式には一郡扱いであったが、武田氏独自の行政区分により事実上二郡となったのである。

現在の伊那郡は、明治十二年(一八七九)一月の郡区編制実施により、上下二郡に分割され、上伊那郡・下伊那郡が成立した。すなわち、それらは公式には近代以前には存在しなかったわけである。だが実際には、戦国期に早くも伊那郡は上下二郡に区分されており、それを実施したのは武田氏であったようだ。

武田氏が、伊那郡の南部を「下伊奈」とするのは、すでに制圧以前の天文二十年六月が初見である(戦武三二四号)。だが、この段階では「下伊奈筋」の用例がある如く、伊那郡の南方という認識であったらしい。ところが、永禄六年八月、国衆赤須領での草間争論を裁許した武田氏奉行人衆連署証文では「下伊奈赤須之郷与同菅沼、川井草間問答御下知之次第」と冒頭に明記されるように、赤須郷や菅沼《すがぬま》の帰属地域を示す行政区分として使用されるようになっている(戦武八三二号)。そして、下伊那郡の武士は、「下伊奈衆」と呼ばれるようになり(戦武一三〇〇号)、下伊那郡司秋山虎繁指揮下の軍勢は「下伊奈衆」であったことが確認できる(一三〇〇・一三五〇・二五一四号)。

いっぽうで上伊那郡であるが、行政区分として明確に確認できるのは天正三年十一月のことで、武田勝頼が上伊那領辰野の諏方神社宝殿に納めた棟札に「本州伊那之上郡」と明記されている(戦武二五五二号)。

ところが厄介なことに、武田時代には、もう一つ「中伊奈」という行政区分も存在したらしい。その区分に入っていた地域を記録から拾ってみると、「諏方社御頭役請取帳」（永禄九年成立）には、中澤・高見（戦武九八八号）、「上諏方造宮帳」に山田・新山・甲斐沼・藤口・北和田・長松・殿島・宮田・槇・中越・中窪・楡・中原・大光寺・上長越・塩田（同二九四二号）などである。これらは、すべて高遠領に含まれているが、ほぼ例外なく三峰川と天竜川の左岸に存在し、一部天竜川の対岸に分布する（天竜川の右岸にある郷村は、現在の宮田村に限定される）。この事実をみて気づくのは、「中伊奈」の村々は、「縄帳」において、高遠領は三峰川を境界にした左岸の村々のみで構成されており、三峰川を境界とした左岸一帯と「中伊奈」が一致することである。しかしながら、それゆえに「中伊奈」は武田氏の行政区分としては自立しえなかったと推察される。

なぜなら、「中伊奈」に該当する地域は、高遠領に全域が含まれていたため、すべて上伊那郡司の管轄下に置かれたことにより、行政区分としてはほとんど意味をなさなくなったのであろう。その結果、「下伊奈衆者大島、上伊奈衆者高遠へ、籾子入置候之様可申付事」とあるように（戦武二五一四号）、伊那郡の防衛は高遠城と大島城の二つであり、上伊那衆は高遠城、下伊奈衆は大島城に在番、緊急時には籠城する手筈《てはず》となっていた。

そして、その境界であるが、国衆領の範囲と彼らの在城先を勘案すると、ちょうど境界に位置する春近衆（片切・大島・赤須・上穂・飯島氏）が大島城在城であるので、赤須領・上穂領の北限、すなわち大田切川に設定することができるだろう。なお、民俗学でも伊那郡は、大田切川を挟んで、南北は方言、風習などが明確に相違すると指摘されている(『長野県史』民俗編、畑美義『上伊那方言集』国書刊行会・一九七五年、福沢武一『上伊那の方言 ずくなし』上下巻・伊那毎日新聞社・一九八〇年、市川健夫『信州学入門』信州教育出版社・一九八九年他)。

この事実を踏まえると、先に紹介した諏方大社上社神長官守矢信真の証言が想起される。守矢は、大田切が諏方(彼の主張では上伊那は諏方郡の扱い)と伊那の境界だと証言していた。古代から中世にかけての郡境変遷についての史料はまったく残されておらず、不明であるが、守矢のこの主張は信頼性が高く、史料が残されていないだけで、かつてはこの地域までが諏方郡であった可能性も皆無ではないと思う。私がそう考える根拠は、『諏方大明神絵詞《えことば》』(一三五六年成立)の記述である(『続群書類従』第三輯ノ下神祇部)。

(諏方大社上社大祝諏方為仲は)八幡太郎義家の誘引によりて上洛の企てあり、当職の仁郡内を出ざる事、垂跡已来流例なり、しかるべからざる由、父為信頻りに教訓を加えるといえども承引せず、既に約諾の上は今更悔変るに及ばずとて上洛しけるに、一の鳥居の前より始て引馬とも病み臥て郡境大田切にいたるまで七匹斃れければ(下略)

『諏方大明神絵詞』は、中世諏方信仰の縁起であるが、ここでは、諏方大社大祝《おおはふり》諏方為仲《ためなか》が、源義家《よしいえ》との約束を果たすべく上洛しようとしたところ、大祝は諏方郡を出ては行けない慣例になっていると父為信らが必死に諫《いさ》めたという。だが、為仲は約束を違《たが》えることはできないと肯《がえ》んぜず、諏方大社を出ようとしたところ、一の鳥居前で早くも引き馬の具合が悪くなり「郡境大田切」に至るまでの道中で七頭が死んだという。引用を省略した後半部分には、結局、為仲は自殺に追い込まれ、その後も諏方家には不幸が続いたとある。

ここでも、諏方郡と伊那郡の境界は大田切川であったとの認識が、室町前期には確かに存在していたらしい。この認識を支えていたのは、高遠諏方・藤沢氏ら諏方庶家が分出し、拠点を構えたという事実のほかに、諏方大社上社の重要な祭礼である三県《みあがた》（内県・大県・外県）廻湛《まわりたたえ》神事が実施される地域でもあったことが背景にあるだろう。しかも、上伊奈領・箕輪領・高遠領の一帯は、外県廻湛の順路になっており、それは大田切川と三峰川を境界としていた。祭礼は、両河川より以南には及んでいない（図4-6）。守矢が主張し、『諏方大明神絵詞』が明記する諏方郡の範囲とは、諏方大社の主要神事が実施され、諏方神氏が蟠踞《ばんきょ》する「神郡《かみごおり》」としての意味だったと推察される。そして、これが武田氏による行政区分決定に影響を与えていたのだろう。

このように、武田氏の国衆統括と伊那郡支配は、上伊那郡（中伊那を含む）と下伊那郡に区分され、前者は高遠城代（上伊那郡司）、後者は大島城代（下伊那郡司）により統括されていた。そしてその境界は、大田切川であったと推察される。

(18) 国衆領と大島城

伊那郡の国衆領と武田氏の関係を考えるうえで極めて重要なのは、大島城の存在である。高遠城は、高遠諏方氏の本拠であり、城領は高遠諏方氏の所領（高遠領・箕輪領・上伊那領）をそのまま利用すれば済んだ。ところが大島城は、国衆大島氏の居城を接収したもので、城領とすべき所領がそもそも存在しなかった。

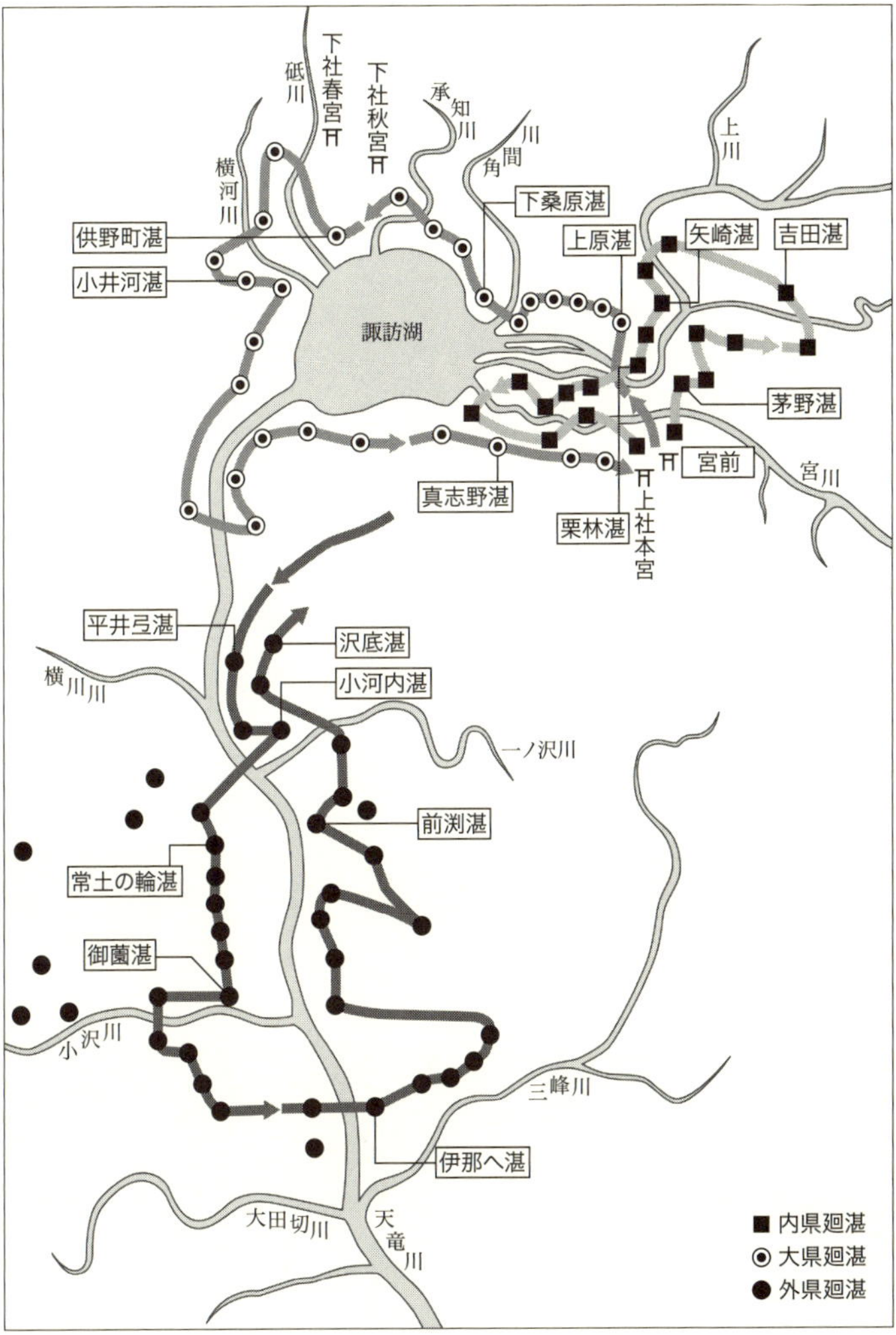

図4-6　諏訪大社上社三県湛神事と伊那郡（「諏訪市史」上巻より）

では、大島城を普請、作事、兵粮負担などあらゆる意味で維持するための城領は、どのように設定されたのか。またそれは国衆領と、どのように関わっていたのだろうか。大島城の城領については、次の文書が残されている（戦武一六七五号）。

定

飯沼　山本　毛賀　南山　今田　南原　市田　牛牧　吉田　河野　田村　林　小河　阿島
富田　虎岩　伊久間　松尾　下条　知久衆　今田衆

以上

以右郷中之人足、大島之普請可相勉、此内或号軍役之人之被官、或借名於権門、令無沙汰者、不論理非、可被加御成敗者也、仍如件

元亀二年辛未　　原隼人佑奉之

三月十七日（龍朱印）

秋山伯耆守殿（虎繁）

武田信玄は、下伊那郡司秋山虎繁に対し、大島城の普請を列挙した諸村および国衆、武士に命じた。これらを国衆領とともに図示したのが、図4-7である。これをみると、大島城の周囲には領地がまったく存在せず、城は完全なる政治・軍事上の拠点城郭として築城、整備されたことが明瞭だ。さて、大島城への普請を命じられた十九ヶ所のうち、市田・松尾・下条は、市田領（松岡氏）・松尾領（松尾小笠原氏）・下条領（下条氏）を指す。

注目されるのは、「南山」である。この文書によると、南山は、南山領として武田氏に単独

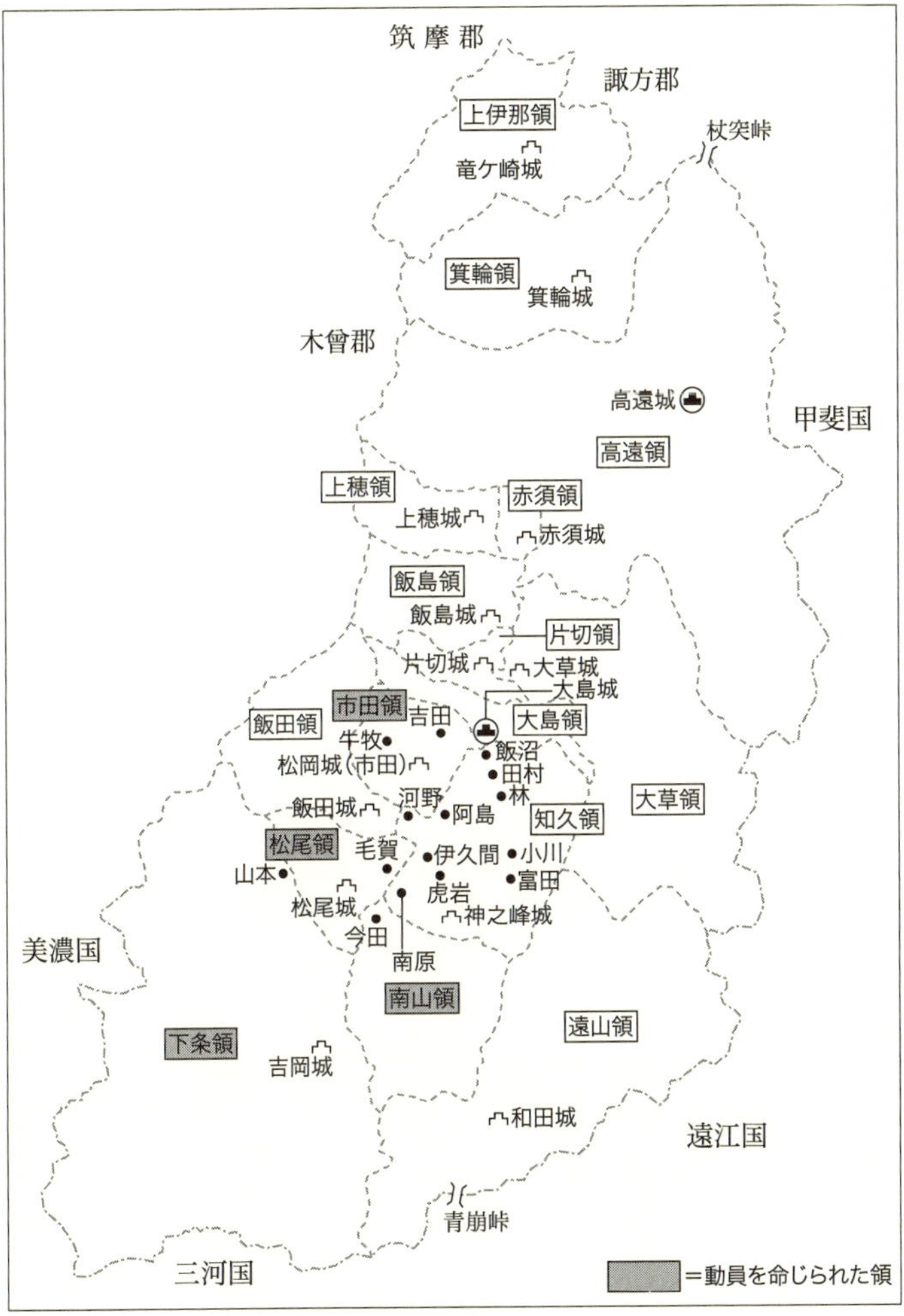

図4-7　大島城の普請役が賦課された領と郷村

は国衆の本拠、は武田氏の拠点城郭を示す。

で把握されていた。しかしながら、地図でこの南山領を、知久領と対比してみると、意外な事実に気づく。それは、知久氏の本拠神之峰城が、知久領全域との関係でいえば、あまりにも南に偏差しすぎているのだ。しかし、仮に南山領が知久氏の支配領域であったと想定すると、神之峰城は、知久領と南山領のちょうど中心に位置するのである。

そこで、「知久文書」に含まれている「知久本領村書之覚」を調べてみると、興味深い記述がある（信⑮三四九）。それによると、知久本領は六〇〇〇貫文あったといい、それらは六十八ヵ村を数え、その村々は、何と「縄帳」に登録されている知久領だけでなく、南山領全域を含んでいるのである。つまり、南山領はもと知久氏の所領であったが、武田氏によって没収されたと考えられる。また、今田衆の居住する今田郷は、「縄帳」でも知久領に含まれているものの、最後尾にまとめて一括記載されており、登録方法が他と比べて異質なのだ。これは、武田氏滅亡後、知久氏が再編した可能性を窺わせる。今田には、今田四騎と呼ばれる土豪がおり、これが今田衆とみられる。ところが、今田四騎は、天正壬午の乱に際し、知久頼氏に反抗し、天正十一年に成敗されている（平山・二〇一一年①②）。その結果、今田郷は知久領から独立して存在していたが、これを契機に編入されたのだろう。これは何を物語っているかといえば、今田郷が一括して今田四騎と呼ばれた武士の知行地として与えられていたことであろう。軍役《ぐんやく》を務める土豪・地侍に対し、居住する村を一括して給分化する事例は、北条氏にも見られることである（黒田基樹・二〇一四年）。

次に、これらの諸村をみると、ある傾向に気づく。それは、飯沼・南原・河野・田村・林・

小河（小川）・阿島・富田・虎岩・伊久間の十ヵ村が、知久領であることだ。また、知久氏から没収した南山領、今田を加えれば、十二ヶ所にも及ぶ。これを除けば、国衆領の中で、城領が設定されているのは、下条領の山本郷、松尾領の毛賀郷、市田領の牛牧・吉田郷のみである。これらのうち、牛牧郷・小川郷・虎岩郷は、武田氏の御料所であることが明らかにされている（柴辻俊六・一九八一年）。また富田郷も御料所とみて間違いなく（戦武二三五七号）、阿島も御料所であった可能性が高い（同一三〇六・二三九四・二七八二号）。こうしてみると、国衆領の市田領（松岡氏）・松尾領（松尾小笠原氏）・下条領（下条氏）を除く村々は、武田氏の御料所であり、それゆえに大島城領となった可能性が想定されよう。そして松岡・松尾小笠原・下条氏と知久衆・今田衆らは、大島城の普請を日常的に請け負い、その維持と防衛のために合力することになっていたといえよう。ここでも、大島城を支えたのが、下伊那の国衆や衆（在地武士団）に限定されていることも確認される。

〔2〕遠江国周智郡（天野領〈犬居領〉・奥山領）

（1）「犬居山中」「天野領」

天野領《あまの》とは、遠江国周智郡犬居城《いぬい》を本拠とした天野氏の支配領域である。天野氏は、伊豆国《いずのくに》天野郷（伊豆の国市）出身の鎌倉御家人天野遠景《とおかげ》を祖とし、遠江国周智郡犬居郷との関わりは、承久の乱での功績により、長講堂領荘園《ちょうこうどう》の一つである山香荘《やまがのしょう》の新補地頭に任ぜられたことに始まる（以下は、鈴木将典編・二〇一二年、『春野町史』通史編による）。

その後、建長七年（一二五五）にその子景経が犬居郷（浜松市天竜区春野町）の地頭職を安堵されていることが確認できる。犬居天野氏は、南北朝・室町期を通じて、山香荘を押領して勢力拡大を図ったことから、山香荘は室町時代の応永期に記録から姿を消した。かくて天野氏は、「犬居三ヵ村」（犬居・大嶺・平山〈浜松市天竜区〉）と、雲名《うんな》（宇奈・宇名とも、同区春野町）、横川（浜松市天竜区）を本領とするに至る。この本領は、「犬居山中」と呼称され、「天野領」としても同時代史料に登場する。なお、近世は「犬居領」と呼ばれるが、これは戦国期には管見されない。

この「犬居山中」「天野領」は、戦国期に形成された固有の地域呼称であり、国衆天野氏の勢力拡大と不可分の関係にあった。「犬居山中」の前身である山香荘は、天竜川の両岸に広大な荘域を誇り、東側は「東手」、西側は「西手」と呼ばれた。例えば「東手」は、「遠江国東手山香内間上《三ツ間カ》・長尾両村事」（春野二三一号）、「東手山香内宇奈村」（同二四五号）、「遠江国山香庄領家職東手村内内藤河事」（同二四八号）とあり、間上（三ッ間か）、長尾、藤河（藤川、以上中川根町）、宇名（春野町）の村々は、「東手村」という広域区分の範囲に収められていた。

いっぽう西手は、「遠江国西手山香内裏鹿《浦川》村」（春野二四六号）、「山衙庄西手村内瀬尻・大嶺」（応永十六年〈一四〇九〉二月十八日某書下〈天野左京亮殿宛〉、春野二五三号）などとあるように、大嶺は西手村という広域区分の範囲にあった。

ところが戦国期になると、東手村に代わって、犬居郷が諸村を包括する地域呼称として登場するようになる。例えば、「奉造立遠州周智郡犬居郷横根之林居蔵天神社檀宮所」（永禄六年十

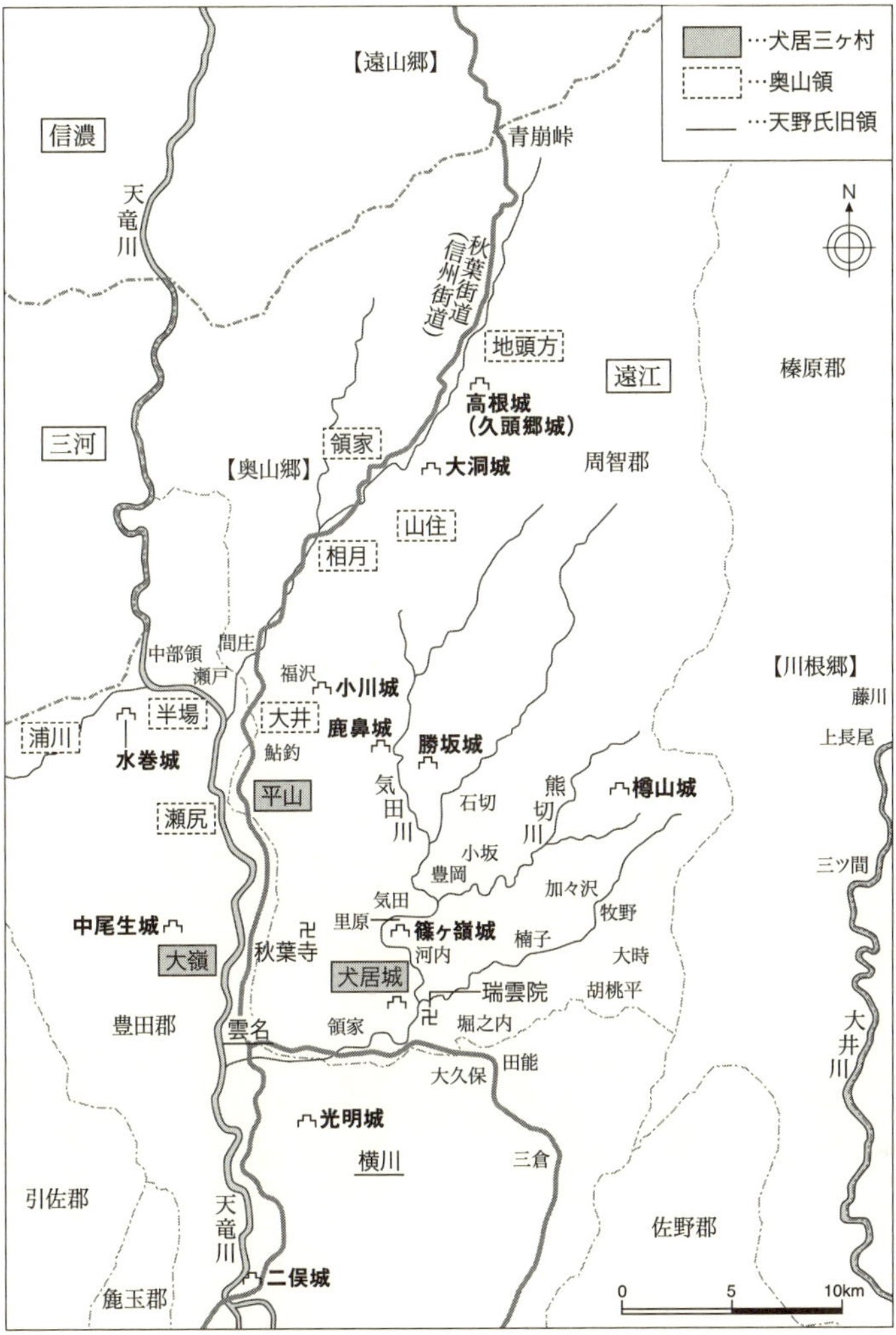

図4-8　戦国期の犬居谷要図（鈴木将典編・2012年をもとに作成）

一月十五日、横根林居蔵天神社棟札銘、春野三三六号）、「遠江州周智郡犬居郷小坂村」（永禄十一年十一月十五日熊野三社権現棟札銘、春野三四三号）、「遠江州周知郡犬居郷堀之内」（文禄五年〈一五九六〉九月二日平尾稲荷宮棟札銘、春野四六二号）などの如くである。

さらに、雲名、横川は、ともに「犬居山中之内横川・宇奈」（戦今一一一七・八号）、「犬居之内宇奈・横川両郷」（同二〇六六号）と記録され、東手村という広域呼称は消滅し、宇名郷は「犬居之内」（犬居郷）に包摂されるに至った。しかし、「犬居之内」（犬居郷）の範囲に、かつて東手村に帰属していた三ツ間、長尾、藤川は含まれていない。つまり、「犬居之内」（犬居郷）とは、東手村よりも小さな領域だったことがわかる。この他に、戦国期には気田《けた》（気多）郷、熊切郷なども「犬居山中」に含まれるようになっている（家康一四二、静県④七九〇）。これらのことから、「犬居之内」「天野領」は、犬居郷と犬居城を拠点にした、天野氏の所領支配進展の結果形成された支配領域であり、それは山香荘の荘域をある程度前提としつつも、天野氏による自力と守護今川氏らの安堵などとあいまって、それとは異なる領域となったと考えられる。

さらに特徴的なのは、「犬居山中」（「犬居之内」「天野領」）が基盤とした「犬居三ヵ村」（犬居、大嶺、平山）は、実はその下に多くの枝郷（小村）を抱えていたことである。例えば、犬居郷を構成する熊切郷は、「遠江国熊切内大土岐」（文安元年四月五日牛頭天王社鰐口銘、春野二六四号）、「奉懸熊切郷胡桃平薬師堂鰐口一ケ」（寛正六年〈一四六五〉二月、薬師堂鰐口銘、春野二七三号）、「熊切之内伊佐賀」（永禄十二年閏《うるう》五月二十日徳川家康判物《はんもつ》写〈渡辺三左衛門尉殿宛〉春野三六二号）、「一熊切之内牧野、一同葛沢、一同田口之内、一同堀之内、一くつす」（永禄十二年閏五月二十日徳川家康判物写〈尾上彦十郎殿宛〉春野三六三号）などとみえる。熊切郷に含まれる大土岐（大時）、胡桃平《くるみだいら》、伊佐賀（比定地未詳）、牧野、葛沢（加々沢か）、田口（田河内か）、堀之内、くつす（楠子、以上春野町）であり、いずれも近世は「熊切組」に編入されていた。これは戦国期以来の伝統であろう。

次に気田郷であるが「気多之内上石切、河内、竹之内」（永禄十二年閏五月二十日徳川家康判物写〈渡辺三左衛門尉殿宛〉春野三六二号）、「気田之内里原」（永禄十二年閏五月二十日徳川家康判物写〈尾上彦十郎殿宛〉春野三六三号）などとみえる。比定地未詳の竹之内を除く石切、河内、里原も、近世は「気田組」「平木組」に分かれるが、もとは気田・平木分に包括されていた（佐藤孝之・一九九三年）。

また大嶺については、応永十六年（一四〇九）十月、天野左京亮《さきょうのすけ》が「山衙庄西手村内瀬尻・大嶺」を守護今川仲秋《なかあき》より兵粮料所として預け置かれている文書があり、大嶺は西手に含まれていたが、戦国期には大嶺と瀬尻を境界に、北側が奥山氏の所領、南側が「犬居山中」に編入され、西手村（西手郷）は事実上解体された。ただし、西手という広域区分は東手と違ってその後も広域呼称として生き続け、近世では、この西手と呼ばれる地域は「西手領」として編成されるが、それは山香庄のときに、すでに地域的なまとまりとして存在していた「西手村」「西手之内」をもとにしたのであろう。

以上のように、国衆領としての「犬居山中」（天野領、犬居之内）は、山香荘という荘域を前提としつつも、それを解体し、さらに荘域外の郷村をも取り込んで再編された支配領域であった。そして、その内実は、「犬居山中」—犬居三ヵ村（犬居・大嶺・平山）＋雲名、横川—枝郷（小村、「気田之内」「熊切之内」などと表記される）という構造だったと考えられる。

なお天野氏は、「犬居三ヵ村」に惣領安芸守《あきのかみ》（仮名七郎）家と、庶家宮内右衛門尉（仮名四郎）家とが惣領の家督と、「犬居山中」の獲得をめぐって対立を繰り返した。この抗争は、永禄六年に勃発した「遠州忩劇《そうげき》」（今川氏真《うじざね》に対する遠州国衆の大反乱）で、反今川方の惣領天野安芸守景泰・七郎景元父子を、天野宮内右衛門尉藤秀《ふじひで》が鎮圧、追放することで決着した。天野藤秀は、その後、今川・徳川・武田氏から惣領の地位と「犬居山中」（「天野領」）を安堵され、天正二年には徳川家康の犬居侵攻を撃破したばかりか、長篠敗戦後も徳川方をゲリラ戦で苦しめたことで知られる。

(2) 奥山領

戦国期に、天竜川上流の信濃・遠江・三河国境の奥山郷を本拠として遠江国周智郡北部に勢力を扶植した国衆が奥山氏である。奥山氏の支配領域は、天野氏と同じく、山香荘をその前身としており、室町期に天野氏と所領争いを展開しながら、奥山郷とその周辺に勢力を拡大し、戦国期まで存続した（以下は、鈴木将典編・二〇一二年による）。

奥山氏は、その系譜が明らかでなく、はっきりするのは南北朝期からで、その当時の惣領と推定される奥山美濃守が南朝方として活動しており、戦国期奥山氏はその子孫と想定されている。奥山氏の本拠奥山郷とは、地頭方・領家・相月・大井・佐久間の五ヵ村で構成され、さらに所領として豊田郡瀬尻・半場・浦川・中部《なかべ》などがあった。このうち、瀬尻は、山香荘西手村に属していた村であり、天野領大嶺と境界を接していた。つまり奥山氏が豊田郡で維持していた所領群は、山香荘の荘域を解体、再編したものであるとともに、天野氏との抗争を経て成立、維持されていたと考えられよう。なお、記録に奥山領そのものは管見されないが、「犬居山中」(「天野領」)と同じく、奥山氏の支配領域に帰属する村々は「奥山内大井郷増尾(間庄)村」(静資⑦一六六〇号)、「遠州豊田郡奥山大井郷鮎(釣)連村」(同二二五四号)、「遠州豊田郡奥山内福沢村」(同三二四八号)などのように、「奥山内」や「奥山」を冠して呼ばれており、「奥山領」という国衆領は存在したとみてよかろう。

ところで奥山氏は、奥山郷をはじめとする所領の各地に庶家が分立しており、相互の関係はなお不明な点が多い。現在、指摘されているのは、惣領は奥山大膳亮・美濃守の系統であり、奥山郷地頭方の久頭郷《くずごう》城(高根《たかね》城)を本拠に、大洞城(若子城)、水巻城を支配した。この他、有力な庶家に、奥山兵部丞《ひょうぶのじょう》(右馬助)・同左近将監《さこんのしょうげん》(左近助・左近丞)兄弟の系統であり、この系統は小川城に拠《よ》ったと伝えられる(『静岡県文化財調査報告書第23集/静岡県の中世城館跡』他)。この他に、奥山左馬允(実名は有定と伝わる。惣領奥山大膳亮吉兼の弟といわれるが不詳、本領は相月か)、奥山平三・九郎兵衛(大井郷瀬戸村)、奥山民部丞(大井郷福沢村)、奥山伊賀守(大井郷鯖練(西渡カ))などがみられる。

このため奥山一族は、天野氏と同じく所領支配をめぐる一族間の対立が顕著であったといわれ、永禄六年の「遠州忩劇」を契機に、反今川方(惣領奥山美濃守)と今川方(奥山兵部丞・左近将監兄弟など）に分裂し、惣領奥山美濃守は奥山兵部丞・左近将監兄弟を本領から追放してこれを自らの所領に編入している。その他の庶家の動向は定かでないが、元亀三年十月、武田信玄の遠江・三河侵攻に伴い、武田氏に従属した。この時、奥山美濃守は本領を安堵され、同じく武田氏に従属して本領回復を望んだ奥山兵部丞・左近将監兄弟はそれが容《い》れられず、勝頼より新知行として上長尾郷を与えられ、そこを新たな本領としている。

いっぽう、徳川方についた奥山惣十郎（惣領奥山大膳亮吉兼の弟左馬允有定の子といわれる）は、家康の支援を受けて、天正九年に奥山領を攻め「中部領三ケ一并西手之内雲名村、殊あひ（相）月之郷、只今取来候」とあるように、西手の雲名、相月郷と中部《なかべ》領三分の一を奪取することに成功し、家康より知行宛行を約束されている（天正九年五月九日付徳川家康判物写〈奥山惣十郎殿宛〉静資⑧一三九一号）。ここに登場する「中部領」とは、豊田郡中部のことで、奥山領ではもっとも西端に位置する。なぜこの一帯だけが「領」となったかは定かでないが、中部は鎌倉末期の文保元年（一三一七）三月の関東下知状に「中辺代官屋敷」が登場し、山香荘の拠点の一つであった可能性が高い（春野二二一号）。また、戦国期奥山氏の支配領域である奥山領は、近世に至るも「奥山領」として存続するが、中部村だけは、奥山領の組（領家村・地頭方村・相月村・大井村・佐久間村）には属さず、一村のみで「奥山領」に帰属しており、同地域において中世以来特殊な地位を誇っていた可能性を窺わせる。

戦国期の「領」と近世の「領」の違い

これまで、武田領国に存在した国衆領の実態について紹介してきた。その結果、国衆領の多くは、①一郡もしくは半郡程度の規模や、数十ヵ村など様々であるが、土豪層をはるかに超える規模の支配領域を誇り、②拠点となる城郭を持つ、③鎌倉御家人としての系譜を引く場合が多く(真田《さなだ》、矢沢氏などのように自身ではその事実はないが、宗家がその実績を持つ)、④荘園や国衙《こくが》領の地頭職を任ぜられ、⑤それらを足がかりに、争乱に乗じて荘園などの押領によりその枠組みを破り、独自の領域を自力で確保する一円領を形成したこと、などを共通の特徴として挙げることができるだろう。これらの特徴は、ほぼ国衆論で指摘されてきたことであり、武田領国各地に存在した国衆領でもそれらを確認できたことは大きな収穫である。

ところで、戦国期の「領」は、信濃国伊那郡《しなののくにいなぐん》や遠江国周智郡《とおとうみのくにすちぐん》・豊田郡などで指摘したように、近世においても「領」として存続した。しかし、注意が必要なのは、戦国期の国衆領と近世の支配単位としての「領」は、必ずしも同一とはいえないということである。

例えば、信濃国伊那郡に存在した十六領は、近世に至ってもほぼそのまま「領」に移行したといえる。だが、詳細を詰めていくと、若干のずれが認められる。代表的なのは、戦国期と近世の知久《ちく》領・南山領、下条領である。戦国期の知久領は、知久頼元《よりもと》が武田氏に抵抗し滅ぼされたため、南山領を没収された。しかも、南山領のうち今田郷とそこの武士団である今田衆は、武田氏の御料所および直参衆扱いとなった。ところが、近世初期の今田郷は、知久領に編入され、南山領からは外されている。しかし近世中期以降、今田は再び南山領に組み込まれ、南山三十六ヵ村の有力な村として近代を迎えている。

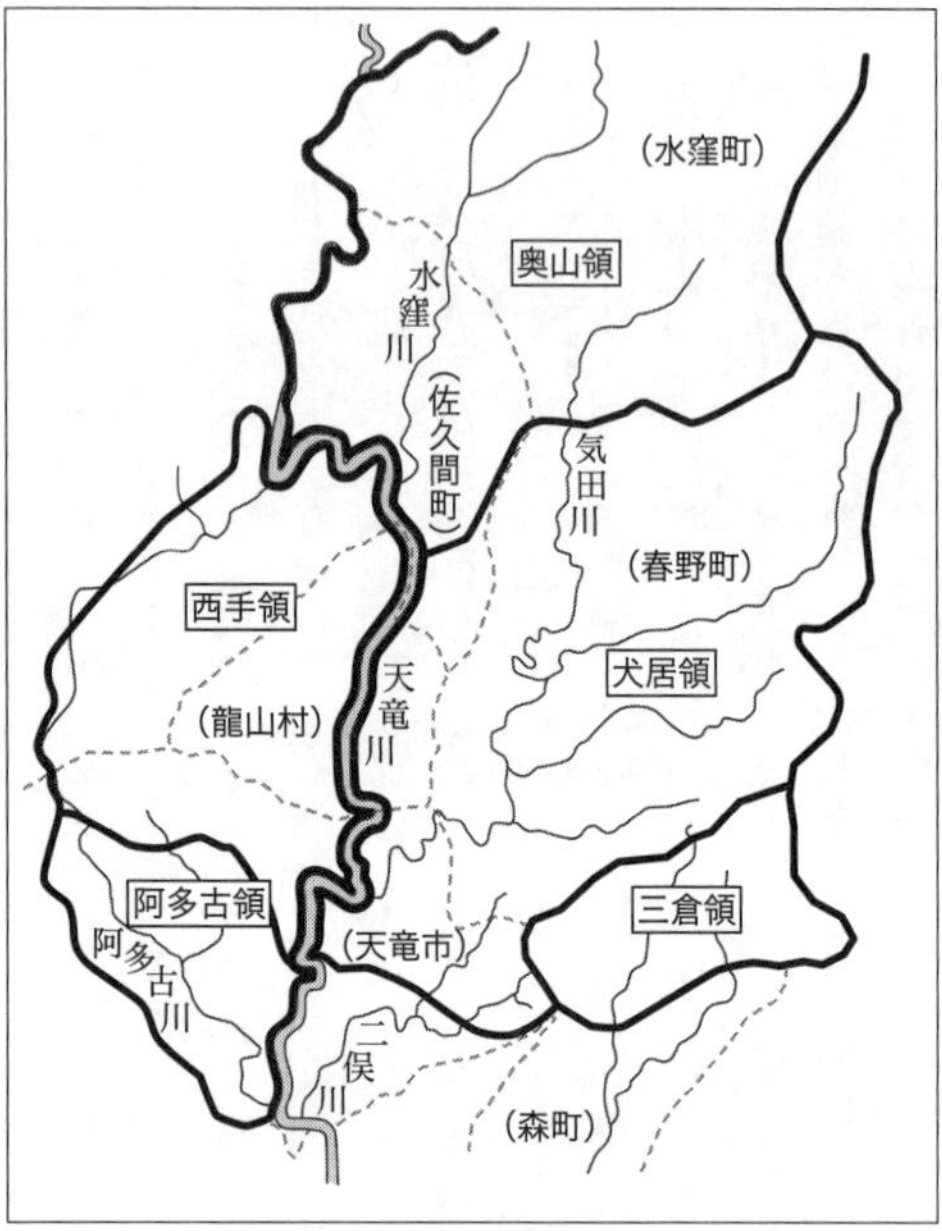

図4-9　近世北遠江の「領」（佐藤孝之・1993年より転載）

次に下条領であるが、近世初期の下条領は、戦国期に下条氏は支配した領域よりも小さくなっている。それは下条氏が保持していた関氏の所領域や、奥《おく》三河《みかわ》にあった所領などが切り離されたためである（それらは三河国に配置された豊臣大名の支配領域となり、近世の藩領に引き継がれた）。

この他、遠江国周智郡・豊田郡に形成された天野氏の「犬居山中」（「天野領」）、奥山氏の「奥山」（奥山領）・「中部領」は、近世になると、「犬居領」「奥山領」「西手領」となり、さらに中世の阿多古郷は「阿多古《あたご》領」に、三倉郷は「三倉領」をそれぞれ形成した（佐藤孝之・一九九三年）。

しかしこれら近世の「領」は、戦国期からそのまま移行したわけではない。近世の「犬居領」は、慶長から寛文期まですべて「犬居之内」であり、「犬居領」となるのは延宝期以降で

表4-3　近世犬居領の村々（佐藤孝之・1993年より転載）

犬居領	気田組	〈気田〉	〈気田平木〉	気田村 山路西東村 篠原村 気田十五七百村 植田村 勝坂村 石切村 小俣京丸村 杉村 川上村
	平木組	〈平木〉		平木村 里原村 久保田村 高瀬村 夜川十五七百村 河内村
	（西川通七ヵ村）			上平山村 下平山村 戸倉村 東雲名村 谷山村 佐久村 相津村
	熊切組	〈熊切〉	〈熊切〉	和泉平村 胡桃平村 赤土村 嶺沢頭村 徳瀬村 大時村 牧野村 花嶋村 長蔵寺村 石打松下村 筏戸大上村 田黒村 田河内村 越木平村
	平尾組	〈平尾〉	〈平尾〉	堀之内村 領家村 小川村 横川村

（註）山路西東村は、「正保郷帳」にはみえない。

ある。これは「奥山領」も同様であった。また、「犬居山中」を構成していた気田・大嶺・平山は、まず大嶺が切り離されて「西手領」に編入され、平山は気田村・平木村を軸とする「気田・平木」地区に吸収されてしまい、これが元禄期に「気田組」「平木組」という組となる。かくて「犬居領」は、「気田組」「平木組」「西川通七ヵ村」「熊切組」「平尾組」によって構成されることになった。これは他の領も同様で、戦国期の「領」の構造を受け継ぎつつも、再編成がなされたのが近世の「領」であったといえる。

　なお、本書では触れなかったが、「阿多古領」「三倉領」は、中世では「阿多古郷」「三倉郷」がそのまま近世の「領」に移行したものである。これと同様なのが、信濃国伊那郡南山領で、これはもと伴《とも》野庄《のしょう》南山郷が、武田氏の手によって南山領として知久領から分離され、既述のように近世初期に若干の改編を経て、近世の「南山領」に至ったものである。

また戦国期の国衆領と、近世の「領」が大きく相違するのが、甲斐国都留郡《かいのくにつる》を支配した小山《おやま》田《だ》氏の支配領域「郡内」である。戦国期小山田氏のそれについては既述の通りであるが、近世の「郡内領」はそれよりも大きく、甲斐国都留郡全域を指す地域区分であった（もちろん小山田氏が武田氏の支援により獲得した、相模国奥三保《さがみのくにおくみほ》は含まない）。これは、同じ甲斐国穴山《あなやま》武田氏が支配した「河内谷中《かわうちたにじゅう》」と大きく相違する。実は近世の「河内領」は、穴山氏の支配領域とほぼ一致し、穴山領を継承しているのである。これらの相違は、近世の幕藩領主による地域支配の方針によるものであろう（国境を限度に、できるだけ地域ごとのまとまりを重視）。それでも近世の「領」が戦国期の「領」を前提にしていることは紛れもない事実といえ、国衆の領域支配が達成した地域秩序（郷村のまとまり）が、その編成に大きな影響を与えたことは確認できるであろう。

「領」の規模

前項まで、戦国期武田領国下における国衆領について瞥見《べっけん》してきたわけだが、それでは先方衆と呼ばれる有力国衆は、いったいどれほどの知行高を保持していたのだろうか。『軍鑑』の「惣人数」に登録されている「先方衆」は、既述のように信濃《しなの》・上野《こうずけ》・駿河《するが》・遠江《とおとうみ》・三河《みかわ》におけるすべての国衆ではない。明らかに、何らかの基準以上の勢力を有する有力国衆のみが登録され、それ以下の国衆は同じ先方衆（旧敵大名の一門、家臣）でありながら、記載されていない。例えば、佐久郡司小山田《おやまだ》虎満《とらみつ》の同心衆臼田《うすだ》・小林・小海《こうみ》・上田氏ら（「北方衆」「佐久郡北方衆」）は「惣人数」にはまったく記述がなく、やはり武田氏にとって一定の勢力以上でなければ、「先方衆」と認定されなかったのだろう。だとすれば、その扱いの差は、勢力の差、すなわち知行高の相違であろう。しかし、これまでほとんどの戦国大名領国では、先方衆（有力国衆）の知行高が網羅的に検討、紹介されたことはなく、武田氏においても同様である（黒田基樹・二〇〇八年は、数少ない研究成果である）。そこで、「惣人数」に登録されている「先方衆」で、彼らがどれほどの知行高を有していたかを、現在判明する限り調査したものが表4-4である。

この表をみると、武田氏が先方衆に安堵した本領の規模を示す事例は極めて少なく、新恩地や替地《かえち》などが多い。しかしながら、先方衆に対して新恩地を与える場合には、数百貫文から一〇〇〇貫文を超える規模であることがはっきりとわかる。例えば、信濃小県《ちいさがた》郡の真田《さなだ》幸綱《ゆきつな》は、同郡諏方形《すわがた》・上条（上田市）で一〇〇〇貫文（表4-4№2）、同郡秋和《あきわ》（同）で三五〇貫文を与えられていた（同№6）。もと村上義清《よしきよ》方の先方衆は、同郡浦野幸次が、天文二十二年に新恩として八木沢・福田（上田市）で四〇〇貫文を（同№7）、埴科《はにしな》郡清野寿量軒も福井（戸倉町）で四〇〇貫文（同№9）、小県郡曲尾越前守《まがりおえちぜんのかみ》は松本（上田市）で二〇〇貫文与えられている（同№10）。天文十年の海野《うんの》合戦後、村上氏に従属していた滋野《しげの》一族の禰津元直《もとなお》も、村上氏の旧本

知行区分	知行地の所付	出典	『軍鑑』
本領安堵か	?	高白斎記	60
新恩地	諏方形・上条(長・上田市)	戦武311号	350
替地分のみ	中丸子・下丸子(本領安堵)、藤沢(長・立科町)・羽毛山(長・北御牧村)・塩川(長・丸子町)	高白斎記	30
替地分のみ	甲郷(光郷、長・安曇野市)	高白斎記	10
新恩分のみ	新村(長・松本市)	高白斎記	10
新恩分のみ	秋和(長・上田市)	高白斎記	350
新恩分のみ	八木沢・福田(長・上田市)	高白斎記	10
新恩分のみ	庄内(長・坂城町)	高白斎記	30
新恩分のみ	福井(長・戸倉町)	高白斎記	90
新恩分のみ	松本(長・上田市)	高白斎記	—
本領・新恩	山田領(本領、長・高山村)、大熊(長・中野市)	戦武528・530号	—
芦田領全域	?	市川五郎家文書(信24247)	150
前山伴野領全域	?	市川五郎家文書(信24247)	80
替地分のみ	海野(長・東御市)	戦武873号	—
	料所、安中(群・安中市)、松井田など	戦武1093号	60
上野箕輪在城料	小鼻輪郷(群・高崎市)、大窪郷(群・吉岡町)	戦武1212号	30
新恩分のみ		和田系譜	30
本領・新知ともに	夏川・西尾張辺・夏川・村山・今富(長野市)ほか	戦武1326号	120
新恩分のみ	倉賀野治部少輔分	戦武1440号	30
新恩分のみ		和田系譜	30
新恩分のみ	御園郷(浜松市)、友長郷・緑郷(袋井市)ほか	戦武1996号	—
新恩分のみ	敷地・野部・神蔵(静・磐田市)ほか	戦武2001号	—
累年抱来分	新所(静・湖西市)、高部(静・袋井市)ほか	戦武2131号	150
兼約分	岡部・水上・高柳(静・藤枝市)ほか	戦武2184号	安宅1艘、小舟15艘
替地分	?	戦武2215号	80
新恩地	石田(沼津市)・安東・上島(静岡市)・岡清水(清水市)ほか	戦武2277号	10
転封のための替地	駿州下方	戦武2305号	—
新恩約束分	美濃国関(岐・関市)	戦武2404号	200
新恩分のみ	遠江山口(静・掛川市)	戦武2315号	30
本領の替え地	遠州下堀天王・市野小池・白州・橋爪(静・浜松市)	戦武2362号	—

表4-4　武田領国における国衆の知行貫高規模一覧

No.	名前	知行貫高	年代	本国	備考
1	望月源三郎	700貫文	天文18年	信濃佐久郡	望月信雅
2	真田幸綱	1,000貫文	天文19年	信濃小県郡	松尾城主
3	依田大和守	200貫文	天文22年	信濃小県郡	依田春賢
4	海野下野守	200貫文	天文22年	信濃筑摩郡	会田海野氏
5	海野下野守	300貫文	天文22年	信濃筑摩郡	会田海野氏
6	真田幸綱	350貫文	天文22年	信濃小県郡	幸綱の子・昌幸の兄
7	浦野氏	400貫文	天文22年	信濃小県郡	浦野幸次
8	禰津氏	1,000貫文	天文22年	信濃小県郡	禰津元直
9	清野寿量軒	400貫文	天文22年	信濃埴科郡	
10	曲尾越前守	200貫文	天文22年	信濃小県郡	後に滅亡か
11	原左京亮	1,200貫文	弘治3年	信濃高井郡	山田城主
12	依田信守	10,000貫文	永禄7年	信濃佐久郡	芦田依田氏
13	伴野信直	3,500貫文	永禄7年	信濃佐久郡	前山伴野氏
14	鎌原筑前守	200貫文	永禄7年	上野吾妻郡	鎌原城主
15	後閑信純	1,064貫970文	永禄10年	上野碓氷郡	上野後閑氏
16	禰津常安	400貫文	永禄10年	信濃小県郡	滋野一族
17	和田昌繁	200貫文	永禄10年	上野国	和田業繁の弟
18	島津泰忠	1,270貫文	永禄11年	信濃水内郡	赤沼島津氏
19	和田昌繁	700貫文	永禄12年	上野国	和田業繁の一族
20	和田昌繁	30貫文	元亀2年	上野国	和田業繁の一族
21	奥山吉兼	2,000貫文	元亀3年	遠江国	奥山大膳亮
22	松井宗恒	2,000貫文	元亀3年	遠江国	遠江二俣城主
23	奥平定能	1,600貫文	天正1年	三河国	作手奥平氏
24	小浜景隆	3,000貫文	天正1年	駿河国	海賊衆
25	長井政実	5,000貫文	天正1年	上野国	上野国
26	岡部元信	528貫40文	天正2年	駿河国	海賊衆、遠江小山城将・高天神城将
27	小笠原信興	10,000貫文	天正2年	駿河国	高天神城主
28	木曾義昌	1,000貫文	天正2年	信濃木曾郡	福島城主
29	和田業繁	200貫文	天正2年	上野国	和田城主
30	松井宗恒	870貫文	天正2年	遠江国	遠江二俣城主

知行区分	知行地の所付	出典	『軍鑑』
新恩分のみ	駿河長屋下	和田系譜	30
知行宛行	金井淵・北新波・楽間郷(群・高崎市)ほか	戦武2745号	—
知行宛行	青柳(静・吉田町)・大沼郷・麻生郷(静・榛原町)ほか	戦武2766号	10
高辻の数値	?	戦武2810号	50
上司(高辻)の数値	?	戦武3014号	40
本領・新恩ともに(上司の数値、定納は602俵=120貫400文)	夏川・西尾張辺・夏川・村山・今富(長野市)ほか	戦武3004号	120
本領の一部	原之郷(長・上田市)	『真田氏給人知行地検地帳』	350
後閑領の一部(父よりの譲与分のみ)	後閑郷(群・安中市)	戦武3089号	60
後閑領の一部(父よりの譲与分のみ)	後閑郷(群・安中市)	戦武3115号	60
知行安堵	平島郷(静・藤枝市)、浅服(静・静岡市)ほか	戦武3178号	船5艘
旧領宛行約束	高林郷(群・太田市)、岩松郷、高島郷	戦武3235号	60
新恩分のみか	14カ所	和田氏系譜	30
本領・当知行分	荒牧・須川・相俣・猿ヶ京・小川ほか	戦武3455号	—
加増約束	武州	戦武3504号	—
加増宛行	小鹿郷(静・静岡市)、藪田郷、高柳郷(静・藤枝市)	戦武3611号	10
知行安堵	本領幷島立(長・松本市)	上越2434号	40
知行安堵	夏川・西尾張辺・夏川・村山・今富(長野市)ほか	上越2467号	120
知行宛行	塩田郷之内下郷・中野・本郷(長・上田市)三ケ村	上越2476号	30

No.	名前	知行貫高	年代	本国	備考
31	和田昌繁	100貫文	天正3年	上野国	和田業繁の一族
32	大井満安	※228貫586文	天正4年	上野国	もと信濃小諸城主
33	岡部元信	1,558貫文余	天正5年	駿河国	海賊衆、遠江小山城将・高天神城将
34	岡部正綱	2,465貫文	天正5年	駿河国	軍役定書による
35	西条治部少輔	1,450貫文	天正6年	信濃埴科郡	軍役定書による
36	島津泰忠	875貫文	天正6年	信濃水内郡	赤沼島津氏
37	真田昌幸	648貫595文	天正6・7年	信濃小県郡	真田幸綱の子、信綱の弟
38	後閑弥太郎（刑部少輔）	500貫文	天正7年	上野碓氷郡	後閑信純の長男
39	後閑善次郎（宮内大輔）	448貫文	天正7年	上野碓氷郡	後閑信純の次男
40	向井正綱	1,182貫文余	天正7年	駿河国	海賊衆
41	上条宮内少輔	1,500貫文	天正8年	上野国	後閑宮内少輔
42	和田昌繁	1,672貫300文	？	上野国	和田業繁の弟
43	小川可遊斎	1,100貫文	天正8年	上野国	小川城主
44	小川可遊斎	1,000貫文	天正9年	上野国	小川城主
45	岡部五郎兵衛尉	195貫文	天正9年	駿河国	岡部元信の子
46	西条治部少輔	1,000貫文	天正10年	信濃埴科郡	島立分のみ
47	島津泰忠	1,073貫文	天正10年	信濃水内郡	赤沼島津氏
48	小田切四郎太郎	1,500貫文	天正10年	信濃水内郡	上務の数値

（註）『軍鑑』は、『甲陽軍鑑』巻8「武田法性院信玄公御代惣人数之事」に記載されている国衆の軍役人数（騎）。 また、大井満安の知行貫高※は、1俵＝200文で換算したことを示す。

領庄内（坂木庄、坂城町）で一〇〇〇貫文を給与されていた（同№８）。もと小笠原長時《おがさわらながとき》方の先方衆としては、会田海野（岩下）下野守《しもつけのかみ》が、替地の光郷（安曇野市）で二〇〇貫文、新恩として新村（松本市）で三〇〇貫文、計五〇〇貫文を給与された（同№４、５）。これらは、いずれも本領以外である。

ただし、これらは武田氏の信濃侵攻開始から十年ほどの段階であり、永禄・元亀・天正期と領国が拡大するにつれて国衆への新恩加増の規模は大きくなっていく。武田信玄の晩年から、長篠《ながしの》敗戦前の勝頼期になると、上野国後閑信純《ごかんのぶずみ》には、一〇六四貫文余の知行を（表4-4№15）、遠江国衆奥山吉兼《よしかね》、松井宗恒《むねつね》にそれぞれ二〇〇〇貫文の新恩を（同№21、22）、奥三河の奥平定能《さだよし》には一六〇〇貫文の新恩を与えている（同№23）。

このうち、特殊なのは後閑信純である。彼が武田氏から一〇〇〇貫文を超える知行を与えられたのは、喪失した本領の代替措置としてであった。後閑信純は、上野国甘楽《かんら》郡丹生《にゅう》郷（富岡市）を本領とする新田岩松氏の一族で（戦武七七二号他）、武田氏に従属したものの、本領は小幡憲重《おばたのりしげ》の知行となってしまった。信玄は、小幡より信純に返還しようとしたが実現せず、信濃国筑摩《つかま》郡で知行を与えられ、甲府に在府し武田氏に奉公しつつ、本領回復を待った（同一〇二七号）。この間、武田一族上条氏の名跡を与えられ、上条氏を称した。その後、永禄十年六月、小幡知行により回復不能となった本領丹生郷の代替として、新たに後閑郷を本領として給与され、後閑氏を称し、国衆として復活した（同一〇八八号）。それに伴い、本領の知行貫高と軍役量が確定されたのである（同一〇九〇・一〇九三号）。なお後閑領は、後閑信純の嫡男後閑刑部《ぎょうぶ》少輔《のしょう》が後閑氏を継ぎ、後閑領で五〇〇貫文を、次男宮内《くない》大輔が上条氏の名跡と後閑領で四四八貫文を、それぞれ相続することが武田氏によって確定されている（表4－4№38、39）。

本領の代替に、新本領を与えられ、国衆として復活したもう一つの事例として、上野国長井《ながい》政実《まさざね》が挙げられる（表4－4№25）。長井政実は、もと平井左衛門三郎（後に左衛門尉《さえもんのじょう》、豊前守《ぶぜんのかみ》）といい、山内上杉氏から離叛し北条氏に従属、永禄八年頃に武蔵国《むさしのくに》御嶽《たけ》城主（埼玉県神川町）となった。甲相同盟決裂後の元亀元年六月、武田氏の攻撃を受けて降伏、従属した。その時に、武田氏より長井の名字と豊前守の受領を与えられ、引き続き御嶽城を安堵された。ところが、元亀二年末に甲相同盟が復活すると、長井政実と御嶽城の帰属が、武田・北条両氏間で問題となった。その調整に一年ほどかかり、やっと元亀三年十一月、御嶽城は北条氏に割譲、長井政実は武田氏に帰属で決着し、政実は喪失した御嶽城と周辺の本領の代替措置として、上野国三ツ山城（藤岡市）を与えられた。この時、新本領の安堵はなされなかったが、天正元年十一月、武田勝頼《かつより》により上野国で五〇〇〇貫文が与えられた。残念ながら、本領の対象となった郷村名が不明であるが、玉村御厨（玉村町）に相当する地域（茂木郷、上之手郷、斎田郷、南玉村、飯島郷）が「長井分」となっているので（戦武二二二四号）、三ツ山城周辺から玉村にかけての一帯が長井領になったとみられる。

この他に、国衆の当主ではないが、上野国和田城主和田業繁《なりしげ》の弟昌繁《まさしげ》の事例を紹介しよう。昌繁は、兄業繁を、和田下城の城主として、また同心として支える和田家中の重鎮であったが、武田氏より知行を数度にわたって与えられている（表4－4№31・42）。それを永禄十二年に、上杉氏に帰属し没落した倉賀野治部少輔の旧領のうち、七〇〇貫文を武田氏より与えられた。その後、元亀二年に三〇貫文、天正三年に一〇〇貫文、さらに時期は不明ながら上野国十四ヶ所で一六七二貫三〇〇文を加増された。なお、「和田系譜」（「高崎旧事記」所収）には、この他に永禄十年にはすでに二〇〇貫文を武田氏から給与されていたといい、その知行貫高は総計二七〇二貫文三〇〇文に及ぶ。先方衆当主の実弟で、知行貫高は約三〇〇〇貫文に及ぶのであるから、上野国の先方衆はそれを超える規模の本領を保持していたとみてよかろう。

それでは、先方衆当主の本領（国衆領）の規模はどれほどであったか。最も古い事例として確認できるのが、旧高梨政頼《まさより》方の原（山田）左京亮の山田領一二〇〇貫文である（表4-4№11）。次いで、北信濃の先方衆島津《しまづ》泰忠《やすただ》の一二七〇貫文である（同№18）。この他は、天正期の事例になってしまうが、信濃先方衆では、西条治部少輔が一四五〇貫文（同№35）、駿河先方衆では岡部元信《もとのぶ》（小山城、高天神《たかてんじん》城将）が一五五八貫文余（同№33）、岡部正綱《まさつな》が二四六五貫文余（同№34）、上野先方衆小川可《か》遊斎《ゆうさい》（小川城主）が一一〇〇貫文であり、いずれも一〇〇〇貫文を超える規模である。なお、武田氏滅亡後、上杉景勝《かげかつ》が北信濃の先方衆クラスに与えた安堵状によると、西条治部少輔が一〇〇〇貫文、島津泰忠が一〇七三貫文、小田切四郎太郎（水内《みのち》郡吉窪《よしくぼ》城主）が一五〇〇貫文の本領を安堵されている（同№46～48）。このうち、西条、島津は武田時代の本領と規模がほぼ同じなので、小田切氏も同様とみてよいだろう。

ちなみに、信濃先方衆真田氏については、天正六、七年頃に成立した「真田氏給人知行地検地帳」によるデータがある（同№37）。これは、真田氏の本領原之郷の検地帳であるが、それによれば知行貫高は六四八貫五九五文であった。原之郷は、近世では本原村と呼ばれたが、真田信之時代の最末期にあたる元和八年（一六二二）頃の村高を示す「信濃国小県郡上田領幷河中嶋残物共二高石帳」「上田御領分惣貫高寄帳」によると、原之郷（本原村）の村高は六三一貫六四〇文とあり、戦国期とほぼ同じである（信㉓五七八、五八〇）。

　近世の記録によると、真田氏の所領は武田氏に従属する以前は、真田・横沢・大日向・横尾・上原《うえはら》・中原・下原《しもはら》の七ヵ村であったとされる（『真田町誌』歴史編上）。このうち近世以前は、真田・横沢・大日向が一村で甲石《かぶといし》村と呼称されたといい、上原・中原・下原が一村で原之郷であったという。戦国初期の真田氏の所領は、甲石（真田）・横尾・原の三ケ郷だったとみてよかろう。これらの貫高を「信濃国小県郡上田領幷河中嶋残物共二高石帳」「上田御領分惣貫高寄帳」で確認してみると、甲石村（真田）が六二六貫文、横尾村が三八四貫一〇〇文、原之郷が六三一貫六四〇文であり、貫高総計は一六四一貫七四〇文となる。

　真田氏は、この本領を天文十年に失うが、幸綱《ゆきつな》が武田氏に仕え、戦功を重ねた結果、回復に成功し、その後、息子信綱《のぶつな》の頃には、一万五〇〇〇貫文を知行する大身になったという。天正三年五月、長篠合戦で戦死した兄信綱、昌輝《まさてる》の跡を相続した昌幸《まさゆき》は、一万五〇〇〇貫文を武田氏より安堵されたとされる（『真武内伝《しんぶないでん》』）。この規模は、信濃先方衆では依田芦田《あしだ》信守《のぶもり》の一万貫文よりも大きく、「惣人数」に登録される軍役規模では、第一位が真田兄弟、第二位が依田芦田氏だったことと符合する。

　武田氏従属以前の段階の知行貫高については、三河国奥平定能は、永禄七年、徳川家康に従属した際に三五〇〇貫文を安堵されている（戦今一九六六号）。但し、ここには本領の作手領が含まれていないので、当知行安堵と新恩地であろう。現在確認できる史料で、最も大身なのは、遠江国高天神城主小笠原信興の一万貫文である（表4-4 No.27）。

この他に、確実な史料では確認できないが、既述のように伊那郡吉岡城主下条《しもじょう》信氏《のぶうじ》・信正《のぶまさ》父子は、下条領六〇〇〇貫文、同郡神之峰《かんのみね》城主知久氏は知久領六〇〇〇貫文だったとされている。この他に、埴科郡屋代・荒砥《あらと》城主屋代《やしろ》秀正《ひでまさ》は三〇〇〇貫文、小県郡室賀《むろが》城主室賀信俊《のぶとし》は、室賀郷ほかで五〇〇〇貫文であったという（『真武内伝』）。なお、「室賀系図」によると、室賀家中を構成し、「生島足島《いくしまたるしま》神社起請文」にも連署した一族室賀経秀《つねひで》（信俊の弟）は小県郡保屋（保野）郷（上田市）で一七五貫文、室賀正吉（同）は小島郷（同）で一〇〇貫文、室賀吉久《よしひさ》（同）は舞田郷（同）で七三貫文を知行していたという（『上田小県誌』第一巻所収）。また、没落した佐久郡岩村田大井氏は、その所領規模が佐久郡などで六万貫文であったと伝えられている（信⑭一八、二二）。

また、参考までに、先に紹介した「信州伊《い》奈《な》青表紙之縄帳」（天正十九年九月成立）にみえる国衆領の石高を貫高に換算してみると（積算根拠は、武田氏の信濃における俵高→貫高換算による。具体的には、一俵＝二斗入＝二〇〇文、一石＝一貫文）、下条領（九七三一石七斗六升六勺＝九七三一貫文余）、松尾領（一万二四四一石九斗四升六合三勺＝約一万二四四一貫文余）、飯田領（二九一二石六斗七升八合＝二九一二貫文余）、市田領（七八一一石三斗三升五合＝七八一一貫文余）、大島領（二七〇七石九斗六升六勺＝二七〇七貫文余）、片切領（二五五四石八斗二升七合三勺＝二五五四

貫文余）、飯島領（二二七三石九斗七升三合＝二二七三貫文余）、赤須《あかず》領（一五八九石二升一合二勺＝一五八九貫文余）、上穂領（一七一九石一斗二升四合三勺＝一七一九貫文余）、大草領（二〇二一石八斗一合三勺＝二〇一二貫文余）、遠山領（一〇八〇石三斗二升八合六勺＝一〇八〇貫文余）、上伊奈領（五〇四〇石五斗三升一合＝五〇四〇貫文余）、高遠《たかとお》領（一万四五三八石二斗四升七合一勺＝一万四五三八貫文余）、箕輪《みのわ》領（一万三三一六石三斗四升三合＝一万三三一六貫文余）となる。

以上の諸事例を検討してみると、「先方衆」（国衆）とは、知行貫高が一〇〇〇貫文以上の国衆領を保持するクラスだったことがわかるだろう。そして武田氏は、国衆領の規模に応じて、軍役等を賦課したのである。

国衆の「家中」

国衆の軍事、経済力を支えるのがその所領（「領」）であるならば、国衆の当主とともに軍役を担うのが「家中」の人々であった。既述のように、国衆の「家中」は、室町期には形成されており、それは惣領を中心に、庶家（「一族」「一家」「寄類」「親類」）、譜代が参集する形態であり、さらに支配領域の村々から被官となった家来（「若党」「中間」「旗差」など）や、雇用された牢人、足軽らによって構成されていた。国人の「家中」は、「親類・被官人等」「一族被官人等」と呼ばれていた。戦国期の国衆の「家中」も、基本的な構成は変わらなかったが、絶え間ない戦争の過程で、戦国大名から預け置かれた「同心衆」をも包摂し成立した。武田信玄が、永禄十年に甲斐《かい》・信濃《しなの》・西上野《こうずけ》の家臣から起請文を徴収した際に、国衆当主はもちろん、その

「家中」からも起請文を提出させたことはよく知られている。

例えば、国衆当主の起請文の条文には必ず次のような一文が明記されていた（『信玄武将の起請文』所収史料番号一四号、小笠原信貴起請文より）。

一、家中之者、或者　甲州之御前悪儀、或臆病之意見申候共、一切不可致同心事

国衆家の当主は、「家中之者」とともに様々な評定を独自に行い、自らの政治・軍事的な判断を行っていた。その際に、「家中之者」の「意見」（進言、諫言など）に支えられていた。そこで武田信玄は、国衆の「家中之者」が、武田氏を批判したり、その命令に対し消極的な発言を行って当主の行動を掣肘《せいちゅう》することを警戒していた。

そのため武田信玄は、国衆の「家中之者」からも起請文を徴収している。その一文に、次のような文言が明記されていた。

Ⓐ一、山城守《(室賀信俊)》所へ自敵地、計儀之使書中罷越候を[redacted]《かくし被申候ハ、》直様可申上候、御一戦之砌、山城守ニ未練之意見申間敷候、況自分ニ未練致間敷候事（室賀信俊家中連署起請文）

Ⓑ一、万一三河守奉対　上意様へ企逆心候者、涯分致意見、無承引者、三河守前引切、無二甲州へ可奉抽忠節之事（塔原海野三河守幸貞家中連署起請文）

Ⓒ一、下野守親子、奉対　上意様逆心之旨存候者、涯分致意見、承引無之者、彼親子之前引切、甲州へ可奉抽忠節之事（会田岩下海野三河守被官〈岩下衆〉連署起請文）

Ⓓ一、奉対正印《(浦野幸次)》甲府逆心候者、涯分可致異見候、無承引者、傍輩共致同心、正印前引切、甲州《江》可抽忠節事（浦野左衛門尉幸次家中〈浦野被官共〉連署起請文）

これらをみると、武田氏が国衆の「家中」に期待したことは、敵からの調略の有無についての監視と報告義務、当主の「逆心」の阻止と説得（「意見」「異見」）、そのための「家中」構成員（「傍輩《ほうばい》共」）との協調と結束（「同心」）、当主の「逆心」を翻意しえない場合は「家中」からの離脱（「（国衆当主）前引切」）と武田氏への忠節義務、武田氏の命令による戦闘（「御一戦」）の際に士気を削《そ》ぐような意見や行動をしない、などであったことがわかる。

このように、国衆の「家中」は、室賀《むろが》、屋代《やしろ》氏など「家」を盟主とし、一門・親類・被官らが「一味」（一体）となり、「同心」（結束）して行動する主体であるとともに、その国衆「家」の当主を推戴、擁立しそれに忠節を尽くす義務を負っていた。そのため、「家中」は、国衆「家」の当主に対し、自立した集団（「傍輩共」「傍輩中」）として対峙《たいじ》した。それゆえに、国衆の「家中」は、一揆《いっき》的構造を保持していたといわれる（柴裕之・二〇〇八年）。武田氏が、忠節を誓約する起請文を、国衆「家」の当主だけでなく、「家中」からも徴収したのは、それが自立した集団としての性格を有していたがゆえであった。

なお、武田領国下における国衆の「家中」は、「洞《うつろ》」とも呼ばれた。例えば、信濃国安曇《あずみ》郡仁科《にしな》氏の「家中」は、「仁科洞中之者共」（上越二六六三号）、「仁科上下衆中」（信⑯四二九）のように史料に登場し、なかでも仁科重臣渋田見《しぶたみ》伊勢・穂高内膳・日岐《ひき》丹波の三人は、「仁科ノ頭立之者共」だとされていた（『古老夜話集』新信叢⑫二六三）。渋田見・穂高・日岐（丸山）氏は、いずれも仁科氏から分かれた一門である。

では、国衆の「家中」構成員の性格について、少し詳しく紹介しよう。「家中」「洞中」は、大別して①一門・親類、②被官（譜代）、③武家奉公人（雑兵）、④牢人、によって構成されていた。まず、①は国衆領内に独自の所領を持ち、自らもまた小規模ながら「家中」を持つ「頭立之者共」である。既述のように、小県《ちいさがた》郡室賀信俊《のぶとし》は、五〇〇〇貫文の知行高であったとされるが、「家中」の有力者室賀経秀《つねひで》（信俊の弟）は小県郡保屋（保野）郷（上田市）で一七五貫文、室賀正吉（信俊の弟）は小島郷（上田市）で一〇〇貫文、室賀吉久（信俊の弟）は舞田郷（上田市）で七三貫文を知行していたという。これらは、惣領から与えられたものであろう。

次に②は史料には「被官」として頻出するいっぽう、「普代相伝の被官」（戦武三一二三号）ともみえる。被官は、「悴者《かせもの》」（殿原《とのばら》）としても呼ばれ、彼らの多くは通常、名字を持ち（もちろん名字を持たぬ者もいた）、主人から扶持《ふち》を与えられ、奉公する侍身分の最下位に位置づけられていた。戦国大名の合戦に、主人とともに参戦し、戦功をあげることで恩賞を受けたが、大名当主から感状を授けられることもあった。但し、それは主人宛の感状において明記されるのが通例であった。

例えば、天文十六年八月、武田軍は信濃国佐久郡志賀城（城主笠原清繁《かさはらきよしげ》）を攻略した。その際に、甲斐国都留《つる》郡の有力国衆小山田《おやまだ》信有《のぶあり》の軍勢は首級一個を挙げた。武田信玄は、同十一日付で小山田信有に「今十一未刻、於信州佐久郡志賀城、頸一其方被官仁科清八討捕之条神妙候、弥可抽忠信之由、可被申含候」と記した感状を交付した（戦武二二九号）。また弘治三年二月、信濃国水内《みのち》郡葛山城を攻略した際、信濃国衆室賀信俊の軍勢は、長尾方の有力国衆小田切駿河《するがの》守《かみ》（水窪《みさくぼ》城主）を討ち取る勲功を挙げた。武田信玄は、同年三月二十日付で室賀に感状を与え

「於去十五信州水内郡葛山之城、其方被官清五郎頸壱小田切駿河守討捕之条、戦功感候、弥可抽忠信旨可被申含候」と記している（戦武五五一号）。ともに感状の充所は主人小山田信有、室賀信俊であり、実際に戦功のあった被官たちには、主人を通じて謝意といっそう忠節に励む旨を伝達させている。こうした被官が、国衆の軍事力の中核であった。

また、国衆の譜代被官の中には、戦国大名や他家との交渉を担う取次役を務める者もいた。代表的な人物としては、信濃国衆木曾《きそ》義康《よしやす》・義昌《よしまさ》の譜代重臣山村・千村氏、甲斐国衆穴山梅《ばい》雪《せつ》・勝千代の万沢・佐野氏、小山田信有・信茂《のぶしげ》の小林氏などがいる（丸島和洋・二〇一三年）。彼らは、国衆当主と大名当主を繋《つな》ぐ窓口として重用され、戦国大名から「取次給」という知行を与えられ、厚遇された。まさに、譜代被官は国衆「家」をあらゆる面で支える柱であったといえる。

不安定な国衆の権力

しかしいっぽうで、譜代被官といえども、国衆「家」の動揺や危機に直面した際に、他家への鞍替《くらが》えを厭《いと》わなかった。天正十年三月、武田氏滅亡という未曾有《みぞう》の危機のもと、小県《ちいさがた》郡の国衆室賀《むろが》氏の「家中」では、被官が他家へ奉公替えをしようとする動きがあったらしい。当時、甲府にいた室賀一葉斎禅松《いちようさいぜんしょう》は、瀧澤八兵衛からの書状に返書を出した（信⑮一七二）。それによると、瀧澤八兵衛には実弟がおり、彼は室賀に「出仕」することを選択した。ところが兄八兵衛は去就に迷い、室賀家を退身することを考えていたようだ。禅松は、八兵衛の実力は以前から評価しており、実弟も室賀家に「出仕」したのだから、お前も早々に「出仕」し「奉公」すれば、本領ばかりか重恩として一〇〇貫文の所を与える配慮をしようと説得している。

ところが、室賀禅松はこの直後の四月に甲府で急死し、家督は息子兵部太夫正武《まさたけ》が相続した。こうした変動によるものか、瀧澤八兵衛は室賀氏に出仕せず、別家に仕えたらしく、天正十年六月十六日、旧知の間柄であった某松政に仕官し、三〇貫文の扶持を与えられている（信⑮二四七）。また室賀家中の多くは、小県郡や上野国《こうずけのくに》で急速に勢力を拡大していた真田昌幸の調略に応じ、内通の意志を示している（同⑮一九八）。後に真田氏と対立した室賀正武は、内通していた室賀家臣の情報により、昌幸に暗殺され滅亡している（平山・二〇一一年①②）。国衆の危機が、「家中」の動揺、分裂、離叛を招き、国衆「家」の存亡に関わることもあったわけである。

このように、被官は「譜代相伝の被官」の他に、他家の被官だった者を迎え入れる新参者によって構成されていた。いっぽうで、被官こそが国衆の軍事力を支えていた中核であったため、彼らが主人を嫌って勝手に退身することや、度重なる軍役に耐えかね（「軍役退屈」）、逃亡することも珍しくなく、国衆にとっても、戦国大名にとっても軍事力の低下に直結する重大な問題となった。「軍役退屈」を理由に、主人のもとを勝手に去った被官の多くは、他家の主人と新たな「契約」（主従の契約）を結んでいた。いわば勝手に鞍替えをしたわけである。

当時の武家社会では、被官が主人のもとを去るためには、まず主人に暇を乞い、主人の許可とそれを証明する「放状」を発給してもらうのが原則であった（安芸国《あきのくに》の国衆たちが、被官らの欠落抑止と人返しを約束した一揆契状には「はなし状」の有無が焦点となっている。詳細は菊池浩幸・一九九三年参照)。武田氏が被官の逃亡を、「罪科之至也」(戦武二三九三号)と厳しく指弾し、現在の主人や地頭に事情を申し入れ、召し返すよう指示したのは、正当な手続きを踏まぬ「契約」だったからである。

武田氏は、「甲州法度之次第《こうしゅうはっとのしだい》」第十五条でも、「譜代被官」が本主人のもとから逃亡し、他人に召し使われていたのを発見した場合には、現在の主人に趣旨を申し入れてから召し返すように規定している。しかも、被官の逃亡には時効がなく(奴婢《ぬひ》の場合は、十年過ぎると返還の申し入れが不可能となる)、武田氏は主従制の原則を厳格に擁護する方針で臨んでいたことが窺われる(柴辻俊六・一九七六年)。被官の召し返しが進捗《しんちょく》しない場合、武田氏は当事者の主人の権益回復のため、被官の返還に応じない地頭や主人に対し権力を発動した。上野武士赤見山城守は、永禄十一年六月、十六人の被官を武田氏を通じて返還してもらっている(戦武一二八〇号)。武田氏は、国衆の「家中」維持・統制を擁護することが期待されていたのである。

国衆と武家奉公人

次の③は、中間《ちゅうげん》・小者《こもの》などが史料にみえ、いわゆる雑兵として総称される人々にあたる(藤木久志・一九九五年)。こうした武家奉公人は、武田氏自身も召し使っていた。武田信玄正室三条夫人に仕えた「御方様御小者助八」は、甲斐国巨摩郡《かいのくにこま》有野郷(南アルプス市)に家があった百姓で、武田氏より棟別銭《むなべつ》を免除されていた(戦武五八八号)。また武田氏の同心たちの多くは中間・小者を召し連れ戦陣に赴いており、在城地では彼らの管理を徹底するよう指示されている（戦武六二一号）。信濃《しなの》国衆木曾義昌《きそよしまさ》は、天正十二年四月、徳川家康と対立し、その軍事侵攻の危機に直面した際、木曾谷の村々に参陣を要請した。そこには、恩賞として「ちうけん《中間》ならハかせもの《悴者》になし、百しやう《百姓》ならハちうけん《中間》になすへき事」（信⑯一四九）、「今度一途走廻《ニ脱カ》おゐてハ、本意上、三十俵つゝ可宛行、一廉有高名者、成中間可召仕者也」（同一五〇号）と記され、百姓ならば中間に、中間ならば悴者に取り立てると約束している。

木曾「家中」の武家奉公人は、悴者（悴被官）と中間、中間と百姓の間に身分の区切りがあり、悴者が侍身分、中間は奉公人、百姓は百姓身分であったとみられる。そして中間は、百姓から供給されるのが一般的であったようだ。小者（雑色《ぞうしき》）も、御方様御小者助八の事例からも同じく百姓から登用されたらしい。彼らは、主人から給分を受け、様々な雑用に従事する従者で、その働きによっては主人の判断で上位に取り立てられることもあった。彼らは名字を持たず、侍分である被官とは明確に区分された。

なお、村から動員される「陣夫」「夫丸」「人夫」との違いについて触れよう。これらは、村に賦課された公事《くじ》（諸役）であり、しかも文字通り武具、兵粮など荷物の運搬など後方活動が任務であって、戦場まで同行しても戦闘に参加することはなかった。それに対し、中間・小者は主人に近仕し、その御恩を受け、戦場では武具、諸道具、馬の口取りや管理などを行い、戦闘に自らも参加して戦功を挙げることを任務とし、それ故に国衆の「家中」の末端を構成していたわけである。

なお武田氏は、身分によって戦功による褒賞に明確な基準を設定していた。天正三年八月、長篠《ながしの》敗戦直後、織田・徳川方の反攻が強まる危機的状況下、武田勝頼は信濃防衛体制を整備し、伊那《いな》郡の国衆やその「家中」、地下人や百姓らに細々とした指示を行ったが、その際に戦功によって与える褒美の基準を次のように明記した（戦武二五一四号）。

一、於今度抽忠節輩者、於侍者出知行、寄騎并凡下之輩者、当座之引物・黄金・鳥目・籾子以下充行、惣而可被叶所望之事

武田氏は、戦功を挙げた者が、侍身分ならば知行を与え、寄騎《よりき》（同心）や「凡下」ならばそれ以外の褒美で報いると規定している。ここに登場する寄騎（同心）は、在村被官のうち地侍（村の侍）を除く人々、「凡下」は甲乙人とも呼ばれる雑兵を指しており、武田氏の御家人、国衆の「家中」に帰属する侍と雑兵を対象に、身分による褒美の格差を明記した。

この他に、「下人」もわずかながら史料に登場する。国衆の事例ではないが、最も著名なのは、武田氏御蔵前衆末木《すえき》淡路守《あわじのかみ》家重《いえしげ》の事例であろう（平山・一九九〇年、秋山敬・一九九四年）。末木家重は、天正九年に息子末木東市佑政清《まさきよ》に二通の譲状を与え、同年四月には武田氏より朱印状を受け、譲状の効力を保証されている。この時、末木家重は「下人」を譲り渡すことを約束した。その実態は、慶長十一年六月に作成された末木新左衛門家の家財、下人、牛馬改めによって窺うことができる（県内七二九号）。それによると、末木氏の下人は、男子一九人、女子二一人の合計四〇人であった。

興味深いのは、譲与の対象（家財）とされ、とかく隷属性が強いと指摘される「下人」であ

るが、「江戸ニ参候」「江戸ニ居候也」「府中ニ居」などの肩書きをもつ者がいる。これは末木氏の家業を支えるために、江戸や甲府に派遣されたものであろう。こうした事実は、隷属性が強制ではないこと、つまり中間・小者よりも低い地位ではあるが、奉公人として主人を支え、主従としての繋がりで活動している点で共通していることを意味しよう。

国衆と牢人

最後に、④牢人について述べよう。彼らは史料に「ふちいたし候牢人」（戦武三一二三号）などとあるように、戦乱、災害、飢饉《ききん》の時代を背景に、故郷を捨てて各地を渡り歩く牢人があふれていた戦国期では、当主が見所のある牢人に扶持を与えて雇用し「家中」に加えた。彼らは即戦力として、国衆の軍事力を被官（悴者）・中間・小者らとともに支えたのである。国衆が牢人を雇用する動きは、既述のように、文明年間には諏方《すわ》氏の事例から、中部地方でも確認できる（『守矢満実書留』）。

戦国大名が国衆に賦課した軍役は、騎馬、長柄、持鑓《もちやり》、鉄炮《てつぽう》、弓の他、旗差、甲持《かぶともち》、手明きなど様々であったが、一門・親類はおもに騎馬武者として参陣し、被官、牢人らは自らが得手とする武器を担い、中間・小者らは一部が鉄炮、弓を操作するほかは、軍陣での雑務（旗差、甲持、手明きなど）を担った。

しかし、国衆の「家中」は、自立した集団であるゆえに、彼らを取り巻く政治・軍事情勢次第では、当主の意向に従わず、自らの意志で行動し「家中」の分裂を引き起こす可能性があった。前掲の「生島足島《いくしまたるしま》神社起請文」においても、国衆「家」当主との意見の相違が沸点に達すれば、「家中」から抜け、離叛することも想定されていた（この場合は、武田氏への不忠を当主が企て、説得にも応じないことから、やむなく選択した行動であるため、武田氏への忠節であり謀叛とは認定されない）。だが、国衆の一門・親類や被官が当主に叛き、他国の大名に内通、敵対することで「家中」が分裂し、激しい争乱に至ることも戦国期には常態となった。こうした「家中」の不安定性を抑止するために、国衆は戦国大名に結集していくこととなったのである。

国衆の本拠

戦国期の国衆は、本拠地に城郭を持ち、領域支配を行っていた。そのため、国衆の多くは、戦国大名から「下山」（穴山武田氏）、「谷村《やむら》」（郡内小山田《おやまだ》氏）、「箕輪《みのわ》」（上野国《こうずけのくに》長野氏）などのように、本拠地や城の名称で呼ばれた。では、国衆の本拠地の構造や景観とはどのようなものであったか。

まず、甲斐国《かいのくに》の穴山氏と小山田氏の本拠地を紹介しよう。穴山武田氏は、戦国初期まで南部（山梨県南部町）に居館を持ち、甲斐守護武田氏に帰属しつつも、駿河《するが》今川氏とも緊密な関係を構築していた。とりわけ、穴山信懸《のぶとお》（梅雪《ばいせつ》の曾祖父《そうそふ》）は、今川氏親《うじちか》、伊勢《いせ》早雲《そううん》と昵懇《じっこん》であったと伝わる。しかし、大永元年の今川軍侵攻を撃退した武田信虎《のぶとら》に、穴山甲斐守（梅雪の祖父）は完全に従属した。その直後、穴山氏は南部から下山（身延《みのぶ》町）に本拠地を移転させた。これは、国中（武田氏の本国）に近く、交通や河川交通の要所である下山に本拠を移すことで、武田氏への従属を明確にし、その支援を受けやすくしたと評価されている（平山・二〇一一年④）。下山館の周辺には、竜雲寺《りゅううんじ》（穴山甲斐守菩提寺《ぼだいじ》）、南松院《なんしょういん》（穴山梅雪生母南松院殿の菩提寺）などが建立され、城下には家臣屋敷が配置され、商人、職人も居住していたと推定される（萩原三雄編・一九九一年）。

次に甲斐国都留《つる》郡小山田氏の本拠地についてみてみよう。小山田氏は、中津森《なかつもり》館を本拠として勢力を拡大した。ところが、享禄三年（一五三〇）に中津森館は失火により焼失してしまう。この時の模様を『勝山記《かつやまき》』は「此年（享禄三年三月）ノ同月中津森ノ御所炎上、御前ノカウシ（小路）モ焼ケ候」と記録している。ここで注目すべきは、中津森館の周辺には「御前小路」という町屋が存在したことであり、小山田氏の本拠地には商工業者が居住する区域が実在していたことがわかる。小山田信有《のぶあり》は、中津森館焼失を受けて本拠地移転を決意し、享禄五年に谷村に新たな居館を建設した。その際に、武田信虎をはじめ甲斐国人ら多数が祝いに駆けつけている（『勝山記』）。この谷村館に、どれほどの規模の町場があったかは残念ながら確認できないが、後の谷村勝山城下町の前提となるべき町場があったことは間違いなかろう。ここは、関東から富士吉田に抜ける谷村道が通り、富士参詣《さんけい》の道者たちや商人らが往来するなど、物流の要所であったからである。また小山田館の詰城として、勝山城の前身となる城郭が設けられたと推定されている（都留市教育委員会・勝山城跡学術調査会・二〇一〇年）。また、谷村の南北には、四日市場・十日市場が存在し、いずれも小山田氏の御料所であった（戦武一二一六・一二三五号他）。谷村は、城下とともに、近接する地域経済の核となる市場を包摂していたと推定される。

筆を信濃《しなの》と駿河に転じよう。武田氏の信濃侵攻の模様を記す『高白斎記《こうはくさいき》』を読むと、敵方の国衆の本拠地に関する記述が散見される。とりわけ、武田軍と信濃国衆との抗争に際し、まっさきに攻撃され、武田軍の放火を受ける施設に「宿城《しゆくじろ》」がある。この「宿城」とは、信濃国衆の拠点である城郭の麓に形成された小さな城下町のことで、周りを柵《さく》、木戸、藪《やぶ》、湿田（沼田）などで囲まれ、二つの出入口（上木戸・下木戸）が設けられるなど、周囲とは明確に区画された空間であった。それは、国衆の本城と一体化した町場である。

こうした「宿城」は、城絵図などにも描かれている。例えば、『浅野文庫蔵諸国古城之図』の小県《ちいさがた》郡浦野岡村城（岡城、上田市）は、二つの木戸を持ち、沼地などの湿地帯に囲まれている町場が描かれている。絵図によると岡城は千曲川（浦野川の誤記）に沿って築かれ、城下に相当するのは、保福寺《ほうふくじ》道の岡村であろう（図4-10）。二つの木戸を持つ町場は、道をはさんで左に十一軒、右に十軒が描かれている。これが「宿城」に相当

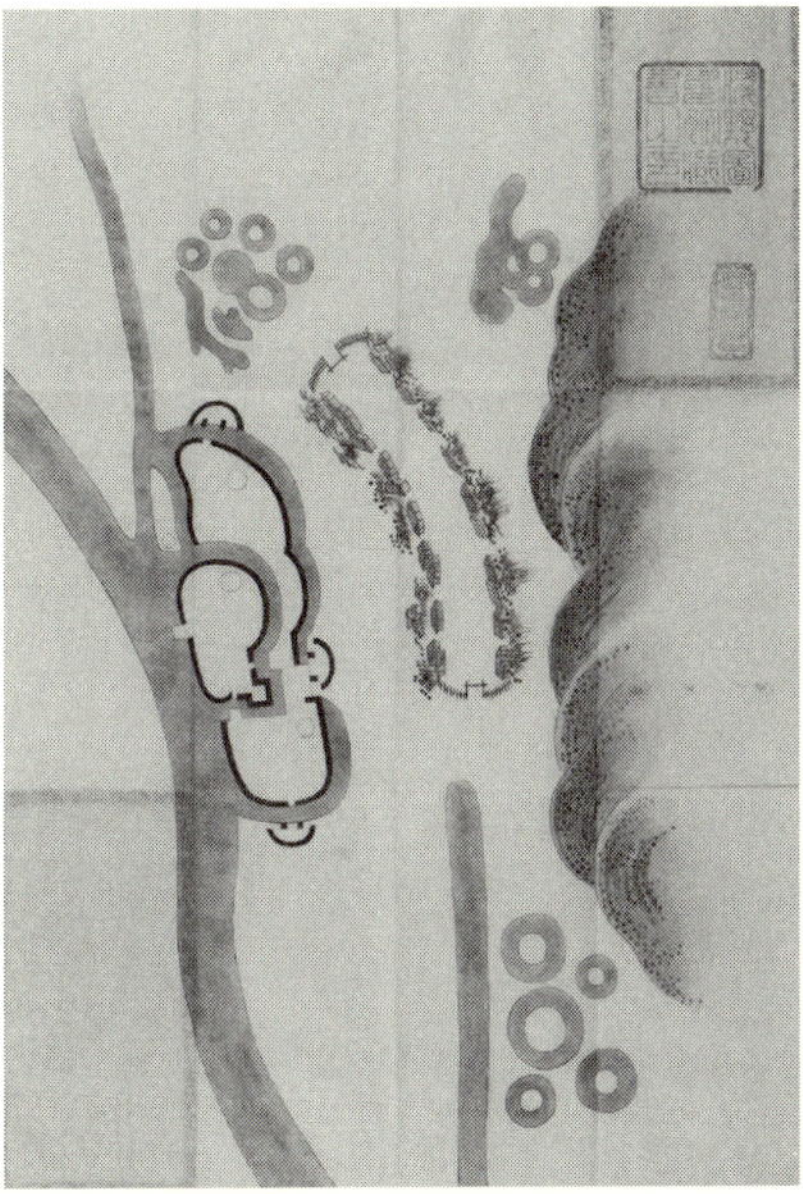

図4-10　信濃国小県郡浦野岡村城（広島市立中央図書館所蔵「諸国古城之図」）

する施設であろう。

また『浅野文庫蔵諸国古城之図』には、佐久郡の国衆望月《もちづき》氏の本拠望月城絵図が収められている（図4-11）。これを見ると、望月氏の居館と家臣屋敷は、城の麓《ふもと》に固まって存在する武家地の空間を構成し、鹿曲川《かくまがわ》を挟んだ対岸に望月宿がある。望月宿は、中山道《なかせんどう》の宿場として近世は繁栄したことで知られるが、その起源は戦国期の望月氏による町場である。

この他に、筑摩《つかま》郡の国衆青柳氏の本拠青柳城とその城下は、その遺構が明瞭な事例といえる。青柳氏の居館は、長田《ちょうだ》という場所にあったとされ、旧居館跡周辺には「丁田」「丁田屋敷」「番《ばん》

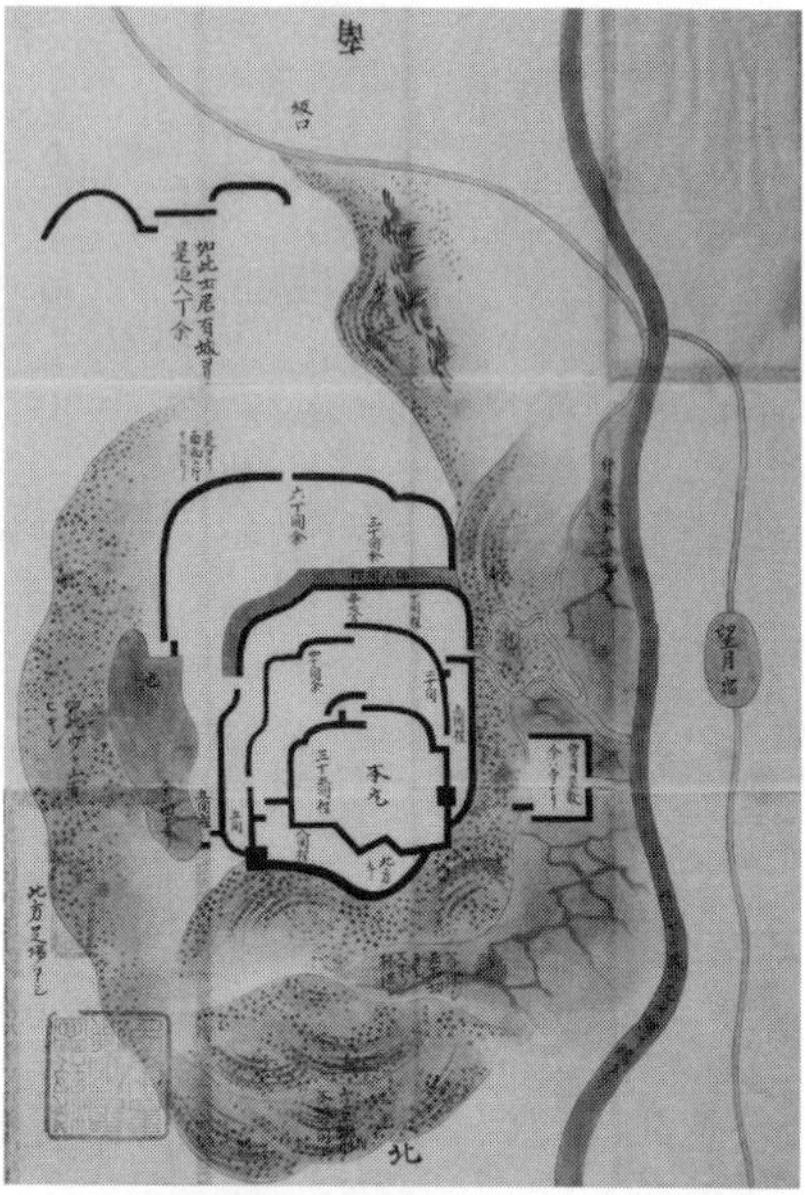

図4-11　信濃国佐久郡望月城（広島市立中央図書館所蔵「諸国古城之図」）
本丸の右に「望月屋敷、今ハ寺ナリ」とあり、その上の川ぞいには「侍屋敷、今ハ田ナリ」とある

匠田《じょうた》」「鍛冶田《かじた》」「土居づめ」などの小字が残り、町屋が存在していた痕跡がみられる。青柳氏はその後、青柳城の麓に居館を移転させたといわれ、その跡は現在、青柳氏の菩提寺清長寺《せいちょうじ》になっている（図4-12）。

青柳城下には、北国脇往還《ほっこくわきおうかん》（善光寺道）が通っており、城に向かって下町、中町、横町と呼ばれる。ただ、戦国期の青柳宿がどれほどの規模であったかは定かでない。青柳宿は、道の両側が不定形の短冊形となっており、中央に市神が残されている。市神は、中世の勧請《かんじょう》であるの

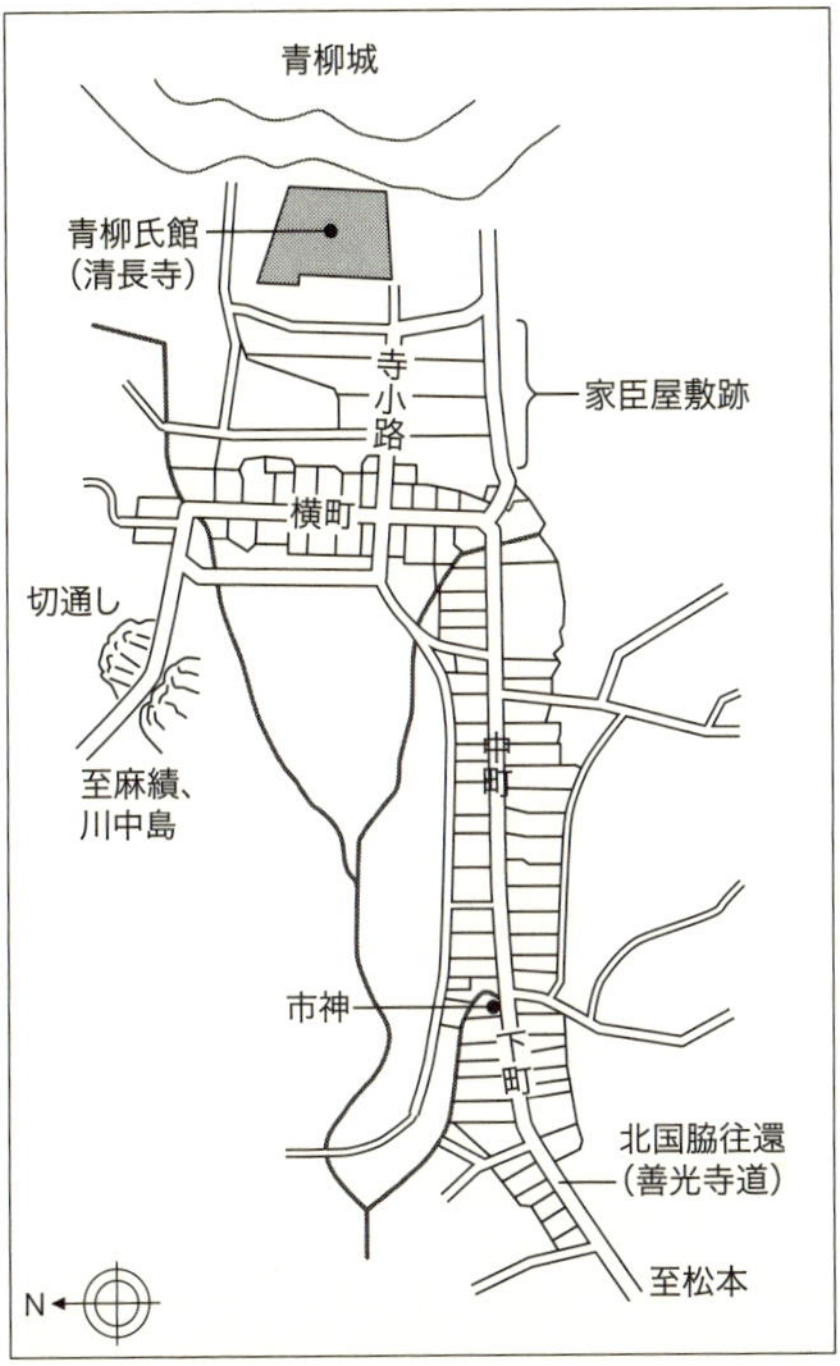

図4-12　国衆青柳氏本拠地（『歴史の道調査報告書VI 善光寺道（北国脇往還）』所収の地図をもとに作成、一部改変）

で、この周辺が戦国期以来の町宿であったと推察される。善光寺道は、中町から横町にさしかかるところで大きくクランクするが、この横町から青柳氏館までをまっすぐに繋ぐ道（寺小路）があり、両側に数段に及ぶ家臣屋敷跡が残されている。また、善光寺道は、横町の外れで再び大きくクランクし、天正八年八月に、青柳頼長《よりなが》が開削したと伝わる青柳の切通しを経て、麻績《おみ》、善光寺方面に向かう。

こうした町場を持つ国衆の本拠地は、佐久郡伴野《ともの》氏や北信濃の高梨氏などでも紹介されている（井原今朝男・一九八三年、一九八八年、湯本軍一・一九九一年）。『高白斎記』には、「宿城」を持つ城として、佐久郡内山城（国衆岩村田大井氏）、同平原《ひらはら》城（国衆平原氏）、同桜井山城（稲荷山城、武田氏）、同野沢城（国衆伴野氏）、安曇郡小岩嶽《こいわたけ》城（国衆古厩《ふるまや》氏）などが記録されている。また、諏方氏の居城上原城の城下上原町にも、堀廻りがあったことが知られており（『守矢頼実書留』）、これも城下を囲う「宿城」の一形態と考えられる。

当時の信濃国衆は、その本拠ごとに程度の差こそあれ、城と「宿城」（町宿）が一体化して存在していたとみられる。そこには、国衆の当主や家族らが暮らす居館をはじめ、菩提寺や鎮守などの寺社も建立され、「鍛冶田」「番匠田」などの存在に示されるように、極めて軍事的色彩の強い職人らが給分を与えられて城下に居住していたのであろう。武士、商人、職人、僧侶《そうりょ》、神官などが住む空間こそ、「宿城」であったといえよう。こうした国衆の本拠が、その「領」の地域経済の拠点であり単位であったと思われる。

戦国期の城郭と城下町

ところで、戦国期の城郭には、「宿」「宿城」と「根小屋」を同時に持つものがある。このことについて、駿河《するが》国蒲原《かんばら》城を事例に紹介しよう（静岡市教育委員会・二〇〇七年）。戦国期の蒲原城下には、東海道の両側に短冊形に区画された蒲原（神原）宿が存在し、武田氏によって三十六軒が伝馬《てんま》屋敷に指定され、諸役免許の特権を与えられている（戦武二五三九号）。この時期の蒲原宿は、東西を山居沢と長坂沢に挟まれた空間に存在しており、沢によって他とは整然と区画された場となっていた。蒲原宿そのものの成立は、すでに鎌倉時代にさかのぼるが、これを蒲原城は城下として取り込んでいったのであろう。

いっぽう、蒲原城の麓には、「根小屋」も存在した。これは、永禄四年九月三日、今川氏真《うじざね》が佐《さ》竹《たけ》雅《う》楽助《たのすけ》に与えた判物に「蒲原根小屋、為堀・築地之改替参人扶持、幷段銭如前々令扶助了、此外小屋居屋敷之地子等、任先判可請取之」とあることから明確となる（戦今一七三九号）。この文書により、蒲原根小屋は、堀と築地《ついじ》に囲まれ、内部には居屋敷が複数建てられており、それらには今川氏より地子銭《じしせん》が賦課されていた。佐竹氏は、この蒲原根小屋の維持、管理を命じられており、築地や堀の改修を請け負い、その奉公の見返りとして、扶持と根小屋居屋敷の地子銭などを給与されていたのである。

この根小屋は、永禄十二年十二月、武田軍の蒲原城攻略戦において「今六日蒲原之根小屋放火」「抑去六日当城宿放火候キ」とあるように、真っ先に焼き払われている（戦武一四八〇・八二号）。この根小屋について、駿河国久能《くのう》城では「根小屋ニ在陣駿河衆、若衆者、可有参陣哉否、可為存分次第候」とあるように、駿河衆などの武士たちが在陣、滞在する空間であった（戦武一五四二号）。

このことから、「根小屋」とは武家地のことを指し、城主（城代、城将なども含む）と在城衆が日常生活を営む場で、いわば詰め所としての空間であった。それに対し、「宿」は町場として町人、職人が生活を営む空間といえるだろう。

このことはすでに、戦国期城下町研究で指摘されている。戦国期城下町は、城主などの居館があった「宿」と、街道沿いに短冊形地割りを伴う「宿」の二つがあり、前者が武家地系の宿、後者が町場系の宿として位置づけられており、これは東国の城下に多くみられる「内宿」と「外宿」と対応するものといえるだろう（伊藤毅・一九九三年、市村高男・一九九四年）。先にみた、佐久郡望月《もちづき》氏や筑摩《つかま》郡青柳氏の事例は、国衆の当主や家族、家臣らが居住する空間と、町宿とが分離しており、この二類型に合致しよう。いっぽうで、「宿城」は城、居館・家臣屋敷、町宿とがコンパクトに一体化した景観であり、それらが堀、木戸、土塁、湿地帯に囲繞《いじょう》されていた。

この二つの形態の本拠を持つ国衆として、真田《さなだ》氏の事例は興味をひかれる。真田氏は、滋野《しげの》一族として知られるが、天文十年に武田・村上・諏方《すわ》連合軍に敗れ、滋野一族の惣領海野《うんの》棟綱《むねつな》とともに上野国《こうずけのくに》に亡命した。その後、真田幸綱《ゆきつな》は武田信玄に従属し、天文末年頃に本領復帰を果たした。その際に、真田郷の山家《やまが》に居館を構えたが、その周辺に市町を配置し、出入口にはクランクと「枡形《ますがた》」が設けられた。これが城下の町屋の内と外を区画するものであり、まさに

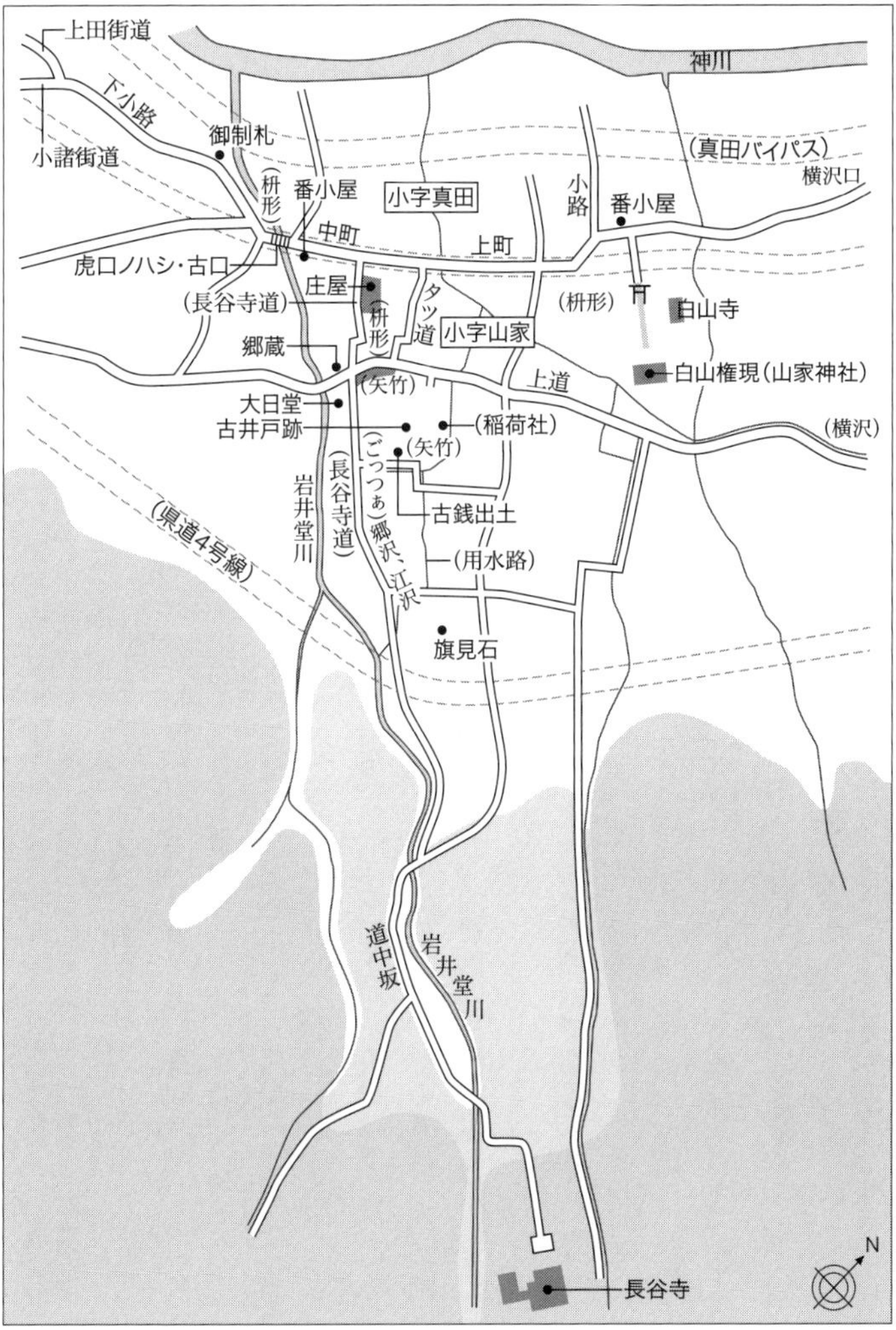

図4-13　山家の真田氏館跡推定地付近概要図

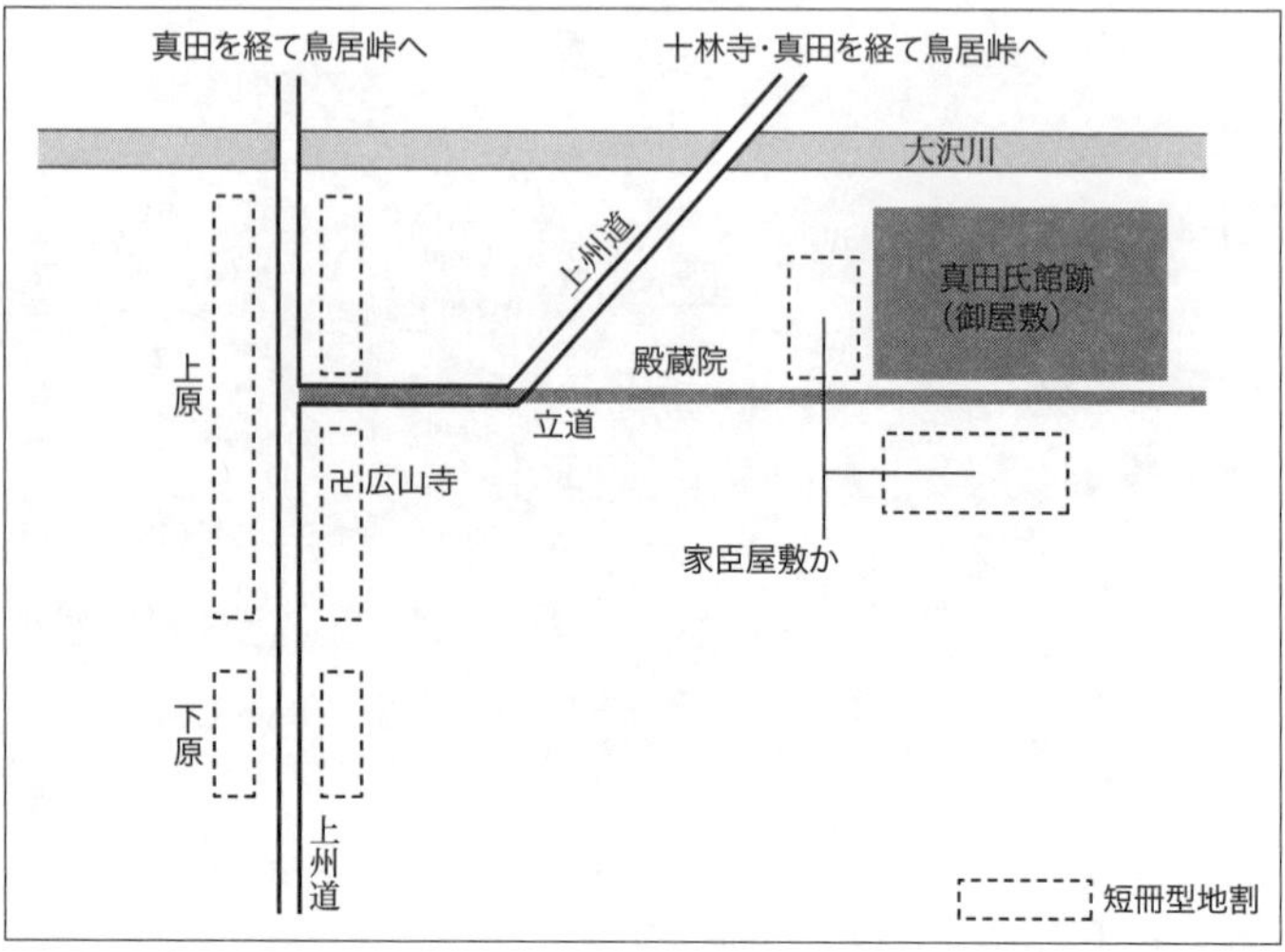

図4-14　本原屋敷周辺の概念図

「宿城」に近い景観だったと推察される(図4-13)。その後、幸綱の子信綱《のぶつな》は、居館を本原に移転させ、上州道沿いに存在していた「上原」と「下原」という二つの町屋を裾野にしつつ、これらを「立道」(館道)で結び、さらに居館の周辺には家臣屋敷や寺院を配置する区画を設けている。このため、真田氏館と町場は空間的に分離しており、その結果、その景観は武家地と町場の二元的空間の様相を呈していた。そしてこれらは「立道」で連結され、一体化が図られていたわけである(図4-14)。

つまり、国衆の本拠は、本城の下に一体化した「宿城」という形態と「内宿」「根小屋」(武家地)と「外宿」「宿」(町人地)とが空間的に分離した形態とがあったとみられる。とりわけ前者のような「宿城」型は、山や谷筋に割拠していた国衆に多くみられる傾向にある。そして、国衆の規模が大きくなるにつれて、「宿城」型から、「武家地・町人地」型へと展開を遂げていくのではなかろうか。

いずれにせよ、城館の周辺における町屋の形成は、鎌倉時代には存在せず、少なくとも室町期以降のこととされる（井原今朝男・一九八三年）。そして国衆の本拠地に町屋が成立し、その多くが近世に受け継がれるのは、戦国期国衆の成立と発展に伴い形成されたという歴史的前提があってのものだったと考えられる。

第五章　国衆の武田氏従属

武田氏の軍事侵攻と国衆「家中」の分裂

戦国大名と他国国衆との関係は、大名の軍事侵攻をきっかけに本格化する。もちろん、戦国大名はいたずらに犠牲を増やすことなく、できる限り調略により他国国衆を味方につけ、勢力を拡大することを重視した。強大な戦国大名の軍勢の侵攻に直面して、国衆はどのような動きを見せたか。

戦国大名の勢力争いに巻き込まれた「境目《さかいめ》」の国衆では、しばしば双方からの調略により、「家中」が分裂する事態となり、家を二つに割った熾烈《しれつ》な骨肉の争いが勃発《ぼっぱつ》した。天文十六年、武田氏は佐久郡志賀城主笠原清繁《かさはらきよしげ》（志賀《しが》殿）を攻めた。笠原氏は、依田《よだ》一門であったとみられ、佐久郡の依田一族は武田方と笠原方に分裂した。志賀城には「依田一門、高田一族、シカ殿《（志賀）》」らが籠城《ろうじょう》した（『勝山記』）。佐久郡の依田一族とは、芦田《あしだ》（蘆田）・阿江木《あえき》（相木《あいき》）・平原・平尾氏などであり、このうち、すでに芦田依田信守《のぶもり》、阿江木依田常林《じょうりん》などは武田方に帰属していた。また、笠原氏は関東管領上杉氏と密接な関係にあり、とりわけ上野国《こうずけのくに》高田城主高田憲頼《のりより》は「常《（上）》州ノモロオヤニテ御座候高田方、シカ殿ヲ見継候而、城ヲ守リ被食候」とあるように、志賀氏と姻戚《いんせき》関係にあったらしく、そのため清繁を支援（「見継」）すべくともに籠城したという（『勝山記』）。城は落城し、籠城衆は戦死もしくは捕縛されている。この戦闘で、反武田方の依田一門はほぼ壊滅した。これは国衆の一族が、戦国大名の軍事侵攻を受け、去就を分けた結果である。

この他にも事例は多いが、水内《みのち》郡葛山《かつらやま》城主落合氏は、「家中」の分裂を引き起こしたことで著名だ。川中島方面に進出を図る武田信玄は、弘治《こうじ》二年三月、上杉謙信に帰属し抵抗を続ける落合氏を調略し、味方に引き入れようとした。落合氏への調略は、早くも天文十九年に始まっており、同年八月十九日には落合氏の一族が武田氏に帰属している（『高白斎記』）。その後、天文二十二年にも、水内郡の国衆大日方《おびなた》氏を通じて、落合氏への工作が行われていた（戦武三八一号）。さらに信玄は、落合氏の菩提寺《ぼだいじ》静松寺《じょうしょうじ》を通じて、落合氏の「家中」に触手を伸ばした。その結果、落合一族の落合遠江守《とおとうみのかみ》・同名三郎左衛門尉《さえもんのじょう》は武田方に帰属することを了承したらしい。

信玄は、惣領《そうりょう》落合二郎左衛門尉を引き入れるべく、静松寺に対し「落合遠江守・同名三郎左衛門尉、従最前筋目不相替、可抽忠信之旨被申候哉、猶以感入存候、縦惣領二郎左衛門尉方雖被属当手候、対両所弥可懇切申候、此趣可被仰届候」と記した書状を送っている（戦武四九五号）。これによれば、すでに武田氏に味方することを決めた落合遠江守・同名三郎左衛門尉からは、静松寺を通じてその意思に変わりがないことを伝えてきたようだ。しかし同時に、武田氏がなおも惣領落合二郎左衛門尉を誘引していることを知っていた二人が、もし惣領が帰属してきた場合に、過日の密約が反故《ほご》にされるのではないかと危惧《きぐ》しており、その確認を求めてきたらしい。信玄は、たとえ惣領が後から帰属したとしても、それより前に味方になった二人に対して、約束を違《たが》えることはしないと誓っている。

惣領落合二郎左衛門尉は、結局、武田方に靡《なび》くことはなく、弘治三年二月、葛山城は武田軍の奇襲攻撃で落城し、落合氏は滅亡した。先に帰属を申請していた落合一族遠江守と三郎左衛門尉の系統は、武田氏に所領を安堵《あんど》されたと推定されている〈桜郷〈長野市〉で七五貫文を安堵された落合越後守《えちごのかみ》は、遠江守の後身か〈戦武一五八九号〉〉。

同じように、信濃《しなの》国衆のうち、武田氏と上杉氏とのせめぎ合いを背景に、「家中」が分裂した氏族は、高井郡綿内《わたうち》井上城主井上氏〈惣領井上〈綿内〉氏は上杉方、庶家井上左衛門尉・新左衛門尉父子は武田方〉、高井郡須田城主須田《すだ》氏〈須田新左衛門尉信頼《のぶより》・左衛門佐信正《のぶまさ》〈信政〉父子は武田方、須田満国・満泰〈満国の弟〉・満親《みつちか》〈満国の子〉は上杉方〉、水内郡矢筒《やづつ》城主島津氏〈赤沼島津淡路守忠直《ただなお》〈月下斎《げっかさい》〉・義忠《よしただ》父子は上杉方、長沼島津尾張守貞忠《おわりのかみさだただ》・左京亮泰忠《やすただ》父子・孫五郎〈泰忠の甥、後に養子〉は武田方〉、善光寺別当栗田氏〈山栗田〈戸隠山顕光寺《とがくしさんけんこうじ》、現在の戸隠神社の別当を務めた系統〉は上杉方、里栗田〈善光寺別当を務めた栗田郷の国衆〉は武田方〉などが著名である。

この他にも、天正二年、武田勝頼《かつより》に包囲された高天神《たかてんじん》城主小笠原《おがさわら》氏は、降伏か抗戦かをめぐって、惣領与八郎氏助《うじすけ》と叔父《おじ》義頼《よしより》が対立し、遂には本曲輪《ほんぐるわ》の氏助と二の曲輪の義頼とが鉄炮《てっぽう》を撃ち合う分裂に至り、まもなく義頼方が敗れ、武田氏に降伏したという〈平山・二〇一四年、小笠原春香・二〇一四年〉。これも戦国大名との合戦で「家中」の分裂した典型例といえ、氏助は武田方として高天神領一万貫文を安堵され、勝頼より偏諱《へんき》を受け、弾正少弼《だんじょうしょうひつ》信興と称した。いっぽうの義頼らは徳川方に帰属を続け、馬伏塚《まむしづか》城将大須賀《おおすが》康高《やすたか》の同心に編入されたという。

また、長篠《ながしの》合戦勃発の遠因となった、三河《みかわ》国衆山家《やまが》三方《さんぽう》衆の分裂も「境目」の国衆の対応を示す好例といえよう。山家三方衆は、田峯《だみね》城主菅沼《すがぬま》氏・長篠城主菅沼氏・作手《つくで》亀山城主奥平氏の三氏を指し、南北朝・室町期を通じて領域支配を形成しながら、姻戚関係を取り結び、相互の利害を調整することで勢力を拡大してきた国衆である。

だが、これらは尾張織田・三河松平・駿河《するが》今川らの勢力の「境目」に位置したため、「家中」は分裂、対立を繰り返した。とりわけ、作手奥平氏の「家中」は分裂、対立が頻発している。最も早い事例は、天文十七年一月、奥平氏は、当主奥平定勝《さだかつ》（道紋《どうもん》）の弟久兵衛尉（日近《ひぢか》奥平氏）が離叛《りはん》し分裂した（戦今八六〇号）。驚いた定勝は、息子仙千代丸（後の奥平定能《さだよし》）を今川氏のもとへ人質として進上し、忠節を示そうとしている。

その後、弘治二年春、奥平定勝の息子定能が今川氏に逆心を起こした。このため、定勝は本領を維持できず一時退去を余儀なくされたようだ。これに対し、奥平氏の親類たちが結束して、定能を高野山に追放し、定勝を本領に迎え入れ、今川氏に安堵を申請している（戦今一三一〇・一三一八号他）。

ほぼ同じ頃、田峯菅沼氏も「家中」が分裂し、当主定継が今川氏に叛《そむ》き、弟定氏は今川方に残り兄と戦っている（戦今一三一七・一八号他）。山家三方衆が、今川方で一本化されるのは弘治末から永禄《えいろく》初期にかけてである。だがそれも、桶狭間《おけはざま》合戦で今川義元《よしもと》が戦死すると、山家三方衆の動向は再び流動化することとなる。

山家三方衆のうち、作手奥平氏が武田氏に帰属したのは、元亀《げんき》三年七月のことである（戦武一九二九号、なお詳細は柴裕之・二〇一四年参照）。田峯菅沼氏、長篠菅沼氏も同様に武田方となった。元亀三年十月、武田信玄の遠江・三河侵攻が開始されると、山家三方衆はこれに従い、軍勢を派遣して武田軍に合流している。こうした忠節が認められ、山家三方衆は武田氏から知行安堵と大幅な加増を受けている。

ところが、新恩として与えられた三河国牛久保領をめぐり、田峯菅沼刑部丞《ぎょうぶのじょう》と作手奥平定能の争論が深刻化した。武田氏は、従前通り、紛争は山家三方衆の衆中談合により解決すべきであるとの立場を示し、これに介入しなかった。国衆の自律的な動きを容認、期待していたことが知られる。だがこれは天正元年七月になっても解決せず、奥平氏は武田氏に上訴した。このことについて武田氏は、訴訟を受理せず、あくまで奥平・菅沼の談合で解決すべきとした。これを不服とした奥平定能・信昌《のぶまさ》父子は、調略の手を伸ばしてきた徳川家康に帰属することを決め、八月、定能・信昌父子は徳川方に寝返り出奔、定勝（道紋）らは武田方に留《とど》まった。これが、後の長篠合戦を引き起こすこととなる（以上、平山・二〇一四年）。

以上のように、戦国大名同士の勢力が接する「境目」では、国衆はその政治・軍事情勢に翻《ほん》弄《ろう》され、自らの帰趨《きすう》を決断しなければならぬ状況にしばしば立たされた。その際に、どちらの味方になるかをめぐり、「家中」が分裂することが多かった。だが、そうすることで国衆「家」は滅亡、断絶のリスクを回避しようとしたのである。

「家中」にすげ替えられる国衆の家督

先に、今川氏に謀叛《むほん》を起こした作手奥平定能《さだよし》に対し、「家中」が結束して彼を追放し、当主定勝《さだかつ》の帰還を実行に移した事例を紹介したが、このことは国衆の家督（惣領・当主）の支持、擁立について、「家中」が大きな力を持っていたことを窺《うかが》わせる。戦国大名の軍事的脅威は、国衆家の存亡に関わることであるから、その対応をめぐっては、「家中」が家督を中心に一本化されることもあれば、これまでみてきたように分裂することもあった。こうした危機的情勢下で、形勢不利とみるや、一方の大名への肩入れを行う家督を廃し、新たな当主を擁立することで、滅亡を回避し、知行の安堵や召し上げられた旧領の返還などを実現しようと「家中」が動き出すこともしばしばであった。

武田時代の事例ではないが、三河《みかわ》国衆青野松平氏の家督交替は、「家中」の主導によって実現したものである。天文二十年十二月、青野松平氏の当主甚二郎は、今川氏と竹千代丸（後の徳川家康）に逆心を企て、織田信秀《のぶひで》に内通していた。だがそれが発覚したため、甚二郎は尾張《おわり》へと逃亡した（戦今一〇四九・五三・五四・一三〇二号）。松平甚二郎の内通を察知し、彼を尾張に逐《お》い、今川氏に訴えたのは、弟の松平甚太郎忠茂《ただしげ》と「家中」の松井忠次《ただつぐ》・山内助左衛門尉であった。三河岡崎城代飯尾乗連《いのおのりつら》・二俣扶長《ふたまたすけなが》・山田景隆《かげたか》は連署で、松平忠茂に兄甚二郎の跡職《あとしき》を安堵することを約束した起請文《きしょうもん》を与えた。

松平忠茂と家臣松井・山田らが今川氏に訴え出たのは、「返忠」とあるから、恐らく兄甚二郎に内通の方針を打ち明けられ、いったんは合意したものの、結局三人は同意できぬと翻意し、今川方に上訴したのであろう。松井は、今川義元《よしもと》より今後も松平忠茂の同心として活動するよう命じられている。その後、追放された松平甚二郎は、織田氏により尾張と三河国境に配置され、青野松平「家中」への調略工作を指示されていたらしい。今川氏はこの事実を承知しており、青野松平「家中」の被官や百姓が内通しないよう釘《くぎ》を刺している。

このように、国衆の「家中」が、家督の政治判断に同意せず、これと激しく対立し、その結果、結束して家督を追放し、新たな家督を擁立したうえで大名の許可、同意を得る動きを示すことがあったことが確認できるだろう。「境目」の国衆の家督による政治判断が、国衆家の存亡に直結する危険性が高かった状況下では、その判断をめぐって「家中」で鋭い相剋《そうこく》が起きていたとしてもおかしくはない。

「境目」における合戦という非常事態のもとで、家督がすげ替えられる事件はこの他にも見受けられる。天正元年、徳川家康は武田氏への反攻を開始し、三河長篠《ながしの》城を包囲した。長篠城には、長篠菅沼《すがぬま》右近助正貞《まささだ》、菅沼伊豆守《いずのかみ》満直《みつなお》（右近助の父）、菅沼新兵衛尉《しんべえのじょう》（八左衛門尉とも、右近助の弟、菅沼満直の子）の他、武田方から派遣された在城衆小笠原信嶺《おがさわらのぶみね》（信濃国《しなののくに》伊那《いな》郡松尾城主）、室賀信俊《むろがのぶとし》（同　小県《ちいさがた》郡室賀城主）らが籠城していた。徳川方は、秘《ひそ》かに長篠菅沼氏の当主右近助に調略の手を伸ばし、内通の同意を得ていたという（柴裕之・二〇一四年、平山・二〇一四年）。

だがこれは、父伊豆守満直と弟新兵衛尉に察知され、長篠城開城後、武田氏に上訴された。菅沼満直・新兵衛尉父子は、右近助を家督から引きずり降ろし、身柄をその妻子とともに武田方に引き渡した。これを受けて、武田氏は事実関係の調査を実施し、内通の事実を認定すると、菅沼右近助と妻子を信濃国小諸《こもろ》に幽閉した。その上で、武田勝頼《かつより》は、天正元年十一月二十三日、菅沼右近助に代わり、弟の新兵衛尉を長篠菅沼氏の家督に認定している（戦武二二一八号）。

これも、国衆の「家中」の意向を受けて武田氏が家督の交替を正式に認定、保証しており、その逆ではない。あくまで、家督の認定、支持は「家中」に主導権があったといえる。ただし、家督と「家中」の力関係は、それぞれが国衆のイエ内部でどれほどの支持を集めることができるかにかかっていた。家督を支持する「家中」の構成員が多ければ、その交替を実現することは不可能であったであろう。しかしながら、国衆の家督が、「家中」の支持、合意、協力によって成立していたことは、国衆の「家中」が一揆《いっき》的構造を持っていたこととあわせて重要である。

武田氏の侵攻と国衆領

戦国大名の軍勢による侵攻に直面した際、国衆領に住む人々はどのような動きを示したか。そして、国衆の支配構造にどのような影響や変動をもたらしたのだろうか。このことはすなわち、戦国大名の領国支配の形成と、国衆の支配領域への影響とはどのような関係にあったのかということでもある。以下、検討を加えていこう。

事例として、信濃国《しなののくに》佐久郡田口《たのぐち》領を考察の対象とする。天文十七年二月、信濃国上田原の合戦で、村上義清《よしきよ》に敗れた武田信玄は、村上方の攻勢とこれに呼応し離叛した佐久郡の国衆により、小県《ちいさがた》郡の領域を奪取され、佐久郡の領域も大幅に縮小を余儀なくされた。武田氏の反攻は、五月に開始されたが進捗《しんちょく》せず、六月に入っても戦闘は一進一退を続けた。その間、武田信玄は佐久郡の武田方国衆依田宮内大輔《くないたいふ》に次の判物《はんもつ》を与えている（戦武二五〇号）。これは、村上方の反攻と武田氏の攻勢に直面した国衆領の人々の動向を実によく伝えている。

今度信州自忩劇之砌、其方至親類被官、或捨在所或令籠城、昼夜粉骨、偏ニ父子忠信故候、因茲田口領中之事、無相違出置候、此内除中村郷也、然而田口家中之者事、此已前馳参之儀者、知行等晴信任判形出之、其方可為同心候、自今以後者不撰大小、被官ニ可被申付者也、恐々謹言

天文十七戊申

六月廿四日　晴信（花押）

依田宮内大輔殿

この武田信玄判物によると、武田方の依田宮内大輔父子は、親類・被官をよく統率して村上方との交戦を耐え抜いたらしい。彼らは、在所（所領）を捨てて籠城したが、依田「家中」には離叛する者も、内通する者もなかった。そのため、依田父子は信玄より激賞されている。そこで信玄は、かねてよりの約束通り、中村郷（佐久市前山）を除く田口領を充行《あてが》うことを約束した。田口領は、田野口城主田口氏の支配領域であったが、すでに武田氏の軍事侵攻によって滅亡していた。武田氏の軍事侵攻に直面した際に、田口氏の「家中」は、すでに武田氏のもとに従属することを申請し、信玄より判物を与えられていた者と、そうでない者に分裂していたことがわかる。

すなわち、戦国大名の軍事侵攻が、田口「家中」の分裂を引き起こし、武田氏に従属を決意

した者と、あくまで田口氏に忠節を尽くそうとした者とに分かれていた。信玄は、武田氏に従属した田口「家中」の者に判物を与え、その所領を安堵したのであろう。それは彼らが、武田氏の直参衆（軍役衆《ぐんやくしゅう》）に編成されたことを意味していた。いっぽうで、武田氏には従属せず、なおも抵抗を続けていた田口家中の者たちもいた。信玄は、田口領を依田宮内大輔に与える約束をしたいっぽうで、国衆領の武士たちの扱いについて、明確な取り決めをしている。それは、すでに「晴信判形《はるのぶはんぎょう》」を与えられ、武田氏の軍役衆となった者たちについては、依田の同心衆とすること、そして今後武田氏に帰属を申請してきた田口「家中」の者については、身分の大小を問わず、すべて依田の被官にすることとし、武田氏の軍役衆にはしないことを明言した。

かくて、田口領を支配する見通しとなった依田宮内大輔は、新知行の田口領の武士（もと田口「家中」の人々）を、同心（あくまで武田氏の御家人）と被官（新規の依田家臣）として、ともに指揮下に編入することとなったわけである。これは、同心に対しては寄親として、被官に対しては主人として、新たな関係を取り結ぶことを意味した。

しかし、国衆領の中に、武田氏と直接的な主従関係を取り結ぶ御家人（軍役衆）の存在が出現したことは、国衆領が排他的・一円的支配権の性格に変動をもたらすものであり、様々な紛争の原因にもなった。このことについては、後述しよう。

領再編を左右する諸村・寺社の動向

また、国衆領は武田氏の侵攻により各地が占領される事態となり、村々もその帰趨の決断を迫られることになる。ここでも、天文十七年の信濃国《しなののくに》佐久郡田口《たのぐち》領を事例に紹介しよう（戦武二六五号）。

（龍朱印）
○高札
甲州軍勢甲乙人等、於于田口領之中、属当手江者有之者、不可苅取田地、況又至于致乱妨狼藉之族者、可加成敗者也、仍如件
　天文十七戊申
　　八月十三日

これは、武田氏が田口領の諸村に向けて発給した高札である。ここで武田氏は、武田方（「当手」）に帰属した者については、その者が所持する田地の作毛を刈り取ることは許さず、まして乱暴することを厳禁した。もしこの禁止措置を破った武田方の者がいたら成敗すると約束している。つまり、武田方に帰属すれば保護するが、そうでなければ田地の作毛は刈り取るなど用捨はしないと言外に述べているわけである。武田氏は、田口領の諸村に対し、帰属するかそれとも抵抗を続けるかの選択を迫ったといえるだろう。あくまで抗戦を選択した者たちの田地は、彼らの目前で武田方による苅田が実施され、奪い尽くされたと想定される。

こうした高札や禁制は、戦国大名の軍勢が他国へ侵攻した際に、数多く発給される。それらは、寺社や村々が自らの財産と生命を守るため、懸命に大名に近づき獲得しようとする動きが底流にあってこそ実現されたものだ。

その代表的な事例として、上野国《こうずけのくに》室田郷（高崎市）の長年寺《ちょうねんじ》の住職受連《じゅれん》が、永禄十年三月七

日付で書き残した覚書がある（戦武四二〇八号）。この寺院は、箕輪《みのわ》城主長野氏の菩提寺《ぼだいじ》であったが、永禄四年以来、武田信玄の軍事侵攻に際会し、寺は存亡の危機に見舞われた。受連は、永禄四年十一月二十四日、武田軍が国峰城《くにみね》（甘楽《かんら》町）に向けて侵攻してきたことを受け、信玄のもとに出向き、制札の発給を受けることに成功した。その後、七ヶ年にわたり、数度の武田軍による箕輪城攻めに直面したが、この制札を掲げて武田軍の雑兵たちと問答し、寺を危機から救うことができたという。だがそれまでの間に、戦闘に巻き込まれること一度、身ぐるみ剝《は》ぎ取られること三度、人馬、雑物を掠奪《りゃくだつ》されること数知らずという被害を蒙《こうむ》り、寺家門前（寺領の百姓）二百人は離散し、多くは他所で死んだという。だが、受連はただ一人居残って寺を守ることに成功した。その間、周囲百里の神社、仏閣は一ヶ所残らず破滅したのだという。

　これらは大げさなのかも知れないが、それほどの苦難を強いられたのは事実だろう。受連はその後、永禄六年十二月五日、倉賀野《くらがの》城と木部《きべ》城（高崎市）攻略に向けて侵攻してきた武田軍のもとに再び出向き、二通目の制札を獲得した。これにより、長年寺は生き延びることに成功したのだと受連は述懐している。なお、箕輪城主長野氏業《うじなり》は、永禄九年九月二十九日に武田軍に攻め滅ぼされた。

　受連は、長野氏の菩提寺住職であったにもかかわらず、檀那《だんな》である国衆長野氏ではなく、武田軍の禁制を求めて奔走し、それを獲得することで寺を戦火から守り抜くことに成功したのである。国衆と戦国大名の戦闘が開始され、その状況が国衆にとって不利であると判断されれば、国衆「家」の菩提寺ですら敵対する戦国大名の保護を求めて禁制獲得に動いたのであり、それは村も同じであった。

そしてもし国衆領の村や寺社が、大名に禁制の獲得を申請して来たら、その地域は大名にとって保護すべき対象（味方中）となった。これは国衆領が、大名方に侵食され支配下からこぼれ落ちていくことを意味した。戦国の戦争により、彼我の力関係と求心力の格差が露呈することになる。このことを、天正十年二月、武田領国への侵攻を実施し、伊那郡の村々が武田氏を見限り、禁制獲得に動き始めたことを受けて、織田信長は「大百姓以下ハ草のなひき時分を見計物にて候条、其節用ニ可立かと存候」と述べ、織田方が有利となれば百姓は雪崩を打って味方に参じるであろうし、そうなれば彼らを織田方の役に立つよう使うことも可能になるだろうと述べている（信長九七二号）。

このように、戦国大名の侵攻に伴う国衆領内の諸村、寺社の動向が、大名勝利後の国衆領の再編を大きく規定した。排他的・一円的支配から、領内に武田氏の御家人（軍役衆）を抱え込み、検断権や年貢・公事《くじ》の徴収を大きく制約された。それだけではない。国衆領は、その一部を武田氏に接収され、それらは武田氏の御料所に編入されたのである。既述のように、信濃国伊那郡の国衆領には、武田氏の御料所が多数設定され、それが伊那大島城の城領として機能していたことを指摘したが、こうした御料所設定も、武田氏の軍事侵攻の結果、発生した国衆領の変動の一環と捉《とら》えられるであろう。

このように戦国大名との軍事対決は、国衆とその支配領域たる「領」（「国」）に大きな変動をもたらしたのである。

国衆と軍役衆

武田氏の軍事侵攻に伴い、国衆領では、土豪・地下人らが武田氏のもとに参じ、その被官となることで保護を受けようとする動きが多数発生した。彼らは、武田氏より知行を与えられたり、諸役免許特権を得て武田氏の御家人になったのである。彼らは、通常、軍役衆と呼ばれる。ところで、武田領国における軍役衆は在村被官であるものの、身分は百姓であり、通常は地頭に年貢・公事を負担する存在であった。武田氏は、軍役奉公を申請し被官となった彼らに対し、地頭への年貢の全額負担免除もしくは一部免除の措置を施し、それを彼らの知行とすることで、軍役奉公への見返りとした。いっぽうで地頭への公事負担は、従来通り指示した。また田畠《たはた》の本年貢、公事負担分以外の増分（田畠からの収益のうち、年貢納入分を除いた残余分のことで、大名や地頭より課税対象外とされていた）も、知行として与えられた。

このように、大名に奉公する在村被官の出現は、国衆をはじめ、所領を支配する地頭（領主の総称）たちの年貢・公事収取に大きな影響を与えた。そしてこのことが、国衆と領内の武田氏軍役衆との確執、争論を生み出す背景となった。それは、『甲州法度之次第《こうしゅうはっとのしだい》』第一・五〜七・十一条に端的に表されている（条数は五十五ヶ条本による）。

①一国中地頭人等不申子細、恣称罪科跡、私令没収条、甚以自由之至也、若犯科人等為晴信被官者、不可有地頭綺、田畠之事者、加下知可出別人、年貢諸役等、地頭江速可弁償、至恩地者、不及書載、次在家井妻子資財之事者、如定法職仁可渡之（第一条）

②一札狼藉田畠之事、於年貢地者、可為地頭計、至恩地者、以下知可定之、但就負物等之儀者、随分限可有其沙汰也（第五条）

③一百姓抑留年貢事、罪科不軽、於百姓地者、任地頭覚悟、可令所務、若有非分之儀者、以検使可改之（第六条）

④一名田地無意趣取放事、非法之至也、但年貢等過分之無沙汰、剰至両年者、不及是非（第七条）

⑤一恩地拘人、天文十辛丑年以前十箇年、地頭へ夫公事等無勤者、不及改之、但及九年者、随事之躰、可加下知也（第十一条）

①は、実をいえば今川氏の『今川仮名目録』第一条と、鎌倉幕府が制定した『貞永式目《じょうえいしきもく》』第四条を参考に立法された条文である（平山・二〇〇六年、清水克行・二〇一八年）。これは、武田氏のもとに参じた「晴信《はるのぶ》被官」（軍役衆）の権益を擁護するために制定されたことが瞭然《りょうぜん》である。

『甲州法度之次第』制定の頃、地頭の支配領域では、地頭が罪科を犯したと勝手に主張し、田畠の没収（検断）を実施することが横行していた。ここで武田氏は、犯罪人が「晴信被官」であれば、地頭が勝手な処断を下すことを厳禁している（「晴信被官」以外であれば、地頭の専権事項）。その場合、「晴信被官」の田畠については、武田氏が別の人物に知行として与え、田畠の年貢・諸役などは地頭に納入させた。ここでは、罪を犯した「晴信被官」を武田氏が処分することで、地頭への年貢・諸役納入が滞ることを、武田氏の責任をもって回避することが明記された。武田氏は、地頭の権益をも擁護したわけである。

また罪を犯した「晴信被官」の田畠が「恩地」（武田氏から給与された土地）であった場合は、その処分は武田氏の専権事項であるので、地頭が介入する余地はないとされた。最後に、「晴信被官」の在家、妻子、資財については、定められているように武田氏の「職」に引き渡すよう明記された。中世では、犯罪人の家屋、家財、家族は領主が没収するのが原則であったが、「晴信被官」の場合は主人である武田氏により処分されたことがわかる。

②③は、地頭支配下の百姓についての規定である。「札狼藉《ふだろうぜき》」（債務不履行に伴う担保物件の差し押さえ告知）の対象となった田畠について、もしこれが「年貢地」であれば地頭の専権事項として処理し、「恩地」であれば武田氏が処理を命じることとされた。そして債務については、債務者の「分限」（資産、支払い能力）に応じて決めることが規定されている。また、「百姓地」（「年貢地」）の百姓が年貢を支払わなかった場合には、地頭の自由意志で処理することとされた。

④は、「名田地」に対する規定である。この「名田地」については、荘園制下の名田と同一視する考えが根強かった。だが武田領国の場合、「名田」とは荘園制下のそれではなく、武田氏の被官となったことによる給地という意味である（中口久夫・一九八六年）。そのため、軍役衆の「名田地」を地頭が勝手に改易（「取放」）することは厳禁された。これは①に通じる規定といえる。ただし、年貢等を過分に、しかも二年にわたって滞納した事実があれば、やむを得ない処分として認定している。この場合、「名田地」は①のように、武田氏が別の人物に与え

て、年貢などの納入を指示したのであろう。

最後の⑤は、武田氏より与えられた「恩地」の所持者が、天文十年を起点に、それ以前の十ヶ年にわたって、地頭へ公事・夫役などを務めなかった場合は時効とし、地頭の訴えを認めない。ただし、九ヶ年の場合は事情に応じて指示を出すこととした。このことから、「恩地」は年貢負担は免除され、それが軍役衆の給分となったが、公事・夫役は地頭へ納入する義務があったことがはっきりとわかる。ここで天文十年が武田氏による判断の起点になっているのは、その年は信玄が父信虎《のぶとら》を追放し家督を相続したからであろう。ただし、時効の期間を天文十年を起点に十ヶ年以前（すなわち天文元年）に設定した理由については定かでない。しかしながら、天文元年は、武田氏が甲斐統一を達成した時期にあたる。信玄が自らの政治責任を負う範囲を決めるにあたって、こうした事実が考慮されたのかも知れない。

さて、国衆ら地頭と軍役衆との関係について、『甲州法度之次第』の規定はきちんと運用されていたのだろうか。これを示す事例がある（戦武一七四号）。

（龍朱印）○

河原石之井上源右衛門尉寄進弐貫七百文［　］田［　］永付置之段、当地頭今井相州判形
候上者、於晴信不可有相違者也、仍如件

天文十二年癸卯

拾二月吉日

長安寺

これは、長安寺《ちょうあんじ》（竜王《りゅうおう》〈山梨県甲斐《かい》市〉の慈照寺《じしょうじ》末寺）に対し、武田氏が河原石《かわらいし》（上条南割《かみじょうみなみわり》の枝郷、韮崎《にらさき》市）の寄進地を承認、安堵した朱印状である。ここで寄進行為の主体は、井上源右衛門尉である。彼は二貫七〇〇文の土地を寄進した。注目すべきは、この寄進を河原石の地頭今井相模守《さがみのかみ》信甫《のぶすけ》が了承し、そのための判物を長安寺に与えていることである。つまり、寺への寄進であっても、地頭の許可がなければ実現は難しかったことがわかる。ところが、それに留まらず、長安寺はこの武田氏朱印状をも与えられている。寄進者井上と地頭今井氏とで事態は完結せず、武田氏がさらに乗り出してくるのはなぜか。それは、井上源右衛門尉が武田氏の御家人（軍役衆）だったからであり、また井上が寄進したのが、武田氏より与えられた「恩地」だったためであろう。

「恩地」に関する指示は、武田氏の専権事項であった。このことから、井上は武田氏より与えられた「恩地」（「名田《みょうでん》」）の一部を長安寺に寄進し、その許可を地頭今井氏と主人武田氏に求めたと考えられる。残念ながら、一部欠損があり、また今井信甫の判形も残されていないため推測の域を出ないが、今井の判形には、寄進を認めることと、公事・夫役の取り扱いが明記されていたのではなかろうか。いずれにせよ、先に紹介した『甲州法度之次第』の条文通りに、現実に地頭と軍役衆の問題が処理されていたことが確認できるだろう。

この他に、武田氏重臣土屋右衛門尉（惣三）昌恒《まさつね》の所領であった山梨郡萩原郷《はぎわら》（甲州市塩山）の事例を紹介しておこう。武田氏滅亡後の天正十年十二月九日、甲斐を領国に編入した徳川氏は、もと武田氏の軍役衆萩原源五左衛門に、萩原郷で三二貫文を新恩として与えた（塩三五九号）。さらに年月日未詳ながら、同時期に発給されたとみられる徳川家奉行人連署手形写によると、萩原郷は「前土屋知行」の郷村で、郷村貫高は三〇〇貫文であった。このうち、萩原源五左衛門の知行として三二貫文、岩間大明神領二貫五〇〇文、雲峰寺領《うんぽうじ》（「裂石観音免」《さけいし》）一貫五〇〇文、塩山向嶽寺領《こうがくじ》二貫文、堰免《せきめん》二貫九〇〇文の合計四一貫六〇〇文が控除され、残る二五八貫六〇〇文が高辻（年貢・諸役賦課基準高）となり、年貢定納高は一〇一貫一〇〇文、夫丸五人に決められた（塩三九五号）。ここでも、地頭土屋氏の年貢賦課基準高（高辻）には、軍役衆萩原氏の知行高は含まれていないことがわかるだろう（詳細は平山・一九九九年参照）。

このように、国衆を含めた地頭の所領に居住しながら、武田氏の御家人（軍役衆）となり、それまで国衆に年貢・諸役を負担してきた一部を知行（「名田」）として与えられる土豪・地下人《じげにん》らが登場し始めた。このことが、国衆と軍役衆との争論増加の原因となった。武田氏が『甲州法度之次第』で、国衆ら地頭層と、軍役衆（「晴信被官」）双方の利害を擁護しつつ、調整を図らねばならなかったのは、武田氏の軍事力編成の発展が、国衆らの利害と衝突することがしばしばであったからである。

また国衆をはじめとする地頭層にとって頭の痛い問題であったのは、自領の百姓らが地頭の支配を忌避して、武田氏のもとに参じる傾向が強まることである。それは、軍役衆化による年貢の一部もしくは全面給恩化に伴う年貢収取量の低下にもつながった。こうした事態を考慮してか、戦国大名は原則として、百姓は自分が居住する地域の地頭以外に、被官契約を結ぶことを禁止している（黒田基樹・一九九八年）。武田氏も、前掲の依田宮内大輔宛の武田信玄判物に見られるように、田口領の武士らが武田氏の被官となることを容認したのは、戦争という非常時においてであって、平時に回帰した場合には、新規の被官化は認めず、その申請があった場合には、依田氏の被官にすべきことを明言している。

このように、国衆を含めた地頭の所領の中にあって、武田氏の軍役衆として把握され、印判状や判物を与えられ、知行宛行や諸役免除特権を付与されている事例が数多く見受けられるのは、武田氏と国衆との軍事衝突が契機となり、領内の武士、百姓層が国衆を見限り、武田氏のもとへ参じた結果、新たに組織、編成された結果といえる。

武田氏への従属と先方衆化

武田軍の侵攻に直面した国衆は、これと対決するか、それとも降伏するかの選択を迫られた。このうち、降伏、従属する道を選んだ国衆が、その後武田氏の先方衆としてその政治・軍事的統制下に編入されることとなる。そのプロセスを追っていこう。

〔1〕調略による内通

武田氏は、できる限り味方の損害を少なくし、敵方の国衆を降伏させるべく、様々な調略方法を用いた。なかでも、武田氏に従属した旧敵方の武将を通じて、帰属を呼びかけたり、特定の家臣が武田氏の指示のもとで秘かに音信を取る場合などがかなり多かった。

武田氏の分国法『甲州法度之次第《こうしゅうはっとのしだい》』には、次のような条文がある（二十六ヶ条本、五十五ヶ条本ともに第三条)。

一不得内儀而、他国江音物、書札以下遣之事、一向令可停止、但信州在国之人為計儀、一国中通用者、無是非次第也、併境目之人、就于致書状之取替通来者、不能禁歟

武田氏は、家臣らが信玄・勝頼《かつより》に無断で他国の者と書状などのやりとりをすることを厳しく禁じている。だが、信濃《しなの》に在国している者のうち、武田氏に調略を委任され、その活動が武田方において周知となっている人物については、その限りではないと規定している。ただ、この条文は武田氏が信濃侵攻に邁進《まいしん》していた時代に制定されたものなので、他国への調略を委任された人物が「信州在国之人」に限定されている。この部分は、武田氏の領国拡大に伴い上野《こうずけ》、駿河《するが》、遠江《とおとうみ》、美濃《みの》などに読み替えられていったことだろう。

いっぽうで、武田氏が例外として他国との書状のやりとりを禁止しなかった対象に「境目之人」がいた。彼らは、もともと自らの生活圏や周辺の武士たちと日常的なつきあいがあった。ところが、複数の大名の勢力が伸びてきたがゆえに、たまたま大名同士の勢力圏の接点に位置するはめに陥ってしまったわけである。そのため、武田氏も「境目之人」たちのつきあいを厳禁することはできなかった。戦国期は、「境目」の武士や郷村は、両属(半手)が認められていたからである。

しかし、そうであるがゆえに、この「境目之人」たちの動向にはもっとも注意が必要であった。敵対する諸勢力が対峙《たいじ》しあういっぽうで、商取引や様々な情報のやりとりが行われる「境目」は、互いに調略の手を伸ばしあい、伝手を頼って国衆や中小武士の引き抜き、誘引が行わ

れる虚々実々の舞台でもあった。大名間の勢力均衡が崩れ、戦争が勃発するのは、だいたいこの「境目」だったのである。

武田氏による他国の国衆調略に動いた人物として、真田《さなだ》幸綱《ゆきつな》、駒井高白斎《こうはくさい》、真田昌幸《まさゆき》などが著名である。

真田幸綱は、武田信虎《のぶとら》に敗れた滋野《しげの》一族で、惣領海野《うんの》棟綱《むねつな》の娘婿であったと推定されている。彼の活動は多岐に及ぶが、最も早い国衆調略は、天文十七年九月、武田氏に頑強に抵抗していた佐久郡の国衆望月《もちづき》源三郎（後の遠江守《とおとうみのかみ》信雅《のぶまさ》、出家して印月斎一峯）を勧誘したことである。武田氏の勧誘により、望月源三郎は籠城していた布引《ぬのびき》城を出て帰属した。その翌年三月十四日、望月源三郎は武田信玄より七〇〇貫文の知行安堵状を、真田幸綱を通じて拝領している（『高《こう》白斎記《はくさいき》』）。このことから、望月氏への調略と降伏に、真田氏が加わっていたことは間違いなかろう。幸綱が、望月氏調略を担ったのは、両者が滋野一族という繫《つな》がりがあったことが背景にある。

また、天文二十年五月、真田幸綱は、小県《ちいさがた》郡砥石《といし》城を乗っ取ることに成功した（同前）。この城は、前年十月に武田信玄が攻略に失敗し、大敗を喫したことで知られる堅城である。この乗っ取りも、真田が砥石城に籠城していた一族矢沢氏らに調略の手を伸ばした結果、成功したといわれる（平山・二〇一一年③）。

信濃国衆の調略を担っていた人物として、重臣駒井高白斎がいる。高白斎は、仁科《にしな》・大井・大日方《おびなた》氏をはじめとする多くの信濃国衆と折衝を行い、彼らを武田氏のもとに従属させている

（平山・二〇〇〇年）。

　また真田昌幸は、御館《おたて》の乱後、武田氏と同盟を破棄した北条氏の領国東上野に対し調略を積極的に行い、小川城主小川可遊斎《かゆうさい》、沼田城将用土《ようど》新左衛門尉《しんざえもんのじょう》（後の藤田能登守信吉《のとのかみのぶよし》）、沼田衆金子美濃守、渡辺左近允などを調略し、武田方に引き入れている。真田昌幸が、上野衆への調略を担い、成功した背景には、昌幸の父幸綱が、かつて上野国に亡命した経緯があり、上野衆に知己が多かったこと、また滋野一族が広く上野国に分布しており、そのコネクションが物をいったことなどが指摘されている（丸島和洋・二〇一五年①②、平山・二〇一七年）。

　この他にも、武田氏が新たに従属した武将のコネクションを利用して、国衆の勧誘を命じた事例も少なくない。天文二十年八月、武田氏は小諸《こもろ》城主大井左馬允《さまのじょう》高政《たかまさ》に与して抵抗を続ける、耳取《みみとり》城（長野県小諸市）の攻略を目指していた。大井高政は、関東管領上杉氏などと結んで、佐久郡や小県郡のほぼ全域が武田氏に従属するなか、孤塁を守り抜いていたとみられる。

　耳取城の攻略は、小諸城の防衛線を弱体化させるだけでなく、関東を繋ぐルートの遮断をも意味した。そこで信玄は、すでに武田氏に従っていた岩村田大井貞隆《さだたか》・貞清《さだきよ》の旧臣諸山石見《いわみの》守《かみ》・上総介《かずさのすけ》兄弟に対し、耳取城の小林遠江守を調略するよう指示した（戦武三三一号）。その際に信玄は、諸山兄弟に対し、次のような報酬を提示している。それは、もし小林氏の帰属を実現できたら、諸山氏の本領は、当知行（現在、実効支配している土地のこと）の人より武田氏が責任を持って取り戻し、ことごとく与えるであろうというものであった。

　当時、諸山氏の本領を誰が支配していたかは定かでないが、間違いなく武田氏により他の人物に与えられており、兄弟は武田方を頼ることでその回復を狙っていたものと考えられる。つまり諸山兄弟は、最近まで武田氏に敵対しており、その後帰属したものの、本領は武田氏に占領、没収され、他の人物に恩地として給与されてしまっていたのだろう。兄弟は本領回復を望み、武田氏に帰属するとそれを訴えていたようだ。信玄は、その者へは甲州のどこかで替地《かえち》（代替地）を与え、その上で本領を兄弟に引き渡す用意があると述べていた。もし当知行人（諸山氏の本領の知行主）との調整がつかなければ、武田氏の蔵銭《くらぜに》で本領相当分の年貢を保証すると確約している。これほどの条件を提示するのであるから、諸山兄弟と耳取城の小林遠江守とは、強い人脈があったと推定される。この成果については定かでないが、耳取城は武田方の属城となっている。

〔2〕在所を退く

武田軍の侵攻に直面した際、敵方に属していた国衆や武士のなかには、一族を挙げて本領を放棄し、武田方に身を投じることで生き延びることを図った者たちがいた。この捨て身の行動は、当時の史料に「在所を退く」として登場する。その代表例として、信濃国埴科《はにしな》郡の戦国大名村上義清《よしきよ》の家臣大須賀《おおすが》久兵衛尉《きゅうべえのじょう》を紹介しよう。大須賀は、抵抗叶《かな》わずと判断し、一族を挙げて自分の本領（在所）を放棄して武田方に身を投じ、帰属を申請した。信玄は、これを忠節比類なしと称賛し、ただちに三〇〇貫文の所領を与えると約束したうえで、さらなる戦功を督励した（戦武三七三号）。

信玄が大須賀を激賞し、所領を与えるなどの厚遇を行ったのは、在所放棄という彼の行動そのものにあった。勢力拡大を目論《もくろ》む戦国大名にとって、敵方の軍事力を弱めることが重要課題であったことはいうまでもないが、問題はそれをどう実現するかにあった。合戦などの直接的な軍事力行使はもちろんであるが、それ以上に敵方の内部を動揺させ、瓦解《がかい》に追い込めれば味方の損害は抑えられ、さらに勢力拡大に直結するわけである。

なかでも、敵方の国衆や武士が在所を放棄し味方となることは、味方を損じることなく、敵の軍事力を殺《そ》ぎ、敵方の「家中」の動揺と崩壊を早めるうえで極めて有効であった。しかし、国衆にとっては、本領を放棄し一族、「家中」を挙げて一方の戦国大名の味方として身を投じるのはきわめてリスクを伴う行動であった。もし味方に参じた戦国大名が勝利し、本領の回復を実現したうえで、さらに知行加増をしてくれればよいが、敗退した場合にはすべてを失う可能性もあった。

例えば、奥三河《おくみかわ》の山家三方衆《やまがさんぽう》は、田峯菅沼《だみねすがぬま》・長篠菅沼《ながしの》・作手奥平氏《つくで》ともに武田方に身を投じた。このうち、作手奥平氏は、まもなく奥平定勝《さだかつ》（道紋《どうもん》）・常勝《つねかつ》（定勝次男）父子と奥平定能《さだよし》（定勝嫡男）・信昌《のぶまさ》父子に分裂し、前者は武田方、後者は徳川方となる。天正三年まで、徳川方となった奥平定能・信昌父子は在所を放棄、喪失したままであり、奥平領は奥平定勝・常勝父子が支配したが、長篠合戦後、武田方の山家三方衆は逆に本領を逐われ、信濃・三河国境の信濃国下伊那郡に逃避し、武田氏より下伊那で知行を与えられ、国衆下条信氏《のぶうじ》の指揮下に編入されて、三河反攻の機会を窺った。だが結局それを果たせず、武田方となった山家三方衆は、武田氏滅亡時、誅殺《ちゅうさつ》されるか改易、追放され、本領に戻ることは二度となかった（平山・二〇一四年、二〇一七年）。

いっぽうで、本領回復の約束を反故にされる危険性もあった。最も著名な事例は、駿河国駿東郡・富士郡の国衆葛山氏元《かずらやまうじもと》であろう。氏元は、永禄十一年十二月、武田信玄の駿河侵攻が始まると、すでに武田氏に内通していたため、娘婿瀬名信輝《せなのぶてる》らとともに今川氏真《うじざね》のもとを去った。だが、今川氏とともに軍事行動を取っていた葛山氏は、氏真を救援すべく駿河東部に侵攻し、武田軍と対峙した北条氏康《うじやす》軍により本領を制圧されてしまい、支配権を完全に喪失した。その後、旧葛山領は武田氏により北条方から奪回されるが、葛山氏の家督と実権は養子十郎信貞《のぶさだ》（信玄の六男）に移り、本領の回復は実現されないままとなった。武田氏従属後、葛山氏元一族がどこにいたかは定かでないが、甲府に居住させられていた可能性が高い。やがてこうした事態に不満を持った氏元は、武田氏に対し謀叛を企図したとされるが、これが発覚し、天正元年二月、信濃国諏方で一族もろとも処刑されている（静8六〇八他）。

〔3〕先方を慕わず

国衆は、戦国大名の軍事力の重要な柱の一つであった。これが離叛することは、戦国大名の存亡に関わる重大事となった。敵の軍勢が侵攻してきた際に、味方している大名当主を見限り、敵に従属する決断を下した国衆が選択した行動の一つに、史料には「不慕先方」とみえるものがある。これも内通や離叛の一種なのだが、とりわけ戦場における行動であるのに特徴がある。

この場合の「先方」とは、従属していた旧主のことを指す。

その代表例として、武田氏の駿河侵攻における今川氏の重臣や国衆の動向を紹介しよう。永禄十一年十二月、武田信玄は徳川家康と結んで駿河侵攻を開始した。今川氏真は軍勢を率いて迎撃に出たものの、すでに今川家中の多くは武田・徳川方に調略されており、抵抗らしい抵抗ができず、今川軍は解体した。今川軍解体の要因として、多くの家臣や国衆らが、麾下《きか》の被官、同心らとともに戦場を離脱したことにある。このことについて、永禄十二年一月、信玄は、武田方に新たに帰属した今川旧臣たちへの所領安堵を実施したが、その一節に次のような文言が散見される。

①今度朝比奈右兵衛大夫（信置）忠節之砌、令同心、瀬名谷《江》被退条、神妙之至候、仍如此相渡候、猶依于戦功、可宛行重恩者也、仍如件（永禄十二年一月十一日、安東織部佑宛、戦武一三五四号、なおほぼ同文の文書は、戦武一三五五・五六・五八号などにもみえる）

②父五郎左衛門尉（中山）忠死、無比類候、因茲本領《井》改替之地、如亡父之時出置候、畢竟不慕先方（今川氏真）、可励戦功者也、仍如件（永禄十二年一月二十日、中山又六宛、戦武一三五九号）

③今度最前令陣参、自大宮地出城、因茲如此出置知行候、向後不慕先方、可励忠節者也、仍如件（永禄十二年二月二十四日、佐野惣左衛門尉宛、戦武一三七一号）

④今度葛山備前守殿（氏元）忠節之刻、令同心、瀬名谷へ被引退条神妙候、因茲由比山方内、助太郎分六拾貫文之所進之置候、弥可被抽戦功条可為肝要候、恐々謹言（永禄十二年二月二十四日、荒河治部少《じぶしょう》輔宛、戦武一三七一号）

⑤向後可抽忠信之旨言上之間、為新恩如此相渡知行候、畢竟不慕先方《今川氏真》可励戦功者也、仍如件
（永禄十二年二月晦日、朝比奈孫左衛門尉宛、戦武一三七五号）

今川軍内部では、すでに重臣朝比奈右兵衛大夫や国衆葛山氏元らが武田方に内通しており、武田軍の侵攻開始と同時に、彼らは配下の同心衆らとともに、抵抗することなく瀬名谷に引き取ったのである（①②④）。ここにみえる安東氏などは、寄親でもある朝比奈・葛山氏の決断と指示に同調し、武田方に敵対しなかったことから、忠節と認定され、信玄より褒賞として本領安堵が認められたのである。また朝比奈右兵衛大夫は、武田氏より庵原《いはら》郡一円を安堵され、駿河守の官途を与えられたばかりか、偏諱《へんき》を受け信置《のぶおき》と称している（黒田基樹・二〇〇一年）。

また、③は富士信忠《のぶただ》とともに大宮城に籠城していた佐野惣左衛門尉が、今川氏への奉公を諦《あきら》め、自らの意志で城を出て武田氏のもとに参じ、今川氏真との縁を絶つことを申請したことから、忠節と認定され、知行を安堵されたものである。⑤の朝比奈一族である朝比奈孫左衛門尉も同様に、今川氏との縁を切って、武田方に従属することを誓約したことから、新恩を与えられたものである。

このように、戦場において寄親として戦国大名の軍隊の中核を担っていた国衆が、一族・被官ばかりか、配下の同心衆を説得し、敵方に同調して戦場を離脱することで旧主との縁を切る行動は、「先方を慕わず」と呼称された。その行動は戦国大名の軍隊ばかりか、領国崩壊にもつながる重大な事態を招いたのである。

従属の作法

これまで見てきたように、武田氏の軍事侵攻に伴い、国衆は紆余《うよ》曲折を経て、武田方に降伏し、その従属下に編入された。では、降伏後、国衆はどのような手続きを踏んで、武田氏に従属を許され、先方衆として位置づけられることになったのだろうか。このことについては、北条氏を事例とした黒田基樹氏の詳細な研究がある（黒田基樹・一九九七年）。黒田氏によれば、北条氏は国衆の統制・従属関係を明示する政治的行為として、①起請文の交換、②所領の給付、③小田原への参府（出仕）、④「証人」（人質）の提出、を掲げている。果たして武田氏ではどうであろうか。以下検討してみたい。

〔1〕出仕

武田氏の軍事侵攻を受け、国衆たちは降参か抗戦かの選択を迫られた。戦わずして降参（降伏）を選択した国衆は、武田氏のもとへ続々と「出仕」した。この様相を、『高白斎記』をもとにみてみよう。事例は多数あるが、軍事と「出仕」の連動がはっきりするものを紹介する。

天文十一年九月、武田信玄と高遠《たかとお》城主高遠諏方頼継《よりつぐ》が対立すると、伊那郡箕輪城主藤沢頼親《よりちか》は、頼継とともに武田氏に敵対した。だが武田軍の攻撃の前に、十月七日に「蓑輪次郎出仕」とあるように、藤沢頼親は降伏、従属した。ところが、天文十三年九月、頼親は高遠諏方頼継とともに武田氏より離叛し、箕輪《みのわ》城に籠城する。その後約一年ほど抵抗を続けるが、同年六月十日、降伏する。その時の模様について、『高白斎記』と『勝山記』は次のように記している。

①六月十日辛丑藤沢次郎和ノ義落着、十一日藤沢次郎身血、其上藤沢権次郎為人質穴山陣所へ参、敵城放火（『高白斎記』天文十四年条）

②此年武田晴信様ハ信州箕輪殿（藤沢頼親）ノ城ヲ御責候、卯月ヨリ五月、六月迄御責、去共落不申候、勝沼ノ相州（今井信甫）、小山田（信有）、甲州川（河）内ノ穴山殿（信友）御アツカヒニテ和談ニ御帰陣被成候、箕輪殿舎弟権次殿ト申候ヲ人質ニ御入候（『勝山記』天文十四年条）

これによると、藤沢頼親は、武田氏に降伏することとなり、武田重臣今井信甫《のぶすけ》、小山田信有《のぶあり》、一門衆穴山信友《のぶとも》を仲介役とし、実弟藤沢権次郎を人質に提出している。箕輪城は明け渡され、城は焼却された。この後、藤沢頼親と実弟権次郎は、穴山信友の同心（相備《あいぞなえ》）となっている。ところが、天文十七年二月、上田原《うえだはら》合戦で武田軍が村上義清《よしきよ》に敗北すると、四月、藤沢頼親は武田氏より再び離叛する。しかし九月に、穴山信友を通じて降伏している。

次に、諏方郡の諏方《すわ》大社下社の社家衆で、武士でもある武居祝《たけいほうり》の事例をみてみよう。武居祝は、下社大祝《おおはふり》金刺《かなさし》（諏方）氏を支える人物であったが、天文十七年二月、武田氏が上田原合戦で敗北すると、村上方に転じていたらしい。しかし、武田方の優位が確定すると、天文二十年二月十日に、穴山信友を介して武田氏に再帰属すべく出仕した。そのことは『高白斎記』に「十日己巳下諏訪ト穴山被同心再来ノ出仕」とある。天文二十三年（一五五四）三月二十日付の「落合領桜庄七郷之造営天文廿三甲寅取所覚」と題する検校大夫橘善盛の覚書によれば、「牢人竹居殿、村上ニ有居住、在々所々江被致押領」との記述があり、武居祝が武田氏からまたもや離叛して村上義清《よしきよ》のもとに身を寄せていることが知られる（戦武三九八号）。武居祝は、わずか三年ほどで再び武田氏と対立し、再亡命することとなったらしい。そして以後諏方に帰還することはなかった。その後武居祝は、金刺諏方氏が管掌している。

この他に、武田氏による村上義清攻略戦の過程で、村上方の国衆がどのように帰属（「出仕」）してきたかをまとめてみてみよう（事例は数多いが、その中で重要なものを抄出した）。

天文二十年五月、武田方は前年十月に攻略に失敗した小県《ちいさがた》郡砥《と》石《いし》城の乗っ取りに成功した。これは真田《さなだ》幸綱《ゆきつな》の功績によるものである。武田軍は、六月、小県郡に向けて動き出し、若神子《わかみこ》に信玄自身も出馬した。すると、佐久郡で小諸《こもろ》大井高政《たかまさ》とともに抵抗を続けていた、岩尾城主岩尾大井弾正《だんじょう》が「出仕」してきた。『高白斎記』は「廿日丙午岩尾弾正初テ若神子迄出仕」とある。

天文二十二年、武田氏は、村上義清攻略を目指し、深志《ふかし》より北国脇往還《ほっこくわきおうかん》（善光寺街道）を進み、筑摩《つかま》郡東部の山岳地帯で敵対を続ける国衆を攻めた。四月二日、刈谷《かりや》原《はら》城（国衆会田岩下海野氏の属城）が陥落、塔原《とうのはら》城（国衆塔原海野氏の本拠）は自落した。三日、会田岩下海野氏の本城である会田虚空蔵《こくぞう》山《さん》城攻撃が始まると、村上方は動揺し、五日に屋代・塩崎氏が武田方の調略に「同心」（合意）したことから、猿ケ《さるが》馬場《ばんば》峠《とうげ》から桑原までの地域は問題なく通過可能となったとの報告が信玄のもとに入った。屋代・塩崎氏が離叛したことにより、村上義清は本拠地葛尾《かつらお》城を維持できなくなり、九日に逃亡する。同日、「屋代・塩崎出仕」とあり、両者は正式に武田信玄のもとへ「出仕」した。その後も、武田方による村上方への調略が続き、石川氏（十五日）、高坂氏（十六日）、室賀《むろが》氏（十八日）が続々と「出仕」している。この「出仕」は、国衆当主自らが、武田信玄の陣所を訪れ、従属の意志を明確化することを意味していた。

このように武田軍への抵抗を諦め、武田方よりの誘引を受諾（「同心」）したり、降参を決めた国衆は、従属への第一歩として、まずは武田氏のもとへ「出仕」し、その意志を行動で示すことが原則であった。

〔2〕見参

次に、「見参」について紹介しよう。武田方の調略に応じて（「同心」）「出仕」をする「降参」に対し、自ら武田氏の陣所に赴き、従属を申請しこれを許され、信玄に謁見を許されることを「見参」という。これについては、天文二十二年四月十五日、村上義清の家臣や国衆が続々と武田方に雪崩をうつように降参、出仕するなかで、「大津《(須)》賀久兵衛御目ニカケ候」とある。これは、村上家臣の大須賀久兵衛尉が、駒井高白斎を通じて武田氏に帰順することを自ら陣所に赴いて申請してきたことを受け、彼の取次で信玄に「御目ニカケ」（見参）たものである。

中世初期における「見参」は、臣従儀礼として自身の姓名を記した「名簿」の捧呈《ほうてい》（「名簿捧呈」）を必須とし、それによって主従契約が結ばれ、成立した（中村吉治・一九八四年）。戦国期には、すでにこうした儀礼が行われた事例はみられないが、国衆が戦国大名に従属した際に申告を指示された事柄は様々であったらしく、後述するが基本は所領などの情報だったようだ。ところが戦国大名は、国衆の「家中」の人々についても情報を提供させていたのではないかと思われる。というのも、戦国大名が国衆の「家中」のメンバーについて、かなりの情報を持っていたとみられる節があるからだ（「家中」の特定の人物を名指しで文書に記す場合が少なくない）。その詳細は、史料が不足していて明らかではないが、これも従属時の申請にあるのではないだろうか。あるいは、「家中」の名簿を提出していたのかも知れない。記して後考をまちたいと思う。

〔3〕起請文（誓句）の提出

国衆が武田氏のもとに「出仕」「見参」を果たすと、従属することや武田氏へ奉公する旨などを誓約した起請文が提出された。既出の『高白斎記』天文十四年六月十一日条に「藤沢次郎身血」とあるのは、藤沢頼親《よりちか》が血判起請文を武田信玄に提出したということであろう。この他にも、武田氏の勢力拡大につれて、「八月小朔壬戌　二日春日意足（ママ）、同備前守誓句」、「十七日（八月）落山（落合山城守）出仕、同誓句」、「十九日□（欠）須田新左衛門誓句」（『高白斎記』天文十九年条）などと記録されている。これは武田氏が小県郡砥石城を包囲している間、武田方の調略に応じて帰属することを伝えてきた国衆春日氏、落合氏（以上水内《みのち》郡）、須田氏（高井郡）らが、起請文（「誓句」）を提出したことを示す記録である。

残念なことに、どのような内容で構成されていたかは、史料が残されておらず判然としない。ただ、武田氏が家臣や国衆に提出させた起請文（例えば「生島足島《いくしまたるしま》神社起請文」など）を検討すると、当然のことながら、①武田氏に忠節を尽くすこと、②軍役などの課役を怠りなく務め、奉公すること、③敵からの調略に応じず、それらを包み隠さず武田氏に報告すること、などであったとみられる。

その他に、武田氏は従属を申請してきた国衆に対し、本領、当知行、買得地などの自己申告を誓約させ、実施していたと推定される。そうでなければ、国衆をはじめとする武士は、武田氏より知行安堵状を発給してもらうことができないはずである。武田氏より本領、当知行、買得地などの安堵を受けずして、国衆は自己の領主権を確保、強化することができなかった。武田氏が、国衆領の内実を把握する契機は、まずは彼らの従属時にあったと思われる。後の事例であるが、武田氏は信濃《しなの》国衆に対して、起請文の提出を求め、彼らの所領貫高を厳密に申告するよう指示した事実が存在する（戦武二九九八号）。

敬白起請文

一某知行之定納并上司等、聊も無隠正路可致言上之事

一被下置領知、近郷ニ付而、他郷ヲ引込、為領分之由、不可申掠之事

一根本忠否、又先　御代ニ被仰出、被宛行知行等、毛頭無隠可令言上候事

一以書付申上候外、有訴人言上、為私曲歴然者、知行之分悉被召上候共、全不可存御恨事

付、知行之定納・上司以下、私曲人承者、速可致披露事

右条々偽候者、蒙　梵天・帝釈・四大天王・八幡大菩薩・飯縄・戸隠・熊野三所大権現・箱根伊豆両所権現・三島大明神・富士浅間大菩薩・諏方上下大明神、別而甲州一二三大明神・御嶽蔵王権現・天満大自在天神之御罰、於于今生者、受黒白之二病、於于来世者可致

堕在阿鼻無間地獄者也、仍起請文如件

天正六年戊寅七月十三日

今井新左衛門尉殿（信衡）

武藤三河守殿

この起請文は、信濃国の一向衆僧侶《そうりょ》勝善寺順西《じゅんさい》が、武田勝頼《かつより》奉行衆に提出した起請文案である。この起請文を提出した六日後の七月十九日付で、勝善寺順西は勝善寺領の「本領」と「合津分」の上司三六貫文と、定納五七俵などを詳細に記して武田家奉行衆今井信衡《のぶひら》・武藤三河守に提出している（戦武三〇〇一号）。そしてそれに基づき、武田氏は八月二十三日に勝善寺順西に対して、長柄一本を負担して参陣するよう命じた軍役定書《ぐんやくさだめがき》を発給している（戦武三〇一八号）。

この起請文は、地頭勝善寺順西の所領の上司と定納の厳密な把握を目的としたもので、そのためにも所領の規模や範囲を正確に申告させるべく、神仏を媒介にした起請文を作成、提出させる必要であった。起請文の提出＝合意を得て、武田氏は、彼らから所領改めに際し、近隣の郷村を自分の所領と偽って申告したり、意図的な隠匿を厳禁したのである。いうまでもなく、上司と定納の意図的な申告逃れも厳禁され、違反者には知行没収という厳しい制裁措置が加えられた。ここから、武田氏による国衆ら地頭層の所領貫高把握の方法は、彼らより起請文提出を伴う上司と定納の申告であったことがわかる。

実は、同様の事例を他の戦国大名でも確認することができ、上杉謙信もほぼ同様の方法で、家臣団の所領貫高を把握しようとしていた（上越二〇六号）。

敬白　起請文

右意趣者、今度当郡御鑓御せんさく《（穿鑿）》ニ付而、吾等私領所納之義、少もわたくし《（私）》しなく御日記ニ
しるし《（記）》、さし《（指）》上申候事

一御くんやく《（軍役）》の義并御ようがひふしん《（要害普請）》以下、少も御うしろくらく《（後闇）》なく可致之事

一玖介ニたいし、於何事も任　御諚可走廻候事

もし此旨於偽申ハ、府内六所こんけん《（権現）》・弥彦大明神・二田大菩薩・蔵王こんけん《（権現）》、別而
すもん《（守門）》大明神、惣而日本国中大小之神祇之御はつ《（罰）》を可蒙者也、仍如件

永禄三年　　渡辺将監
　五月九日　　綱（花押・血判）
　　　　大関平次右衛門尉
　　　　　実憲（花押・血判）

本庄玖介殿
宇野左馬允殿　　（以下五名略）
　御中

この起請文は、越後国古志《えちごのくにこし》郡栃尾《とちお》衆の渡辺・大関氏らが、栃尾城主本庄秀綱《ほんじょうひでつな》の奉行本庄玖《きゅう》介《すけ》・宇野左《さ》馬允《まのじょう》に対して提出したものである。これが作成されたのは、古志郡でいっせいに御鑓改めが実施されたことをきっかけにしており、その際に渡辺氏ら栃尾衆は、所領の内実を「日記」に認《したた》めて提出することが義務づけられた。その上で、軍役や城普請を務めることや、本庄氏の指示通りに動くことなどが誓約させられている。この調査が、越後国内の他の郡でも

実施されたかは定かでないが、郡毎の調査であることから、これは上杉謙信の指示によるものと推定され、起請文を媒介に所領貫高を掌握し、それと軍役や普請役賦課を連動させようとの意図が窺える。

〔4〕参府

武田氏の軍事侵攻に直面した国衆が、本拠を包囲され「降参」したり、調略に「同心」したり、自ら武田の陣所に出向き「見参」した後に、「出仕」を遂げるのが作法であったことを紹介した。では、「出仕」後の国衆は、さらにどのような従属儀礼を求められたであろうか。実は、武田方の傘下に編入されたことを確定するための臣従儀礼として、武田氏の本拠地甲府への「参府」が要請されていた。

まず、佐久郡の国衆望月《もちづき》氏について紹介しよう。望月氏は、惣領望月昌頼《まさより》が岩村田大井貞《さだ》隆《たか》・貞清《さだきよ》父子と結んで武田氏に抗戦したため追放され、大井氏とともに長窪《ながくぼ》城に籠城していた望月一族は自刃させられている。望月昌頼は、小諸大井高政《たかまさ》を頼って小諸城に籠城し、望月源三郎昌貞《まささだ》・新六《しんろく》兄弟は布引《ぬのびき》城に籠城してなおも抵抗を続けていた（平山・二〇〇二年）。天文十七年、望月源三郎昌貞は先に布引城を脱出して武田方に帰属し、翌十八年に信玄より知行安堵を受けていた。武田方は、なおも布引城に籠城する望月新六の調略を進め、天文十八年五月、遂に彼を誘引することに成功した。

（天文十八年五月）
廿七日望月新六致同心、布引ヲ出テ高白海野口迄帰ル、廿八日着府、廿九日戊戌酉刻望月

新六始テ出仕（『高白斎記』天文十八年五月条）

武田重臣駒井高白斎の調略を受け、望月新六はこれに「同心」（合意）して布引城を脱出し、高白斎とともに海ノ口まで行き、さらに五月二十八日に甲府に入ると、翌二十九日に武田信玄に「出仕」した。信玄は当時、戦場に出陣していなかったので、望月新六は駒井高白斎の取次のもとで信玄に甲府で臣従儀礼を行ったのであろう。これは同時に、「参府」をも済ませたことを意味した。この望月新六は、後の望月甚八郎重氏《しげうじ》のことであろう。かくて、望月昌貞・新六兄弟が帰属したことを受け、信玄は望月昌貞（後に偏諱を受け信雅《のぶまさ》）に「望月ノ名跡」を与え、滋野一族望月氏の当主に据えている。

また信濃国衆で箕輪城主藤沢頼親は、数度にわたる離叛に及んだが、結局武田氏に降伏した。既述のように、藤沢頼親は武田氏の御一門衆穴山信友を仲介に降伏した経緯から、穴山氏の相備となり、その指南を受けていた。天文十八年九月晦日《みそか》、藤沢頼親は、穴山信友に伴われ、甲府に「参府」し、帰国したばかりの武田信玄に謁見している（『高白斎記』）。頼親は許され、武田氏の麾下に迎え入れられたが、これを最後に記録から姿を消す。彼が再び記録に登場するのは、武田氏滅亡と本能寺の変後の天正壬午《てんしょうじんご》の乱においてである。頼親は箕輪城を回復し、藤沢氏再興に向けて動き出すも、やがて高遠城主保科《ほしな》正直《まさなお》に滅ぼされた（平山・二〇一一年①）。

次に、駿河《するが》国衆で大宮城主富士信忠《のぶただ》・信通《のぶみち》父子の事例をみてみよう。富士父子は、武田信玄の駿河侵攻の際、大宮城に籠城し、北条氏康《うじやす》・氏政《うじまさ》父子と連携しながら武田氏への抵抗を続けた。だが永禄十二年六月、大宮城を武田軍に攻め落とされ、辛うじて北条方に逃れた。その後は、北条氏の庇護《ひご》のもと、今川氏真《うじざね》への奉公を続け、大宮城奪回を目指すが果たせず、元亀二年十月、富士氏は今川氏真より暇《いとま》を許され、遂に武田氏に従属した。武田氏はこれを受け入れ、元亀三年四月二日、富士信忠は甲州（甲府）に参上することとなり、信玄は原昌胤《まさたね》（大宮城代）に対し、路次安全を万全にするよう指示した（戦武一八三二号）。かくて、富士氏は武田氏に従属することとなり、信忠・信通父子は軍役などの奉公を務めている（詳細は後述）。

国衆の「参府」は、武田氏の重臣・御一門衆を取次として実施され、武田信玄・勝頼と重臣・御一門衆が列席する「家中」の面前で服属儀礼が執行されたと推察される。これを経て、国衆は武田方が庇護すべき味方（先方衆）と認定されたわけである。国衆側は、奉公と忠節の誓約、武田氏からは政治・軍事的安全保障体制の誓約がなされたのであろう。このように、「参府」は国衆が武田氏に服属する意志を明確とし、武田氏の「家中」がこれを承認するとともに、彼らへの保護と支援を誓約する場として重視されていたのである。

〔5〕人質（証人）の提出

国衆は、武田氏への従属と忠節の証《あかし》として、「証人」（人質）を提出せねばならなかった。武田氏の本拠地甲府では、国衆が甲府に参上する際の宿所として、また人質を住まわせる住居として、屋敷が武田氏より与えられた。屋敷を与えられたことが確認できる最も古い事例は、諏《す》方郡《わ》の国衆金刺諏方昌春《まさはる》（諏方大社下社大祝）が武田信虎《のぶとら》の庇護を受けた時である。金刺諏方昌春は、永正十五年（一五一八）、宿敵諏方頼満《よりみつ》（碧雲斎《へきうんさい》、諏方頼重《よりしげ》の祖父、諏方大社上社大祝）

と戦い、敗れ、諏方郡から没落していた。大永五年（一五二五）、金刺諏方昌春は、甲府に姿を現し、武田信虎に庇護を求めた。このことについて『勝山記』は「此年諏方殿府中へ御入有テ住居所望スル間、其如望、然間大喜無申計」（大永五年条）とある。信虎は、昌春に甲府で屋敷を与え、その後、彼を押し立てて諏方郡への帰還を支援する名目で諏方頼満と争っている。なお、金刺諏方氏は武田氏の支援により諏方郡に帰還を果たし、その後も甲府の屋敷で奉公している様子が窺われる。

昌春の子と推定される諏方神三郎について、『高白斎記』は「十二月大朔日戊申四日辛亥諏方神三郎方府中ノ宿へ移ル、八日乙卯諏方神三郎妻ヲ迎」（天文十六年条）と記す。この諏方神三郎とは、後の諏方（金刺）豊保（諏方大社下社大祝）のことと推定され、彼の屋敷が甲府城下にあったこと、そこに妻を迎えていることが知られる。妻を迎えたというのは、結婚したことを指すと考えられるが、甲府屋敷に妻を置くのは人質の意味もあった。

先にみた藤沢頼親は、天文十四年六月、箕輪城を明け渡し降参した際に、実弟権次郎を人質として提出している（『高白斎記』）。彼は、甲府に送られたとみられる。また、信濃国衆小笠原《おがさわら》信貴《のぶたか》は、息子信嶺《のぶみね》を甲府に人質に出しており、彼らの生計を維持するために、武田氏に過書（関所通行の手形、これを保持していれば記載されている分量の課税も免除された）を申請した。武田氏は、重臣駒井高白斎が奏者となり、小笠原氏に永禄元年六月十一日付で「毎月糧米四駄分」に限り、青柳（長野県茅野市）から甲府までの諸役免許を受けている（戦武六五五号）。小笠原信嶺も、家督相続後は、その老母（信貴未亡人）を甲府に人質として提出していた。この老母は、武田氏滅亡時も甲府に人質として在住しており、息子信嶺が武田氏より離叛したことを知ると、天正十年三月二日に自害している（『開善寺過去帳』）。

信濃国衆真田幸綱も、天文二十二年八月、三男昌幸《まさゆき》を甲府に人質として提出している（『高白斎記』、その後、昌幸が信玄の近習《きんじゅ》になったため、四男昌春《まさはる》〈後の真田信尹《のぶただ》〉が人質になっている。詳細は平山・二〇一一年③、丸島和洋・二〇一五年①②）。

遠江《とおとうみ》国衆天野藤秀《ふじひで》は、息子小四郎を甲府に人質として在府させていた。小四郎は、元亀四年十一月、妻子を甲府に呼び寄せ、屋敷に同居させた。これを知った武田氏は、駿河国岡清水（清水市）で一〇〇貫文の地を与えているが、これは在府料（生活費と交通費）の加増に相当する（戦武二二〇八号）。小四郎は、さらに同年十一月十九日、武田勝頼より在府料として朝気郷《あさけ》で三五貫文、蔵出で三〇貫文、年中扶持《ふち》として一二〇俵を与えられており（同二二一四号）、かなり厚遇されていたことがわかる。天野氏の人質は、単純に計算して、一六五貫文と扶持米一二〇俵が在府料として保証されていた。

しかし人質は、国衆が味方である限り生活や安全が保障されるが、武田氏から離叛すればたちまち報復の対象とされる苛酷《かこく》な運命が待っていた。

奥三河の山家三方衆《やまがさんぽう》のうち、作手奥平定能は甲府に人質を提出していた。しかし、天正元年に定能・信昌父子が武田氏を離叛すると、人質三人は甲府から三河国設楽《したら》郡の鳳来寺《ほうらいじ》門前まで護送され、そこで処刑されたと伝わる。この人質は、仙丸（仙千代丸、御千とも、奥平定能の息子、信昌の弟）、おふう（於安、おあわ、おつう、おひさとも、日近奥平貞友の息女、奥平信昌の妻、十六歳）、虎之助（荻奥平勝次の次男、十六歳）であったといい、これが事実なら人質は奥平氏の「家中」の重臣層からも徴収されたと考えられる（平山・二〇一四年）。

天正十年一月、織田信長に内通し、武田氏に叛いた木曾義昌《きそよしまさ》も、新府城《しんぷ》に預けていた老母、息女、嫡男千太郎を処刑されている（『国志』他）。この他にも、高遠衆保科正直も息子正光《まさみつ》を人質として出していたが、天正十年二月、織田軍の武田領国侵攻が始まると、人質についての配慮をする暇なく織田方に転じた。そのため同年三月三日、保科正光は新府城で殺害されそうになったが、家臣の機転で命辛々脱出したと伝わる（『保科御事歴』）。

なお、甲府の屋敷に人質を置くのは、国衆クラスのみであったとみられ、他の中小武士や有徳人らの人質は、高遠城や深志城など武田氏の地域支配の拠点城郭に集められていた（戦武一五一八・二五一四号）。また、甲府の屋敷には武田氏の重臣、御一門衆の親や妻子もおり、これも人質として留め置かれていたのである（高野山過去帳には、武田重臣・御一門衆は例外なく甲府城下に居住していたことが明記されている。武田氏滅亡時、武田氏の御一門衆穴山梅雪《ばいせつ》が勝頼から離叛する直前に、家来を甲府に派遣し人質として穴山屋敷にいた妻見性院《けんしょういん》、嫡男勝千代《かつちよ》を奪回したことはあまりにも有名である）。

〔6〕知行安堵と国衆の知行高把握

既述のように、武田氏は国衆従属時に、忠節と奉公などを誓約した起請文を提出させ、さらに国衆領の規模に関する指出《さしだし》を命じた。これをもとに、武田氏は国衆に対し知行安堵状を発給したのである。この知行改は、起請文による誓約を背景に、知行について隠匿や不正をせず、正確に報告することが義務づけられており、不正があった場合は、知行没収という罰則が適用されることになっていた。つまり、戦国大名武田氏は、国衆領への詳細な検地などの実施を必要としなかったし、またその必要性もなかったといえるだろう。国衆領の知行貫高を確定し、それに対応した軍役・諸役を賦課することにあった。喫緊の課題は、国衆領への検地など、検使派遣による調査は実施されなかったかといえば、そうではない。武田氏も、必要に応じて検地や棟別《むなべつ》改《あらため》を検使を派遣して実施する場合もあった。

検地の契機は、国衆領をめぐる争論である。永禄七年（一五六四）、佐久郡の国衆前山伴野信直と蘆田《あしだ》（芦田）依田信守《のぶもり》の間で、横沢（佐久市布施谷）の知行地領有をめぐる紛争が発生した（詳細は平山・一九九九年）。このため、佐久郡岩村田で、甲州衆萩原甚之丞、窪田豊左衛門が調停にあたろうとしたが不調に終わり、遂に武田信玄に披露される事態となった。そこで信玄は、重臣原昌胤を岩村田に派遣し、三日間に及ぶ調査を実施させた。だが原も、詳細を明らかにすることができなかったため、遂に双方の所領に検使を派遣し、検地を実施したという。その結果、芦田依田領は一万貫文に対し、五二〇貫文の「見出し」（増分）があることが判明した。そこで武田氏は、芦田依田領の増分五二〇貫文のうち、長窪（佐久市）分四〇〇貫文を蔵入地《くらいりち》とし、残る根際《ねぎわ》村（佐久市）分一二〇貫文を丸子豊後守《ぶんごのかみ》（丸子城主丸子氏）の知行地として与える決定を下した。

ところがもう一方の、前山伴野領は三五〇〇貫文の高辻に対し、実高は三三八〇貫文しかないことが判明した。このため、武田氏は事実関係を究明するため双方から事情を知る者の出頭を命じた。そこで、芦田依田氏からは妙清寺が、前山伴野氏からは伴野《ともの》一楽斎《いちらくさい》が出頭し、武田氏のもとで精査が行われた。その結果、芦田依田氏の敗訴となったという。恐らく検地の結果、芦田依田領からは、大幅な増分が見出されたのに対し、前山伴野領では高辻よりも貫高が不足する事態となっており、その原因として芦田依田氏の押領があったとみられ、それが露見したために芦田依田氏の敗訴となったのだろう。

これを受けて武田信玄は、係争地となった横沢分と、芦田依田領の小宮山・宇山村（佐久市）の「物成《ものなり》」（年貢）合計四三〇俵を伴野氏に納入させ、これらを前山伴野領とすることで決着させた。これが不足分の一二〇貫文に相当すると考えられる。これは計算すると、一俵＝約二八〇文であり、武田氏の信濃国における俵高換算率（一俵＝二〇〇文）よりも高率で、甲斐国の俵高換算率（一俵＝二五〇文）に近い。

その後、丸子氏の所領となった根際村一二〇貫文が、ちょうど前山伴野氏の膝下《しっか》にあたることを考慮し、伴野氏と丸山氏は相談のうえ、武田氏の許可を得て、根際村の物成四三〇俵は伴野氏に、小宮山・宇山村の物成四三〇俵は丸子氏に納入することに、つまり年貢納入先を交換することで合意したという。

ここでは国衆の紛争を解決するための手段として検地が実施され、国衆領の知行貫高が調査、決定されている。こうした紛争解決の手段としての検使派遣は、他にもいくつか事例があるが、永禄五年の上野国《こうずけのくに》吾妻《あがつま》郡の国衆斎藤・羽尾氏と鎌原氏の所領紛争は、斎藤・羽尾氏の離叛に及んだ事件である。武田氏は、斎藤・羽尾氏と鎌原氏が、しばしば所領紛争を契機に戦闘に及んでいたことを憂慮し、検使として三枝《さいぐさ》・曾根《そね》らを派遣して境界画定の作業を行った。だが羽尾氏はこの裁定を不服とし、斎藤氏とともに鎌原氏を攻めてこれを信濃に追放した。

これを知った信玄は、裁定を受諾しなかったばかりか、鎌原氏を攻撃した斎藤・羽尾氏を謀叛と認定し、これを攻め追放している（『加沢記《かざわき》』他）。ここでも、国衆領への検使派遣が確認され、武田氏による国衆領の知行貫高や領域の境界調査、確定などが実施されていたことがわかるだろう。この他にも、国衆領には国役としての御普請役が賦課されており、そのための棟別改も武田氏が検使を派遣して実施している（詳細は後述）。

このように武田氏は、必要に応じて国衆領の調査を推進し、その知行貫高の掌握につとめ、それに基づいて知行安堵を実施するとともに、軍役・諸役賦課の基礎としたわけである。

〔7〕偏諱・受領・官途の授与と惣領職の安堵

武田氏は、従属した国衆の当主やその子弟に、偏諱《へんき》（一字書出）、受領・官途を授与した。それは、主従関係の証であるとともに、主君との絆《きずな》の象徴ともなった。それと同時に、どの一字を授与されるかで、拝領者の身分や家格の指標にもなっていた。武田氏は、御一門衆、譜代、外様国衆に対し、「信」「昌」「虎」「勝」「頼」を偏諱として授与している。

これらのうち、「信」は武田氏の通字であり、最も上位の家格に授与するものであった。そのため、本国甲斐では、武田氏の御一門衆（信玄の子弟）、庶家でも穴山・大井・栗原・今井・

下条・岩手・下曾根氏などに、宿老衆では板垣・馬場・春日・甘利氏などに限定されている。そのため、「信」を授与された国衆は、当主クラスに限定されており、その家格は武田氏の御一門衆、庶家、譜代家老に匹敵すると認識されていたと考えられる。

次いで目につくのが、「昌」である。これは信玄の曾祖父武田信昌《のぶまさ》の一字を授与したものであり、それは山県昌景《やまがたまさかげ》・内藤昌秀《まさひで》・三枝昌貞《まささだ》・真田《さなだ》昌輝《まさてる》・真田昌幸《まさゆき》・曾根《そね》昌世《まさよ》などのように、よく知られた譜代宿老にも数多い。この特徴は、嫡男ではなく次男以下の男子ばかりであったということである。つまり、譜代家老や国衆家出身の男子であっても、嫡流ではないことから、「信」ではなく、それに次ぐ「昌」を授与されたわけである。その次が、武田信虎の「虎」、武田勝頼の「勝」「頼」であろう。なお、注意してほしいのは、偏諱はその当時の当主が与えたものだけではなく、時代を超え選択のうえで授与されるもので、信昌・信縄《のぶつな》・信虎・晴信《はるのぶ》・勝頼のそれぞれの時代に限定して授与されたわけではない。従って、「虎」を冠しているから、信虎時代の人物と断定するのは早計である（もちろん、その傾向は強いが個別の精査が必要である）。

ただ、信玄は祖父武田信縄の「縄」を積極的に授与した痕跡《こんせき》がなく、曾祖父信昌の「昌」を多用している。このことから、信玄は曾祖父信昌を評価、尊敬しており、祖父信縄には冷淡であった可能性がある。

武田領国下の国衆が授与された偏諱について、黒田基樹氏の研究をもとに紹介すると次のようになる（黒田基樹・二〇〇八年②）。

〈1〉「信」を授与された国衆

①信濃

市河信房（高井郡）、芦田《あしだ》依田信守・信蕃《のぶしげ》父子（佐久郡）、会田岩下海野《うんの》信盛《のぶもり》、浦野《うらの》信政《のぶまさ》（源太郎、小県郡）、浦野信慶（宗波軒、小県郡）、大井信通（右京亮、詳細不明、佐久郡か）、大井《おおい》信直《のぶなお》（民部丞、詳細不明、佐久郡か）、岩尾《いわお》大井《おおい》信景《のぶかげ》（次郎、佐久郡）、塔原海野《とうのはらうんの》信盛《のぶもり》（平八郎、筑摩郡）、大滝信忠（宮内左衛門尉・土佐守高井郡、市河信房の弟）、大滝信安《おおたきのぶやす》（新兵衛尉・甚兵衛尉・和泉守《いずみのかみ》、高井郡）、松尾小笠原信貴・信嶺父子（伊那郡松尾城主）、清野《きよの》信《のぶ》秀《ひで》（左近大夫・左近入道、埴科郡）、清野刑部少輔（埴科郡、諱不明）、真田信綱（幸綱の嫡子、小県郡）、真田信幸（後の信之、昌幸の嫡男、小県郡）、下条信氏《のぶうじ》・信正《のぶまさ》父子（伊那郡）、須田信頼《のぶより》・信政《のぶまさ》父子（高井郡）、千野信氏（諏方郡）、前山伴野《ともの》信直《のぶなお》（讃月斎全真）・信守《のぶのり》（信直の子、宮内少輔）・信宗（信守の養子か、佐久郡）、野沢伴野信是《のぶこれ》（左衛門佐）・信蕃《のぶしげ》（信是の子、善九郎、佐久郡）、西条信清《にしじょうのぶきよ》（治部少輔・美作守祐意、埴科郡）、禰津《ねつ》信直《のぶなお》（松鷂軒常安《しょうようけんじょうあん》、小県郡）、禰津信忠《のぶただ》（禰津元直《もとなお》の三男、常安の弟）、室賀《むろが》信俊《のぶとし》（小県郡）、望月信雅（遠江守・印月斎一峯、佐久郡）、丸子依田信貞（春賢の嫡子か、善次、丸子城主、小県郡）、平原依田信盛《のぶもり》（又左衛門尉・全真、平原城主、佐久郡）、依田信季《のぶすえ》（源五、岩村田大井氏か、佐久郡）。

②上野

小幡信真《のぶざね》（信実）・同養嗣子信定《のぶさだ》・同信高《のぶたか》（信真の弟）・同嫡子信氏《のぶうじ》（彦三郎）・同信直・同信秀《のぶひで》（信真の弟）・同信尚《のぶなお》（鷹巣《たかのす》城主？、三河守）、後閑信純《のぶずみ》（碓氷《うすい》郡）、高田信頼《のぶより》（繁頼の嫡子、甘楽郡）、上野和田信業《のぶなり》（業繁《なりしげ》の養子、初名昌業、実は武田重臣跡部《あとべ》勝資《かつすけ》の子、和田城主、群馬郡）、藤田信吉《のぶよし》（用土新六郎、沼田城代）

③駿河

朝比奈信置《のぶおき》・同信良《のぶよし》父子（庵原《いはら》郡）、瀬名信輝《のぶてる》（中務太輔、庵原郡）

④遠江

小笠原信興《のぶおき》（高天神城主、城飼《きこう》郡）

⑤三河

奥平信昌（定能の嫡子、設楽郡）

〈2〉「昌」「勝」を授与された国衆

①信濃

赤須《あかず》昌為《まさため》（春近《はるちか》衆、伊那郡）、出浦昌相《いでうらまさすけ》（埴科郡）、大井昌業（源八郎）、片切昌為（春近衆、伊那郡）、片切昌忠（昌為の一族か、伊那郡）、小泉昌宗（小県郡）、仙仁《せんに》昌泰《まさやす》（靫負佐、高井郡）、真田昌輝《まさてる》（信綱の弟、小県郡）、真田昌幸（信綱・昌輝の弟、小県郡）、西条《にしじょう》昌直《まさなお》（美作《みまさかの》守《かみ》祐意の嫡子、治部少輔か、埴科郡）、禰津昌綱《まさつな》（宮内大輔《くないたいふ》、常安の養子、小県郡）、千野昌房《まさふさ》（諏方郡）、平尾依田昌朝《まさとも》（平三、平尾城主、佐久郡）、夜交《よまぜ》昌国《まさくに》（左近助、高井郡）

②上野

小幡昌高《まさたか》（信真の弟）・同昌定《まささだ》（同前）、長井《ながい》昌繁《まさしげ》（政実の嫡子か）、和田昌業《まさなり》（業繁《なりしげ》の養子、後に信業《のぶなり》となる、前出）・同昌繁《まさしげ》（業繁の弟、和田下之城主、群馬郡）、廏橋北條《まやばしきたじょう》勝広《かつひろ》（高広《たかひろ》

の嫡子）

〈3〉「頼」を授与された国衆

青柳（麻績）頼長《よりなが》（信濃国筑摩郡）、矢沢頼綱《よりつな》・頼幸父子（同小県郡）、下条頼安《よりやす》（下条信氏《のぶうじ》の次男、信正《のぶまさ》の弟、同伊那郡）

これらを比較、検討してみると、信濃国衆には「信」を授与された当主、嫡流が多く、上野国、駿河国、遠江国、三河国と後の経略地になると、授与される事例が次第に少なくなっている。この傾向は、他の偏諱についても同じであって、黒田氏の指摘するように、武田氏にとって最初の経略地であった信濃では、さほど大身でもない国衆（諏方千野氏など）にも授与されているいっぽう、上野国など他国では有力な国衆にのみ授与されている。このことから、信濃では国衆を味方につけるために、武田氏は積極的に偏諱の授与を行ったのであろう。だが、武田氏の勢力が拡大するにつれ、偏諱授与の持つ意味も大きくなり、「信」の授与は相当限定されたものとみられる（黒田基樹・二〇〇八年②）。

なお、「頼」の授与については、勝頼による偏諱かどうか判断に迷う事例が少なくない。「頼」は諏方神氏の通字であるため、それを冠する人物は、信濃国諏方郡、伊那郡に多く、諏方神氏との関係が想定されるからである。ただし、勝頼から拝領した偏諱の場合、その文字は矢沢頼綱、下条頼安のように、上に付けられるべきもので、下には付かないと考えられる。それでも、勝頼が自身の諱を与えたと推測される事例は少なく、「信」「昌」が突出する傾向にあることは間違いない。そして、「信」は武田氏の御一門衆、譜代なみの家格を持つ国衆の嫡流、

「昌」は嫡流以外の男子という区別が存在していたことは間違いなかろう。

この他に、武田氏に従属した国衆に対して、「家中」が分裂し、惣領が没落、戦死した場合に、その惣領職を武田氏が忠節を尽くした同族の中から選定して任命し、その地位を支援する場合もあった。確実な史料に恵まれないが、武田領国に編入された他国国衆の多くが、武田氏に従属するか否かをめぐって分裂したり、惣領と庶家とで従属した時期にタイムラグがあったりすることは珍しいことではなかった。

例えば、既出のように、佐久郡の望月氏は惣領望月遠江入道宗齢《そうれい》が没落し、反武田方の望月一族も自刃したため、残された望月源三郎昌貞が、左衛門佐の官途と、信玄より「信」の偏諱を受け、望月氏の「名跡」を継ぐよう命じられた（『高白斎記』）。この結果、望月昌貞は、望月左衛門佐信雅となり、後に望月氏の惣領歴代の受領遠江守を称することとなる。この他にも、駿河国三浦《みうら》氏は、三浦与一《よいち》（後の三浦右馬助員久《うまのすけかずひさ》か）に惣領職が安堵され（戦武四二一八号）、既述のように三河国長篠菅沼《ながしのすがぬま》氏も、「家中」での相剋を経て、惣領は一族の菅沼新兵衛尉に安堵されている（同二二一八号）。また岡部氏も丹波守元信《たんばのかみもとのぶ》に惣領職が安堵されている（同二二二二号）。

この他にも、信濃国衆須田氏、大日方氏、栗田氏なども惣領と庶家とが分裂し、武田氏は味方となった一方を惣領として扱い、保護しており、惣領が武田氏に従属した以外の国衆は、史料に恵まれないだけで、ほとんど同様の扱いをされたものとみられる。

興味深い事例として、小県郡真田氏が挙げられる。真田氏は、惣領真田右馬允《うまのじょう》綱吉と弟弾《だん》正忠《じょうのじょう》幸綱が関東管領上杉氏のもとを頼って没落したが、幸綱の方が早く武田氏に帰属し、その信濃侵攻を支え多くの戦功を挙げた。その結果、綱吉の方が遅れて武田氏に帰順したものの、弟幸綱に功績などあらゆる点で大きく水をあけられてしまい、遂に真田郷の本領は幸綱に与えられ、事実上惣領職の改替という形になったと推定される（寺島隆史・二〇一四年、平山・二〇一五年）。これも、武田氏の政治的意図による国衆の惣領職改替の事例に数えてよかろう。庶家が武田氏の支持と命令により、惣領職になった事例は、他にも駿河国朝比奈信置などがこれに該当する（黒田基樹・一九九五年）。

このように、国衆の存続や安定は、もはや武田氏の後援なくしてはありえなかったことがわかるだろう。

先方衆の統制

武田氏に従属した国衆は先方衆と呼ばれ、信玄・勝頼の御一門衆や重臣層を通じて政治・軍事的統制下に置かれた。先方衆は、武田氏当主に何か請願や上申をしたくとも、直接これを行うことはできず、武田氏当主に取り次いでくれる担当者を通じてしか、それを行うことは禁じられていた。武田氏当主と先方衆との間に立ち、取次役を担う武田氏の御一門衆、重臣を「取次」「指南」「奏者」と呼ぶ（以下は「指南」で統一）。「指南」は、先方衆の請願などを武田氏に取り次ぐほか、武田氏からの指示、命令など様々な意思や、「指南」としての助言などを先方衆に伝達した。

いっぽう、先方衆の意思や訴願を取り次ぐ「指南」もまた、自身が直接武田氏当主に話を持ち込むことはできず、甲府に在住する信玄・勝頼《かつより》の側近を通じてそれを上申した。この側近のことは「甲府にての奏者」といわれ、「小指南」と呼称されている。

このしくみについては、黒田基樹氏が先鞭《せんべん》をつけ、北条氏をフィールドに体系化された。今日、黒田氏の「指南・小指南」論をベースに、他の大名でも分析が進んでいるが（黒田基樹・一九九六年）、武田氏では、黒田基樹・片桐昭彦・丸島和洋・小川隆司・深沢修平氏や平山の研究により、かなりはっきりしたことがわかってきた（黒田基樹・一九九七年、二〇〇一年、片桐昭彦・二〇〇五年、丸島和洋・二〇一一年、小川隆司・二〇〇一年、深沢修平・二〇一二年、二〇一五年、平山・一九九四年①②、二〇〇二年）。ただ、武田領国の全域にわたる総括的な分析はまだなされておらず、地域によっては武田氏から先方衆に宛てた文書がほとんど残されていない場合もあり（特に佐久・小県郡《ちいさがた》）、不明確な部分も多い。そこで、本節では先行研究によって明らかにされたことを総括しつつ、武田氏と先方衆に限定して叙述しておく。

武田氏の領国支配のうち、甲斐《かい》本国を除く信濃《しなの》・上野《こうずけ》・駿河《するが》・東美濃では、各地に設置された拠点城郭に、武田氏の重臣層が派遣、配置された。彼らを郡司（郡代）に任ぜられ、武田氏御料所、武田氏の御家人、先方衆の管理・統制を実施した。武田氏の郡司と拠点城郭については、表5-1の通りである。

では、郡司とはどのような権限を保持していたのであろうか。丸島氏の成果をもとに整理すると、次のようになる。郡司とは、①在城する拠点城郭の城将であり、城兵への軍事指揮権を

表5-1　武田領国の拠点城郭と郡司（郡代）一覧

国名	郡名	拠点城郭	郡司（郡代）名
信濃国	諏方郡	上原城→高島城	板垣信方→室住虎登→長坂虎房→板垣信憲→小宮山虎高→（駒井昌直？）→吉田信生→市川昌房→今福昌和→（今福昌常？）
	佐久郡	内山城	小山田虎満→小山田昌成
	小県郡	塩田城→岡城	飯富虎昌→？（佐久郡司小山田虎満が兼任？）
	筑摩郡	深志城	工藤（内藤）昌秀→水上宗富
	安曇郡		
	上伊那郡	高遠城	（秋山虎繁？下伊那郡司兼任か）→諏方勝頼→今井信仲
	下伊那郡	大島城	秋山虎繁→（日向虎頭？）
	高井郡	海津城	春日虎綱→春日信達→安倍宗貞
	水内郡		
	埴科郡		
	更級郡		
上野国	西上野	箕輪城	浅利信種→内藤昌秀→板垣信安・真田昌幸→内藤昌月
	吾妻郡	岩櫃城	真田昌幸
	利根郡	沼田城	
駿河国	駿東郡	深沢城	駒井昌直→浄円→安西伊賀守有味→（駒井昌直？）
	富士郡	興国寺城	曾禰昌世
	富士郡	大宮城	原昌胤→鷹野徳繁
	庵原郡	久能山城	今福長閑斎→今福虎孝
	安倍郡		
	有渡郡		
	志太郡		
	益津郡		
美濃国	東美濃	岩村城	秋山虎繁（下伊那郡司兼任）

（註）推定を含む。（　）内は推定。

持つ、②管轄領域への行政権（徴税権、裁判権、警察権の行使、大寺社の興行援助など）を委任されている、③管轄領域の先方衆を「相備」とし、彼らへの軍事指揮権をも保持する（管轄領域の先方衆との寄親《よりおや》・寄子《よりこ》制）、④管轄領域の先方衆が、武田氏当主に様々な案件を上申する際、両者の緊密な連携を取り結ぶ役割（「取次」）を担う、⑤同時に、先方衆と武田氏との関係調整のため、様々な助言や指示を行う（「指南」）、⑥管轄領域に発給される武田氏の奉書式朱印状の奉者（証文、証判と呼ばれる、奉者は朱印状の日下にたとえば「内藤修理亮《しゅりのすけ》奉　之《これをうけたまわる》」「春日弾正忠奉之」などのように明記される）の発行を担う、などである。

武田氏に従属した先方衆は、それぞれの本領を管轄地域とする郡司により統制された。この郡司が、当該地域の先方衆の「指南」となった。いっぽう「小指南」（「甲府にての奏者」）は、武田氏当主の側近が担い、それらは「領域担当取次」といわれるように、担当地域が固定化される傾向にあった。但し、「小指南」には先方衆を指揮、監督、統制する役割はなく、武田信玄・勝頼の意思伝達だけを任務としていた。

その後、「小指南」を務める側近は、武田氏の領国が拡大するにつれて、山県昌景《やまがたまさかげ》、原昌胤《まさたね》、内藤昌秀《まさひで》、市川昌房《まさふさ》ら重臣層が郡司、城代として領国各地の拠点城郭に転出していき、次第に残された跡部勝資《あとべかつすけ》、土屋昌続《まさつぐ》ら数人により担われることとなった。さらに、天正三年五月の長《なが》篠《しの》合戦で、郡司、城代（管轄領域の軍事指揮権者のこと。行政権、裁判権、警察権を持たない。江《え》尻《じり》城代山県昌景、穴山信君《あなやまのぶただ》がこれに相当する）、「小指南」を務めた重臣の多くが戦死したため、大幅な改編がなされた。この結果、「小指南」は、生き残った跡部勝資、土屋昌恒《まさつね》の二人に集中する傾向となり、とりわけ跡部は「出頭人」として武田「家中」での反感や不満を一身に受ける結果となった。跡部勝資と並ぶ「出頭人」となった土屋昌恒が反感を買わなかったのは、彼の「小指南」としての力量や適切な対応と、勝頼滅亡まで側を離れず、敵味方より高い評価を受けた武功ゆえと指摘されている（深沢修平・二〇一五年）。

ところで、先方衆を統制する武田氏の「指南」「小指南」のシステムは、その従属後に整備されたものもあり、武田軍の軍事侵攻の過程で形成された統制の方法とは若干担当者が相違する場合があった。武田氏が他国侵攻にあたり、当該地域の国衆に帰属を促す調略などが行われたり、降参に向けた交渉が行われる。その際に、外交交渉窓口は、武田氏の御一門衆、準一門や重臣層がペアを組んで担当するのが原則であった。そして、交渉相手の国衆が従属した場合には、このペアがそのまま「指南」「小指南」になったという。この交渉段階でのペアを、丸島和洋氏は「取次」「小取次」と呼んで区別している。これらを図示すると、図5-1のようになる（丸島和洋・二〇一七年）。

たとえば、武田氏の佐久郡侵攻に際し、従属した望月信雅《もちづきのぶまさ》は、真田《さなだ》幸綱《ゆきつな》が担当となって従属交渉がなされ、それが実現すると、知行安堵の手続きは、武田信玄→駒井高白斎《こうはくさい》（小取次）→真田幸綱（取次）→望月氏（担当窓口依田新左衛門）、であった（『高白斎記』天文十八年条）。だが、真田氏はその後、望月氏の「指南」にはならず、恐らく佐久郡司小山田《おやまだ》備中守《びっちゅうのかみ》虎満《とらみつ》が担当となったとみられる。その真田幸綱であるが、当時はまだ小県郡出身の外様国衆であった。彼の知行加増は、駒井高白斎から小山田虎満を通じて手交されている（『高白斎記』天文二十二

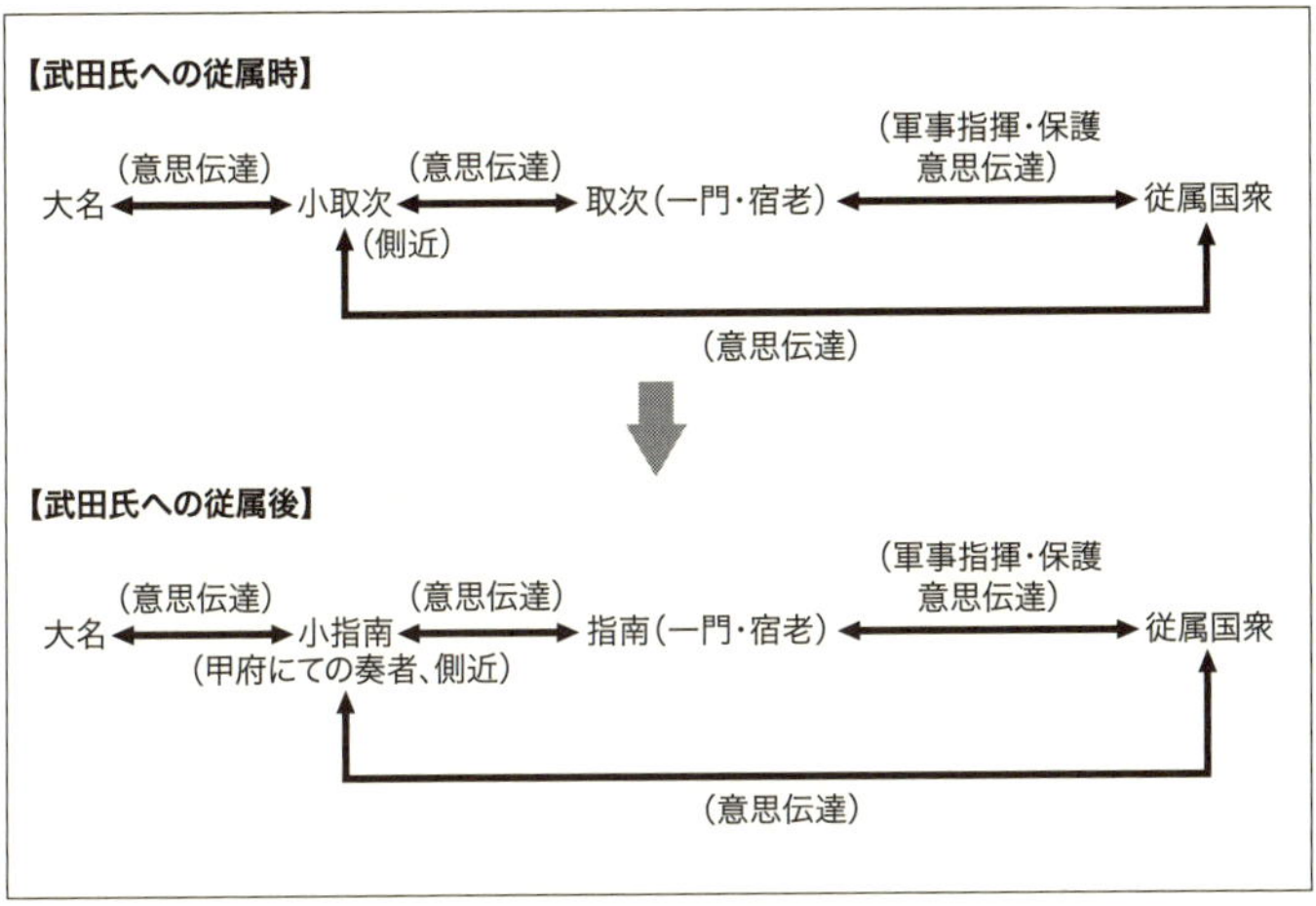

図5-1　武田氏における取次・小取次、指南・小指南概念図（丸島・2017年による）

年条）。これは、武田氏↓「小指南」（「甲府にての奏者」）駒井高白斎↓「指南」（佐久郡司小山田虎満↓真田幸綱（小県郡国衆、当時は本領復帰前のため佐久郡居住）であろう。真田幸綱は、武田氏従属直後から、佐久郡に派遣され、小山田虎満（寄親）の指揮下（寄子）にあったことから、このような「指南」「小指南」関係が構築されたのであろう。

　この他に、伊那郡箕輪《みのわ》城主藤沢頼親《よりちか》は、武田一族穴山信友《のぶとも》による交渉に同意（「同心」）し、武田方に降参した。その結果、穴山信友のもとに人質藤沢権次郎（頼親の弟）を提出して出仕、甲府にも参府したほか、穴山信友の指揮下に配属されている。また、知行安堵状の拝領も、穴山信友を介して行われ、甲府では駒井高白斎が信玄との取次を行っている（平山・二〇〇〇年）。これは降参時の交渉ルート（取次穴山信友↓小取次駒井高白斎）が、そのまま「指南」穴山信友→「小指南」駒井高白斎に移行したものだ。降参時の交渉ルート（「取次」―「小取次」）が、そのまま「指南」―「小指南」に移行した事例として、すでに上野国安中《あんなか》氏（取次西上野郡司、小取次曾根《そね》虎長《とらなが》）、同国廏橋《まやばし》北條《きたじょう》芳林《ほうりん》（取次武田信豊《のぶとよ》、小取次跡部勝資）などが指摘されている（丸島和洋・二〇一一年）。

なお、「指南」は自分の担当していた武士が離叛した後に、再度降参してきた際にも、助命嘆願、罪科免除、本領安堵のための口添えを行っていた。穴山信友が、離叛した伊那先方衆藤沢頼親への再出仕のための手続きを実施したことは紹介したが、信友は天文十八年十月、武田氏に離叛し、再び降参してきた諏方西方衆諏方《すわ》清三《せいぞう》の要請を受け、信玄に嘆願し、再出仕を受け入れてもらったばかりか、本領安堵まで勝ち取っている。信玄は、穴山信友を通じて諏方氏にその旨を伝え、清三の本領については長坂虎房《とらふさ》（諏方郡司）と相談するよう指示している（戦武二九五号）。これも穴山信友が、諏方清三の「取次」だったからであり、その後「指南」にスライドしたことが背景にあるだろう。

先方衆が、武田信玄・勝頼に何事かを上訴する際、「指南」を介して「小指南」に申し出て、信玄・勝頼に「披露」（上訴の伝達）を依頼することとなる。その代表的な事例を掲げよう（戦武二九八八号）。

須田方与山田左京亮知行就相論之儀、仕形存分、以代官可申上由、御書謹而奉頂戴、即申届候処、於于本領者雖無紛候、近年之様体無覚速（束）候条、不及披露可指置由被存候、山田方被為帰郷尤存候、此旨御披露所仰候、恐々謹言

卯月廿二日　　春弾
　　　　　　　　虎綱
原隼
　御宿所

これは、海津《かいづ》城代（川中島郡司）春日弾正忠虎綱《かすがだんじょうのじょうとらつな》が、信玄側近原隼人佑昌胤《はらはやとのすけまさたね》に宛てた書状である。高井郡の先方衆須田氏と山田氏が、知行をめぐり争論を起こしたため、郡司春日虎綱は、甲府の在住の信玄側近で重臣の原昌胤に相談を持ちかけた。そこで原から代官による調査を実施して報告するよう書状で指示されたため、虎綱はそれを実行し、再度報告している。

武田方の代官の手になる須田・山田両氏の知行改の報告を見た原は、本領については報告通りだろうと判断したが、近年の様子には確信が持てないので、よりいっそうの精査を求めたらしい。しかも、山田左京亮《さきょうのすけ》は甲府に召喚され、事情を聞かれていたようだ。原は、さらなる精査を待って信玄に「披露」する必要があると判断したらしく、今回は見合わせたことを春日に知らせている。虎綱は、昌胤の判断を了承し、山田を帰郷させることが得策だと述べ、これら の事情のみを、信玄に「御披露」してくれるよう原に依頼している。このことから、川中島四郡の先方衆須田・山田氏の「指南」が郡司春日虎綱、「小指南」が原昌胤であったことが確認できるだろう。残念ながら、この相論の結末は定かでない。

なお、武田信玄・勝頼からの指示、命令は、「指南」を通じてなされるのが一般的であるが、「小指南」から直接出されることも多かった。その際には、奉書式の武田氏朱印状が作成され、

国	国衆	郡	指南（奏者）	小指南（甲府にての奏者）
上野国	小幡氏	甘楽郡	甘利信忠→浅利信種→内藤昌秀→内藤昌月（西上野郡司）	原昌胤→跡部勝資
	高田氏			原昌胤→？
	一宮氏			原昌胤
	和田氏	群馬郡		土屋昌続→土屋昌恒
	倉賀野（跡部）氏			跡部勝資
	河田重親			跡部勝資
	海野羽尾氏	吾妻郡		土屋昌恒
	高山氏	緑埜郡		原昌胤
	長根氏	多野郡		吉田信生→？
	安中氏	碓氷郡		曾根虎長→跡部勝資
	後閑氏			跡部勝資
	大戸浦野氏※	吾妻郡		土屋昌恒
	大戸浦野氏※	吾妻郡	真田昌幸（北上野郡司）	土屋昌恒
	小川氏	利根郡		土屋昌恒？
	藤田氏			土屋昌恒？
	厩橋北條氏	勢多郡	武田信豊	跡部勝資
駿河国	朝比奈信置	庵原郡	山県昌景→穴山信君（江尻城代）	原昌胤→土屋昌恒
	岡部元信	志太郡		跡部勝資
	岡部正綱			土屋昌続→土屋昌恒
	三浦員久	？	（山県昌景？）→穴山信君（江尻城代）	？
遠江国	高天神小笠原氏	城飼郡	穴山信君	跡部勝資
	天野氏	周智郡	山県昌景？→山県昌満→穴山信君（江尻城代）	土屋昌続？→土屋昌恒
	奥山氏		？	土屋昌続→土屋昌恒？
	松井氏	豊田郡	？	原昌胤→？
三河国	奥平定能	設楽郡	山県昌景（江尻城代）	長坂光堅

（註）黒田基樹・丸島和洋・小川隆司・深沢修平氏、平山の研究による。一部推定を含む。
※大戸浦野氏は西上野郡司管轄下から、のちに北上野郡司管轄下に移る。

表5-2　武田領国における国衆の「指南」「小指南」一覧

国	国衆	郡	指南(奏者)	小指南(甲府にての奏者)
信濃国	市川氏	高井郡	春日虎綱→信達→安倍宗貞(川中島郡司)	土屋昌続→土屋昌恒
	井上氏			?
	須田氏			原昌胤→?
	屋代氏	埴科郡		?
	西条氏			土屋昌恒
	香坂氏	水内郡		?
	山田氏			原昌胤→?
	栗田氏			山県昌景→長坂光堅
	小田切氏			?
	松田式部丞(八幡神主)	更級郡		土屋昌続
	矢沢氏	小県郡	小山田虎満?(佐久郡司)→真田昌幸(北上野郡司)	土屋昌恒?
	浦野氏		小山田虎満?→小山田昌成(佐久郡司)	土屋昌恒?
	禰津氏		小山田虎満?→小山田昌成?(佐久郡司)	長坂光堅
	海野氏			土屋昌続
	真田氏		小山田虎満(佐久郡司)	駒井高白斎→?
	望月氏	佐久郡	小山田虎満→小山田昌成?(佐久郡司)	土屋昌続→?
	上穂氏	伊那郡	秋山虎繁?→?(伊那郡司)	山県昌満
	大島氏			?
	片桐氏			山県昌景
	赤須氏			山県昌景
	飯島氏			?
	松尾小笠原氏			山県昌景
	下条氏			?
	知久氏			山県昌景
	坂西氏			?
	仁科氏	安曇郡	諏方郡司?	駒井高白斎→跡部勝資
	木曽氏	木曽郡	諏方郡司?	甘利信忠→土屋昌続?→武田信豊?

そこには「原隼人佑奉之」などのように、「小指南」の名が明記された。

なお、武田信玄は、天文十一年に信濃侵攻を開始して以後、従属してきた先方衆に対し、知行安堵や加恩を実施する際には、年号と日付を明記したうえ、自らの署名と花押を据えた判物を与えた。これは証文としての性格を帯びた。そして、その書止め文言は「恐々謹言」であった。これは当時の信玄が、甲斐の譜代に与えた文書に「仍如件」の書止め文言を使用していたのとは対照的である。つまり、信玄は当初、先方衆に対し、丁重な扱い（書札礼《しょさつれい》の厚礼化）をしていたと推定されている。まだ信濃・上野において上杉謙信との激しい対立が続いており、武田氏にとって先方衆の後背は極めて重大な事態を招きかねず、武田の陣営に繋ぎ止めるためにも、ていねいな対応をしていたのであろう。既述のように、天文から永禄後半までの武田氏は、先方衆への偏諱授与において「信」を大盤振る舞いする傾向にあり、これもこうした事態が背景にあるとみられる。

しかし、謙信との北信濃での対立が終息に向かい、武田氏の領国拡大が上野国に伸びた永禄九年を境に、武田氏の発給文書の書札礼には大きな変化がみられるようになる。まず、武田氏のおもに重臣を奉者とする奉書式朱印状が登場する。これは、武田氏の家政機構が整備されたことや、信玄の権威上昇や確立という意図があったと想定されている（片桐昭彦・二〇〇五年）。また永禄九年は、かの武田義信《よしのぶ》事件（信玄の嫡男義信が、信玄暗殺と織田信長との同盟阻止を企図したクーデター未遂事件）が発生した翌年にあたる。信玄は、「家中」の混乱を鎮め、自らの権威再構築のために、奉書式朱印状を創設したのではないかという推定もある（『山梨県史』通史編中世)。

同時に、信玄による先方衆への書札礼も変更された。それは、書止め文言がすべて「恐々謹言」から「仍如件」に改訂されたのである。これは明らかに、信玄の権威向上に伴う書札礼の薄礼化とみなされる。そして、これが滅亡までの武田氏当主による、先方衆への書札礼の原則になっていく。

最後に、先方衆の統制と意志疎通のために構築された「指南」—「小指南」であるが、注意すべき点がある。武田氏が、先方衆を自陣営に取り込むために、武田一族や重臣層の子女との婚姻を積極的に推し進めていたことはよく知られている。先方衆当主の養子に入れたり、息女を娶《めあわ》せることで、武田氏との一体化、運命共同体化を進め、よりいっそうの忠節を期待したのだろう。ところが、それが実現した場合、武田氏は縁戚《えんせき》関係となった武田一族や重臣と先方衆を、「指南」や「小指南」から外し、派閥形成に繋がらないように配慮していたようである(深沢修平・二〇一二年)。これらをまとめてみると、表5-3のようになる。これをみると、確かに先方衆と「指南」「小指南」とが組まないように配慮されていたことがわかるだろう。武田氏は、先方衆の取り込みに懸命になりながらも、警戒を緩めることはなかったのである。

なお、先方衆の「家中」には、先方衆の当主の意を受けて、「指南」(奏者)に様々な申請を行い、またその指示を受けて先方衆の当主に伝達する窓口役としての家臣がいたはずである。その様子が窺えるのは、例えば穴山氏の「家中」であれば、信君(梅雪)の意を受けて武田氏の「小指南」土屋昌恒や、穴山知行地である筑摩《つかま》郡埴原《はいばら》郷(松本市)を管轄地域とする筑摩郡

表5-3　国衆の取次と縁戚関係

No.	国衆	国・郡	小指南	縁戚関係
1	木曾氏	信濃・木曾郡	甘利信忠	武田宗家
2	仁科氏	信濃・安曇郡	跡部勝資	武田宗家 武田典厩家 武田逍遙軒家
3	松尾小笠原氏	信濃・伊那郡	山県昌景	武田逍遙軒家
4	望月氏	信濃・佐久郡	土屋昌続	武田典厩家
5	小幡氏	上野国	原昌胤	武田典厩家
6	和田氏	上野国	土屋昌続・昌恒	跡部勝資
7	安中氏	上野国	曾根虎長	甘利信忠
8	朝比奈氏	駿河国	原昌胤	跡部勝資
9	岡部氏	駿河国	跡部勝資	土屋昌恒
10	坂西氏	信濃・伊那郡	？	甘利信忠
11	阿江木氏	信濃・佐久郡	？	山県昌景
12	栗田氏	信濃・水内郡	飯富虎昌→山県昌景→長坂光堅	山県昌景
13	丸子氏	信濃・小県郡	？	馬場信春
14	西条氏	信濃・埴科郡	土屋昌恒	小畠虎盛
15	塔原海野氏	信濃・筑摩郡	跡部勝資	小畠虎盛

（註）深沢修平・2015年をもとに作成。武田典厩家は、武田信繁（信玄の弟）・信豊父子の家、武田逍遙軒家は、武田信廉（信玄の弟、逍遙軒信綱）の家を指す。

司（深志城代、指南）水上宗富と協議をしたり、駿河国興津《おきつ》城の仕置きについて勝頼側近長坂釣閑《ながさかちょうかん》斎光堅《さいこうけん》と協議していた佐野越前《えちぜん》守《のかみ》泰光《やすみつ》（戦武二八六二・三八六七号）、武田氏に命じられて甲府出仕を指示された信濃先方衆（佐久郡）岩村田大井貞隆《さだたか》・貞清《さだきよ》に対し、生命の保障をすると明記した信玄起請文を上使駒井高白斎が手交した際に、大井「家中」を代表してこれを拝領した荒田氏（『高白斎記』天文十六年条）、武田氏に従属を表明した信濃先方衆（佐久郡）望月信雅に対し、知行安堵の朱印状を真田幸綱を通じて手交した際に、これを拝領した依田新左衛門（同十八年条）などは、それに相当するだろう。これらの詳細は、史料不足もあって実態が不明な点が多いが、今後さらなる史料の発掘と分析が求められる。

武田氏の軍団編成と先方衆

ところで、武田氏と先方衆を繋ぐ「指南」は、武田軍の編成に際しては、ともに同じ備《そなえ》（軍団）を構成することが原則であった。つまり「指南」は、戦時には先方衆にとって寄親となり、先方衆はその指揮下に入ることになっていた。ただ、先方衆は独立性が保たれていたから、同じ備になるといっても、自らの手勢を率いたまま同陣する「相備」という形が採られていた（その実態はなお検討を要するが、大身の先方衆〈例えば上野国《こうずけのくに》小幡《おばた》氏〉は手勢だけで備を編成したが、それ以外の先方衆は当主の供廻《ともまわ》りを除き、武装ごとに再編成された可能性が高い）。

そのため、武田氏からの陣触は、「指南」を通じて伝達された。既述のように、先方衆の「指南」は、各地の拠点城郭に配置されていた武田氏の重臣（郡司もしくは城代）であったから、川中島四郡の先方衆ならば海津《かいづ》城代春日《かすが》虎綱《とらつな》・信達《のぶたつ》父子、西上野ならば箕輪《みのわ》城代内藤昌秀《ないとうまさひで》、駿《する》河《が》・遠江《とおとうみ》ならば江尻《えじり》城代山県昌景《やまがたまさかげ》、諏方ならば諏方高島城代市川昌房《まさふさ》ら、伊《い》那《な》郡・東美濃ならば大島城代秋山虎繁《とらしげ》という具合である。

このような郡司・城代（「指南」「奏者」）を通じて実施、編成された、本国以外の武田軍では、当然のことながら、それぞれの「指南」指揮下の先方衆の数や動員人数にはばらつきがあり、それが編成された軍勢の人数の差として表れた。確実な史料に恵まれないが、『軍鑑』の「惣人数」によると武田軍の中で、最も多くの人数を誇ったのは、川中島郡司の春日虎綱で、自身の手勢四五〇騎（甲斐《かい》・信濃《しなの》の同心衆を含む）と川中島四郡の先方衆雨宮・寺尾・河田・大室・綿内井上・須田・屋代・小田切・栗田・芋川・八幡神主松田・西条氏と筑摩郡山家・赤沢氏らを相備とし、総計一〇二七騎、さらに長沼城番の足軽大将原与左衛門、譜代市川梅隠斎等長《ばいいんさいとうちょう》が加わった。これに次ぐのが、江尻城代山県昌景で、自身の手勢三〇〇騎と、駿河・遠江・三河《みかわ》の先方衆朝比奈・三浦・山家三方衆《やまがさんぽう》、信濃の松尾小笠原《おがさわら》・阿江木《あえぎ》氏などを相備とし、総計九八〇騎を擁したという。さらに、西上野の箕輪城代内藤昌秀は、手勢二五〇騎と、上野先方衆の多比良・高山・白倉・木部・甘引・倉賀野（跡部《あとべ》）・後閑上条・長根小幡氏らを相備とし、総計六〇〇騎を擁したという。

これら『軍鑑』の記述は、実際の文書などで裏づけることができ、武田軍の軍事力は、信玄・勝頼《かつより》率いる旗本を中核に、武田御一門衆、準一門（大井・岩手・油川氏など）、譜代家老をはじめとする甲斐衆と、足軽大将率いる牢人《ろうにん》らで構成された足軽衆などが「大手」（本隊）を構成し、それに郡司（「指南」）がそのまま寄親となって、管轄地域の先方衆を率いる軍勢が参画して出来上がっていた。まさに先方衆の軍事力は、武田軍の柱の一つであったといえるのである。

なお、『軍鑑』の「惣人数」によると、山県・内藤・春日ら譜代家老が、先方衆らを相備とし、自身が寄親として指揮する軍勢は、武田軍の最前線である「一ノ先衆」に配置されたという。これは、敵軍とまともに衝突する位置にあり、武田御一門衆、準一門ら甲斐衆で構成される「二ノ先衆」はその後ろと固め、決戦に投入される命令を待っていたといわれる。

所領役帳と御恩帳

他国国衆が、武田氏に従属し、所領安堵などが実施され先方衆に位置づけられると、その知行貫高、所付《ところつけ》（郷村名など）の詳細が大名側に登録され、それを基準に知行役（軍役・地頭役・普請役などの奉公）が賦課されることとなる。大名側に集約された先方衆の知行高、所付は、『分限帳』、『御恩帳』などと呼ばれる『所領役帳』に記載、登録され、一元的な管理がなされた。

武田氏には、北条氏の『北条氏所領役帳』（いわゆる『小田原衆所領役帳』、永禄二年成立）に相当する史料は現存しないが、間違いなくこれに相当するものが存在していたことは、次の史料からも明らかである。

①廿日丙辰面付並諸役ノ義ニ連判仕候（『高白斎記』天文十八年十月二十日条）

②一彼同心衆之内、不載御恩帳者五三輩有之由被聞召、及御尋ニ而、只今書付進上候条、可被遂御披見候（天正九年六月六日、土屋昌恒宛穴山梅雪書状写、戦武三五五七号）

①は、駒井高白斎らが、「面付《おもてつき》」と「諸役」賦課について、武田信玄の意向を支持し、連署して武田「家中」としてこれを実施することを決定したという記述である。ここにみえる「面付」こそ、先方衆や地頭層らの所領貫高の総計のことを指し、これは文書に「高辻」「上司」ともみえるものである。この「高辻」「上司」「面付」から、不作分、堰免《せきめん》など諸々《もろもろ》の控除がな

された残高が、年貢高（「定納」）である。武田氏の知行役賦課の実態については、後で述べるが、すでに天文十八年までには信玄がこうした先方衆、地頭（領主層）の所領貫高を一元的に把握していたことが明らかであり、これは現存しないが、「武田氏所領役帳」が成立していたことを示すものである。

②は、そのことがはっきりと「御恩帳」として明示されているものである。これは、天正九年六月、遠江国《とおとうみのくに》高天神《たかてんじん》城が徳川氏に奪回されたことを受けて、駿河《するが》・遠江方面の軍事統括者（城代）であった江尻《えじり》城代穴山梅雪が、武田氏と戦後処理を行った際に課題などを列挙して、勝頼側近土屋昌恒《まさつね》に報告した条目の一節である。これによると、戦死した高天神城将岡部丹波《たんば》守元信《かみもとのぶ》の同心衆のなかに、数人ほど武田氏の「御恩帳」（『所領役帳』）に登録漏れがあったとの情報が勝頼のもとに伝えられたことから、その調査を梅雪が行い、結果を書付で別途報告したという。同心は、形式上は武田氏の御家人で直参ではあるが、その登用法については、武田氏のもとへ直接申請して登用される場合と、先方衆や寄親クラスが登用を決め、これを武田氏に伝達する場合とがあった。この事例は後者に相当し、岡部元信がこの事実を武田氏に伝達し忘れ、「御恩帳」に記載漏れになってしまったのだろう。

このように、武田氏は少なくとも信玄が家督を相続し、天文十一年に信濃《しなの》侵攻を開始して、領国拡大が進捗《しんちょく》し始めたのと並行して、甲斐《かい》・信濃衆の所領貫高把握を推進し、『所領役帳』（「御恩帳」）の作成を行い、分限に基づく知行役賦課を整備、推進していったとみられる。

だが、このような所領貫高掌握の方法には、当然のことながら大きな限界があった。それは先方衆、地頭（領主層）より起請文を媒介しているとはいえ、武田氏のもとにもたらされる所領の内容は、あくまで彼らの申告に委《ゆだ》ねられていたことに変わりはなく、そのため現実と指出《さしだし》の内容との乖離《かいり》がつねに課題としてつきまとっていた。それは正確な申告（指出）を忌避しようとする領主層と、正確な把握を目指そうとする武田氏とのせめぎあいが続くことに他ならない。

実際に、天正六年七月に武田氏に知行書立《ちぎようかきたて》を認《したた》めて提出した、信濃国水内《みのち》郡の先方衆島津《しまづ》泰《やす》忠《ただ》は、所領の内容について、新御恩の三ヶ所の郷村と、本領（島津領）のうち、西尾張辺（上司一〇〇貫文、定納一〇二俵一斗）を除いて、他はすべて「右之地一切荒所」と記載した。この指出の内容をそのまま信じるか、否定するか、いずれにせよ決め手に欠けるが、それにしても本領のほとんどが荒れ地という記述はきわめて不自然で、島津氏の作為が感じられる。それでも武田氏は、この指出に基づいて所領貫高と定納貫高を把握し、知行役を賦課したのである。

結局、武田氏が地頭層の定納貫高を、どれほど所領貫高に近づけられるかは、相互の関係に規定されていた。戦国大名が、地頭層にどれほどの軍役を課すことができるかは、戦国期を通じて課題であり続けた。

先方衆が果たすべき負担

では、戦国大名武田氏の従属下に編入された先方衆は、どのような負担が課されていたのだろうか。このことについては、黒田基樹氏が北条氏と国衆を事例に検討されているが（黒田基樹・一九九七年)、武田氏ではどうであろうか。以下、それを列挙、紹介していこう。

〔1〕地頭役

これは、北条氏における地頭出銭《じとうしゆつせん》に相当する。この地頭役は、鎌倉時代に創設された地頭御家人役の系譜をひくものと想定され、原則として武田氏より知行安堵や恩地を与えられた地頭(領主)すべてに賦課された課役である。これは、弘治三年十一月六日に、武田家奉行人長坂虎房《とらふさ》・三枝虎吉《さいぐさとらよし》・両角虎光《もろずみとらみつ》が連署で、小尾藤七郎《おびとうしちろう》に対して「就京進面付之事」を発給し、地頭役を銭で納入するよう命じたのが初見である(戦武五七八号)。

これによると、小尾氏の所領貫高(面付《おもてつけ》)は七〇貫文で、それに一〇〇貫文につき八〇〇文の割合で役銭が賦課された。この割合で面付から割り出された小尾氏の負担額は、五六〇文であり、これを半分ずつの二八〇文にして、それぞれが地頭(小尾氏)と百姓に賦課された。この出銭は、「京進」とあることから、京都に進上されたもので、この年の九月に後奈良《ごなら》天皇が崩御し、正親町《おおぎまち》天皇が即位しているので、これを祝って武田氏が京都に送ったものと推定される。地頭ばかりでなく、百姓にも負担を求めているのは、そのためであろう。地頭の所領貫高(面付)に応じて、百姓に出銭を求めた事例は他には見られない。

京進の名目ではなく、通常の地頭役についての史料も若干残されている。天正四年三月四日に、武田氏が賦課した地頭役の史料によれば、それは「上務」(上司)一〇〇貫文につき三貫文の割合で賦課されている。ただし、一蓮寺《いちれんじ》宛の「面付之事」(戦武二六〇四号)と、所領貫高の低い土豪ないし有力百姓クラスと推定される某氏宛の「面付之事」（戦武二六〇六号）では、地頭役賦課の方法に相違が認められる。

一蓮寺宛の場合、武田氏は上務一〇〇貫文につき三貫文の割合で、面付ではなく、定納貫高（二四六貫文）に賦課され、七貫三八〇文の納入が命じられていた。ところが某氏（早川氏か）宛の場合、この面付には上務と定納の区別がなされていない。これは所領貫高が低い土豪クラスには、定納貫高に賦課せず、上務（面付）すなわち所領貫高に賦課する方法が採用されたのではなかろうか。この場合、一蓮寺は、定納貫高に上司貫高割合の地頭役が賦課されるため、その負担は重くなり、所領貫高が低い土豪クラスと推定される階層には、所領貫高割合の地頭役をそのまま賦課するので、負担が軽減されることとなる。

この他に、武田氏滅亡後ではあるが、地頭役として籾、黄金、びた銭などが「御蔵」に納入されているので、地頭層に賦課された地頭役は、銭だけでなく、米穀や黄金などで納められ、戦国大名の「御蔵」に保管されたのである（県内五一四〜八号）。なお、地頭役を段銭《たんせん》とする説があるが（柴辻俊六・一九八二年）、地頭役＝段銭を明確に示す史料は存在せず、地頭出銭であることは事例からみて間違いない。

なお北条氏の場合、地頭出銭は、原則として銭貨と兵粮《ひょうろう》の二種類で構成され、知行高の応じて北条氏から納入が命じられたといい、ほぼ武田氏と同様であったことが知られる（黒田基樹・一九九四年）。

〔2〕普請役

武田氏が先方衆をはじめとする地頭層に賦課した重要な課役に普請役がある。普請役には、おもに城普請と川除《かわよけ》（堤防）普請《ふしん》が確認できるが、最も重視されたのは、城普請《しろぶしん》であった。いうまでもなく城普請は、武田氏の戦線と地域支配維持にとって最も重要な城郭、砦《とりで》を日常的に整備、拡充するために課されたものである。城普請は、武田軍が侵攻する地域に、全軍が普請に参加する形態と、軍役の一環として城砦《じょうさい》に配置された在番衆や在城衆が日夜実施する形態とに分類される。ともに、先方衆ら地頭層の負担すべき課役であった。

武田軍が全軍を挙げて、新占領地で実施する城普請は「惣普請《そうぶしん》」と呼ばれた。天文十八年七月、武田軍は佐久郡侵攻に先駆けて、上伊那の防備を固めるべく、箕輪城の普請を実施した。この模様を『高白斎記』は「九日高島ニ御着城、十四日壬午辰刻御人数ヲ立サセラレ翌十五日未刻向午方箕輪ノ城御鍬立」と記している。これは諏方郡の高島城（茶臼山《ちゃうすやま》城）に入った信玄が、全軍を率いて箕輪城に赴き、自ら鍬立《くわだて》（城普請始めの儀式）を執行している。また、天文十九年（一五五〇）七月、小笠原長時《おがさわらながとき》を追放した武田軍は、深志《ふかし》城の普請に着手した。その経緯をみてみると「十九日辛亥深志ノ城、酉ノ刻高白鍬立、向戌亥鍬五具、屋形様深志へ御出、廿五日惣普請」とある。ここでも、鍬立が実施された後、信玄の指揮の下、惣普請が実施されている。

武田軍が在陣しながら、短期間に大規模な城普請を実施するのが「惣普請」であるなら、個々の軍勢や先方衆などが命じられた領国各地の城普請には、「定普請」と「番普請」の二種類があった。「定普請」は、城主もしくは武田氏の拠点城郭周辺に住む先方衆が、定期的に実施するものであり、いっぽう「番普請」は城砦に派遣された在番・在城衆によって日常的に繰り返し実施されるものである。このうち、「定普請」は、いかなる理由があろうと免許されることはなかった（戦武七一四号）。既述のように、信濃国《しなののくに》伊那郡大島城は、先方衆松尾小笠原・下条・松岡氏や知久衆が城普請などに動員されていたが、これは「定普請」に相当するだろう。地頭層の負担としての城普請には、武田氏の御一門衆も動員されており、信玄の異母弟松尾《まつお》信《のぶ》是《これ》も信濃国長沼城の普請を担当している（戦武一六六九号）。なお、普請役賦課基準についてははっきりしないが、北条氏や武田氏の川除普請の事例のように所領貫高であった可能性が高い。

また、武田氏は元亀二年を境に、領国全域への普請役賦課を強化していくが、これは先方衆領にも適用された。これは上杉・織田・徳川氏との対決が激化してきたことを背景としていた。この傾向は、勝頼時代にはいると、織田・徳川・北条氏との抗争でよりいっそう厳しくなる。具体的には、この時期以後、武田氏の普請役に「惣国一統之御普請」「一国一統之御普請」が登場するようになる。この名目で賦課される御普請役は、たとえ諸役免許特権が与えられていても適用されず、もしこの負担が過重で免許が必要なら、武田氏にその旨を新たに申請し、免許特権を更新しなければならなかった。このような性格を持つ役は「国役」と呼ばれ、戦国大名武田氏にとって最も重要な税目に位置づけられた（鈴木将典・二〇一二年）。

例えば、駿河国新宮昌忠《するがのくにしんぐうまさただ》（駿河府中浅間社《せんげんしゃ》の富士新宮神主）は、元亀三年四月、武田氏より「雖為惣国一統之御普請之時節、其方被官五拾五人之分、御普請役一切ニ御免許候」との一部の特権を認められている（全面的な免除でないことに注意、戦武一八二三号）。また上野国《こうずけのくに》でも、元亀四年十一月には「上州一統之御普請者無異儀可被出之旨被仰出者也」とみえ、通常は御普請役を一切免除されていても、この場合は免許特権が凍結され、負担しなければならぬと通達された（戦武二二二一号）。武田氏が、郷村や宿町をはじめ、寺社などにも緊急の際には免許特権の凍結を骨子とする「国役」賦課を強化するのは、天正三年五月の長篠《ながしの》敗戦後のことである。

たとえば天正四年七月には「門前家拾間之分、以御直判、郷並之諸役、除惣国一統之御城普請、御免許」（駿河国富士郡本門寺《ほんもんじ》宛、戦武二六八五号）とあり、さらに天正六年四月になると、「以先御印判、雖八幡領人夫御免許候、諸城之御普請無際限候之間、向後者在家拾間分、御普請役一切御免許候畢」（駿河国八幡神社宛、戦武二九六四号）など、駿河の諸城は北条・徳川両氏の挟撃を受け、重大な事態を迎えており、防衛力強化のため武田氏による「際限」なき城普請が実施され、民衆への大きな負担となっていた。この方針は、先方衆領にも適用されるようになる。

武田勝頼《かつより》は、天正九年頃より開始した新府《しんぷ》城の築城にあたって、先方衆領に甲斐《かい》本国より勝頼の近習を派遣し、領内の「人足改」を実施した（戦武三四八五号）。この「人足改」とは、動員の基準が家十間につき人夫一人との規定であるので、実際には棟別改《むなべつあらため》だったのであろう。その上で、動員は三十日間で、人足として新府に赴く当人の食糧（粮米《ろうまい》）は軍役衆の負担であり、また軍役衆は水役（普請中の湧水除去や飲用水運搬）の人足を出すことになっていた。

先方衆は、原則として戦国大名が賦課する国役の負担を免除されているが、武田氏は「惣国一統」「一国一統」の普請に限ってはその措置を解除し、負担を指示していた。先方衆の所領（領）は、「国」であったから、「惣国」「一国」とは、これらを包括する大名領国（「分国」「国家」）を意味しており、そのための負担を求められるようになったわけである。武田氏がこうした「惣国一統」「一国一統」の普請役を賦課するようになるのは、元亀年間のことであり、当時は上杉・北条・徳川氏との厳しい抗争が展開していた、まさに武田氏の軍事が最も頻繁であった時期のことである。

次に、川除普請について述べよう。武田氏は、その領国下の河川の氾濫《はんらん》に常に悩まされており、治水事業は重要な施策の一つであった。そのため、川除普請には、地頭層の所領貫高（面付）に対して普請すべき長さが指定された。信玄の家臣駒井高白斎《こうはくさい》は、天文十五年（一五四六）八月三日に、富士川の川除を実施するため、武田氏に命じられて河内谷飯富《かわうちたにのいいとみ》（山梨県身延町）に赴き、川除規模十間《けん》（約一八メートル）のうち、三間五尺（約七メートル）を担当している。その際の賦課基準は、所領貫高（面付）によるものであった（『高白斎記』）。この川除普請が実施された場所は、武田一族で有力国衆穴山信友《のぶとも》領にあたる。穴山領であるにもかかわらず、武田氏の家臣が川除普請を負担しているのは、先方衆が独力では対処しえない川除普請などの大規模な普請事業には、武田氏がこれを支援するのが原則であったことを意味しよう。このような支援を先方衆にしえたからこそ、戦国大名は広域権力として領国を維持しえたのであろう。

〔3〕人足役

ほんらいは人足普請役として一括されている負担だが、物資運搬を主とするものを人足役として区別して紹介しよう。この人足役としては、兵粮《ひょうろう》輸送が重視された。これは、地頭層がほんらい知行役として負担すべき城普請や、城番などの負担を免許する代替として命じられた。永禄三年十月、佐久郡小諸《こもろ》城に在番していた信濃先方衆大井高政《たかまさ》は、武田信玄より次のような指示を受けた（戦武七一四号）。信玄は、関東に侵攻した上杉謙信を牽制《けんせい》すべく、同年九月には信越国境に出陣し、帰途には碓氷峠《うすいとうげ》に布陣して上杉軍の南下を押さえ込もうとした。その際に大井高政は、武田軍の補給を担当し、小諸城から碓氷峠まで兵粮輸送を行った。そこで信玄は、武田軍が侵攻しない小康時に際しては、大井高政の小諸城普請と在番を免許し（但し小諸城の定普請は免許しない）、その代わりに上野口（碓氷峠）方面に武田軍が侵攻する際には、小諸城からの兵粮輸送を負担するように命じた。

また武田氏の軍事・外交政策に伴う緊急の物資運搬には、先方衆領を超えた広域に動員がかけられることがあった。永禄六年（一五六三）頃、美濃《みの》斎藤義龍《よしたつ》より離叛した長井隼人《はやと》からの要請を受けた武田氏は、久々利《くくり》城（岐阜県可児《かに》市）に大規模な兵粮の搬入を実施した。信玄の条目によると「久々利《江》之俵子、先五百俵相移候哉、重而五百俵必可移候、人足者高遠より下、飯田より上之人夫にて、信濃境迄遣へく候、其より久々利へは苗左兄弟之領中より人夫相催運送あるへき旨、兼而理へき事」とあり、合計一〇〇〇俵もの米俵が信濃・美濃国境まで輸送された。これを運搬するための人足は、高遠から飯田にかけての地域（恐らく高遠領から飯田領）

に動員が指示された。これには、他にも下条氏を除くほぼ伊那郡全域の先方衆領が賦課の対象になっていたとみられる。

〔4〕軍役

武田氏が先方衆に要請した最も重要な奉公は、軍役である。その内容について検討してみよう。実は、武田氏が先方衆に課した動員人数と武装内容の指示についての詳細は、永禄五年十月十日に信濃先方衆小諸大井高政に与えた軍役定書が初見である（戦武八〇二号、表5-4№2）。ところが、ここでは大井高政の所領貫高（上司）も定納貫高も記載されていない。その内容は、動員人数（着到人数）と武装内容のみを書き上げるに留まっている。ところが、天正五年以後の軍役定書をみると、先方衆の知行貫高については、「上司」と「定納」貫高の区分が記され（あるいは軍役賦課の基準である定納貫高のみ）、それに対応する軍役の着到人数と武装内容が決定されていた。

この知行貫高と軍役人数および武装内容の対応関係については、北条氏の研究を参考に検討が加えられているが、必ずしも明確になっているとは言い難い。先行研究として、松平乗道、湯本軍一、柴辻俊六氏の分析によれば、①武田氏の軍役賦課は、知行貫高のうち諸経費の控除を実施した残高に相当する定納貫高に賦課された、②だが貫高と軍役人数との対応関係は必ずしも一律ではない、③はっきり判明するのは、「定納」貫高の大きさによって軍役負担率が変動していることである、④「定納」貫高と軍役負担率は、分限の大きい武士ほど負担率が重く、

騎馬	持鑓	長柄	弓	鉄炮	小旗持	指物持	持道具	甲持	具足	手明	比率	出典1
—	—	—	—	—	—	—	—	—	40	—	4.43	戦武742号
—	2	30	5	1	1	1	—	1	—	4	?	戦武803号
5	—	31	5	1	1	—	2	—	—	—	?	戦武804号
4	—	18	4	1	1	1	3	1	—	5	?	戦武892号
1	1	1	—	1	1	—	—	—	—	—	?	県外441号
7	23	—	—	—	—	—	—	—	—	—	?	戦武1090号
1	—	—	—	1	—	—	—	—	—	—	11.67	戦武1468号
3	5	10	2	5	3	—	—	—	—	—	14.19	戦武1672号
15	45	—	—	—	10	—	—	—	—	—	?	県外273号
1	1	1	—	—	1	—	—	—	—	—	8.75	戦武1788号
6	6	〈19〉	6	6	3	—	—	—	—	—	?	戦武2580号
—	2	4	1	1	1	—	—	—	—	—	?	戦武2618号
—	1	—	1	—	1	—	—	—	—	—	?	戦武2639号
—	1	—	—	1	—	—	—	—	—	—	?	戦武2645号
—	5	—	1	1	1	—	—	—	—	—	?	戦武2646号
—	1	1	—	1	1	—	—	—	—	—	?	戦武2647号
1	2	6	1	2	1	—	—	—	—	—	?	戦武2654号
1	2	1	—	1	1	—	—	—	—	—	?	戦武2658号
9	15	21	10	10	5	—	—	—	—	—	13.83	戦武2810号
4	4	12	4	5	3	—	—	—	—	—	14.1	戦武3014号
1	?	4	?	1	1	—	—	—	—	—	6.02	戦武3015号
1	1	1	—	1	1	—	—	—	—	—	9.94	戦武3016号
1	—	1	—	—	—	—	—	—	—	—	10.5	戦武3017号
—	—	1	—	—	—	—	—	—	—	—	11.4	戦武3018号

表5-4　戦国大名武田氏の軍役定書一覧

No.	年月日				家臣名	区分	上司	定納(定所務)	総計
1	永禄4	1561	5	10	桃井六郎次郎	信濃衆	―	177貫240文	40
2	永禄5	1562	10	10	大井高政	信濃衆	―	―	45
3	永禄5	1562	10	19	大井高政	信濃衆	―	―	45
4	永禄7	1564	5	24	大井高政	信濃衆	―	―	38
5	永禄9	1566	9	21	(宛名欠)	?	―	―	〈5〉
6	永禄10	1567	7	1	後閑信純※	上野衆	―	―	〈30〉
7	永禄12	1569	11	2	沢登藤三郎	甲斐衆	―	(増分)23貫332文	〈2〉
8	元亀2	1571	3	13	武田信実	親類衆	―	※397貫350文	〈28〉
9	元亀2	1571	10	1	後閑信純	上野衆	―	―	〈70〉
10	元亀3	1572	2	5	下源五左衛門尉	上野衆	―	35貫文	〈4〉
11	天正4	1576	2	7	小田切民部少輔	信濃衆	―	―	46
12	天正4	1576	3	27	大日方佐渡守	信濃衆	―	―	9
13	天正4	1576	5	2	古屋八左衛門	甲斐衆	―	―	3
14	天正4	1576	5	12	小尾新四郎	甲斐衆	―	―	2
15	天正4	1576	5	12	初鹿野伝右衛門尉	甲斐衆	―	―	8
16	天正4	1576	5	12	大久保平太	甲斐衆	―	―	4
17	天正4	1576	5	19	市川助一郎	甲斐衆	―	―	12
18	天正4	1576	5	25	大滝宮内右衛門	信濃衆	―	―	5
19	天正5	1577	5	26	岡部正綱	駿河衆	2465貫文	968貫285文	〈70〉
20	天正6	1578	8	23	西条治部少輔	信濃衆	1450貫文	451貫300文	〈32〉
21	天正6	1578	8	23	島津泰忠	信濃衆	(875貫文)	120貫400文	20
22	天正6	1578	8	23	原伝兵衛	信濃衆	―	49貫700文	〈5〉
23	天正6	1578	8	23	玉井源右衛門尉	信濃衆	―	21貫文	〈2〉
24	天正6	1578	8	23	勝善寺順西	信濃衆	36貫文	11貫400文	〈1〉

(註) ―は記述なし。〈　〉内の数値は軍役定書の総計。比率は動員1人あたりの貫高との関係を示す。※の武田信実の定納貫高は、同日付の武田家印判状の数値。また島津泰忠の上司貫高は、天正6年7月27日の島津泰忠知行書立目録による。出典のうち、『県外』は『山梨県史』中世資料編県外文書、『戦武』は『戦国遺文武田氏編』を示す。※の後閑信純の数値は、永禄10年7月から翌11年9月までの時限規定で、それ以後は騎馬15騎、鑓60本（騎馬持鑓15本を含む）、持小幡10本、弓・鉄砲（数量不明）の支度義務が課されていた。

分限が少なくなるにつれて負担率が軽くなる、上重下軽の特徴があるとみられる、⑤負担率格差が開く境界は、「定納」貫高一〇〇貫文であり、それ以下の負担率が極めて小さい傾向にある、⑥その要因は、在地の小領主層（土豪・地侍・有力百姓層）に対する妥協、懐柔策と推定される、⑦さらに、甲斐・信濃衆を比較すると、武田氏の軍役賦課は信濃衆に重く、甲斐衆に軽い傾向にある、と指摘されている（松平乗道・一九六五年、湯本軍一・一九七七年、柴辻俊六・一九七七年）。

そこで、武田氏の発給した軍役定書を集成したうえで再検討してみよう（表5-4）。武田氏が知行高に対応した軍役賦課を開始したことが確認できるのは、永禄四年からである（同No.1）。だが、既述のように、知行高（「面付」）を基準に役賦課が実施されたのは、天文十五年の川除普請が初見で、同十八年にも諸役賦課がなされており、また地頭役も弘治三年であるから、信玄の家督相続前後には、知行貫高を基準にした軍役・諸役賦課が確立していた可能性が高い。これは、室町幕府―守護体制以来の慣行であり、武田氏はそれを知行改などを通じて、知行貫高の実態把握を推し進め、整備していったのだろう。

表5-4から読みとれる武田氏の軍役賦課について、先方衆＝国衆（知行貫高一〇〇〇貫文以上）を軸に据えて考察すると、①武田氏の軍役は、定納一〇〇貫文未満の地頭層は、約一〇貫文から約一二貫文につき一人の目安で賦課されている、②いっぽう、定納一〇〇貫文以上二〇〇貫文未満（信濃先方衆島津泰忠《やすただ》、地頭桃井六郎次《ろくろうじ》郎《ろう》）の場合、四・四貫文から六貫文につき一人の動員となり、一覧表の中で最も軍役負担が過重である。これは湯本軍一氏がかつて指摘し

た通りである、③ところが、定納二〇〇貫文以上（武田氏御一門衆武田信実《のぶざね》、駿河先方衆岡部正綱《まさつな》、信濃先方衆西条治部少輔）になると、一三・二貫文から一四・二貫文につき一人の軍役負担で一定している。この負担率は、かつて湯本氏が指摘した土豪・有力百姓層（湯本氏は小領主層と規定）の負担率よりもむしろ軽くなる傾向にある、④つまり、湯本氏の指摘した「上重下軽の特徴」は成立せず、定納一〇〇貫文以上二〇〇貫文未満の階層の負担が最も重く、一〇〇貫文以下の小身の地頭（寄騎・同心衆クラス）と二〇〇貫文以上の大身の地頭（先方衆、寄親クラス）の負担が軽いことがわかる。しかも大身の地頭（先方衆、寄親クラス）は、小身の地頭よりも負担率が軽い。このことから、武田氏がその軍団編成の中核である大身の地頭（御一門衆、譜代家老衆、先方衆）に対して優遇措置を採らざるをえなかったとみられる。その結果、その分負担が過重となったのは、中小の地頭層であった、⑤さらに負担率変動の目安である二〇〇貫文については、武田氏の軍法条目に、定所務（定納）二〇〇貫文（二万疋）を基準にして、替馬と悴者《かせもの》騎乗の馬を用意させる規定があり（戦武一四六一～六三・二二〇一・二二〇三・四二二三号）、一五〇貫文の者へは替馬のみの負担が義務づけられていた（戦武二二〇一・二二〇二・二二〇三号）。この軍法より、武田氏の軍役賦課率変動の目安は、一五〇～二〇〇貫文あたりに設定されていたと推定される、⑥一覧表を見る限り、甲斐衆と信濃・駿河衆との間に、負担率の格差は存在しない。従って甲斐衆の負担が軽いとの説は成立しない。あくまで負担率変動は、定納貫高を基準にしている。

ただし、これらの分析は、知行貫高のうち「上司」と「定納」がともにはっきりと判明している事例をもとにしてであり、詳細な傾向分析を行うには、事例が少なすぎるといえるだろう。そのため、ここでの分析はあくまで仮説に留まる。それでも、武田氏は先方衆に対して、かなり手心を加えていることは間違いないだろう。

右のほかに、他の史料と勘案して指摘できるのは、騎馬の負担に関する問題である。例えば北条氏では、知行貫高一〇〇貫文につき騎馬三騎、同じく二〇貫文前後の小領主にも本人自身は馬上が割り当てられるのが原則であった（佐脇栄智・一九九七年）。これに対して、武田氏の軍役で騎馬が占める割合は、大身の地頭（先方衆、寄親クラス）の場合、一〇〇貫文につき一騎という傾向が読みとれる。また小身の地頭（寄騎・同心クラス）は、二〇貫文を基準に一騎という傾向がある。騎馬負担の目安となる知行貫高は、武田氏も北条氏も同じであるが、若干武田氏の方が、北条氏よりも騎馬動員が少ないとみられる。ところで、騎馬を負担する知行貫高の目安が、二〇貫文という一覧表よりの推計は、武田氏の軍役条目からも裏づけられる。

一従弐拾貫至三拾貫、黒付朱紋金之馬介、自三拾貫上者、惣而可為金之馬介之事

これは元亀四年十月一日に、武田氏が発令した軍役条目の第九条であるが、これによれば、定納貫高二〇〜三〇貫文の者は、黒付朱紋金の馬介《うまよろい》を、三〇貫文以上の者はすべて金の馬介を用意することが義務づけられていた（戦武四二五二号）。そして、ここでは二〇貫文未満には、馬介に関する規定が存在していない。つまりそれ未満の知行貫高の者は騎馬で出陣することを、武田氏が想定していないことを示している。ここから、武田氏の軍役規定において、騎馬を負担するのは二〇貫文以上の定納貫高を保持する者のみであり、この該当者は騎乗で参陣するこ

とになっていたと考えられる。この規定は、元亀四年以後のものであるため、それ以前にはそのまま適用されない可能性が高いが、少なくともそれ以後の軍役定書の内容とは一致していることが認められる（一覧表では、勝善寺順西のみが二〇貫文未満であり、歩兵として参陣する規定であった）。

さて、表5-4のうち、先方衆は小諸大井高政（信濃佐久郡）、後閑信純《ごかんのぶずみ》（上野碓氷《うすい》郡）、小田切民部少輔（信濃水内郡）、大日方佐渡守（信濃安曇郡）、岡部正綱《まさつな》（駿河）、西条治部少輔（信濃埴科郡）、島津泰忠（信濃水内郡）のみであり、さらに知行貫高が判明するのは、岡部・西条・島津氏の三例でしかない。また『軍鑑』の「惣人数」に記されている軍役人数と比較すると、岡部正綱は『軍鑑』では五〇騎に対し、軍役定書では七〇人、西条治部少輔は四〇騎に対し三二人、島津泰忠は一二〇騎に対し二〇人とほとんど一致しない。そのため、先方衆の軍役負担については今後も慎重な検証が必要だが、史料の残存状況の問題もあり、今のところ詳細を読み解く手掛かりに欠けている。

ただ、武田氏が先方衆に対し、軍事力強化のために負担を増やし続けたと考えることは正確ではない。例えば、信濃先方衆大井高政は、永禄五年（一五六二）十月十日に、信玄より総人数四五人の動員が義務づけられ、武装内容も詳細に指示された（同No.2）。ところが信玄は、そのわずか九日後に、大井高政に再び軍役定書を与え、総人数四五人はそのままにし、武装内容のうち指物持、甲持《かぶともち》、手明きを廃止して騎馬、長柄、持道具を加増させている（同No.3）。つまり武田軍の装備内容や、着到人数は武田信玄の意図が色濃く反映されていたが、先方衆大井高政との協議を経て内容の改訂が行われていたと考えられる。

さらに二年後の永禄七年五月、信玄は大井高政の軍役人数を四十五人から三十八人に減らし、武装内容も、騎馬を三騎増やしたものの、長柄を大幅に減らして、手明きなどの軽輩を増加させている（同No.4）。偶然にも史料に恵まれている大井高政の場合、信玄はその軍役負担について、No.2→No.3では軍役強化を、No.3→No.4では軍役軽減という措置を採っていたことが知られる。ここから、武田氏の軍役定書は、信玄が軍役量を調整して指示し直したり、着到人数を変更せず武装内容を改訂したり、あるいは思い切って着到人数を若干減らすなど多様な指示を行っていた。これらから、着到人数と武装内容の変動理由は、武田氏の軍事力強化という一方向では説明しえない。

実際のところ、他の戦国大名領国でもみられるように、先方衆も異常気象や飢饉《ききん》、度重なる軍役負担で疲弊しており、常に武田氏と軍役負担をめぐって調整をしていたと考えられる。大井高政の事例もそうであるし、また信濃国埴科郡の先方衆清野氏は、永禄五年二月、領内の不作により、武田氏より指示された具足武者二〇〇人の支度をすることができず、信玄に申請して不作から立ち直るまで、一六〇人に減員することを認められている（戦武七六八号）。また上野先方衆小川可遊斎《かゆうさい》は、天正八年十二月、武田氏より領中への諸役免許と、天正八年から同十年十二月までの三年間、上方（対織田・徳川戦）への参陣を免除された（戦武三四五七号）。ただし、領中への諸役のうち、公用と職方（検断権〈警察権、犯罪への対応〉の行使）、御城普請は免除されず、また上方への出陣もよんどころない事情の場合は参陣するよう命じられていた。

小川氏がこうした役儀免除を申請したのは、武田氏従属時に約束されていた沼田領の宛行が実現されていなかったことが背景にあるのだろう（沼田領問題の詳細は平山・二〇一七年参照）。

なお、先方衆が果たした軍役の内容は、①戦場への参陣、②遠隔地の城郭への在番と普請、③本城および周辺の主要城郭の普請、に大きく分けられる。このうち、②の遠隔地の城郭への在番は、永禄元年四月、武田氏が信濃国柏鉢《かしわばち》籠城衆に大日方氏・箕輪衆（伊那藤沢氏）・坂西《ばんざい》氏（伊那郡）、東条籠城衆に佐久郡北方衆、大岡籠城衆に青柳氏（筑摩《つかま》郡）が派遣されているのが初見となる（戦武五九二号）。実際には、史料が残されていないだけで、もっと早くから先方衆が本領を離れ、遠隔地の城郭へ在番のために派遣されていたと思われる。こうした遠隔地城郭への在番は、戦場への参陣とともに負担の重いものであったが、それは武田領国の拡大と敵からの防衛のためにも必要な奉公だったのである。

第六章　先方衆としての国衆と武田氏

寄親としての先方衆

武田氏に従属した、国衆（「領」「国」と呼ばれる一円領を持ち、知行貫高一〇〇〇貫文以上）は、先方衆として武田方に迎え入れられ、自らの「家中」（親類、被官、牢人《ろうにん》、百姓らで構成）を軍事力の中核として独自の「備」（手勢）を率いて軍役《ぐんやく》などの奉公を務めた。いっぽうで、この先方衆の軍勢に、武田氏の同心が配属されることも多かった。同心は、武田氏の御家人、直臣であるが、彼らのすべてを信玄・勝頼が統率することは物理的に不可能であった。そのため、旗本を編成した同心以外は、すべて寄親《よりおや》（軍事指揮官）に預けられていたのだが、先方衆にも預けられていた（以下は、平山・二〇〇八年、柴裕之・二〇〇八年による）。

史料を仔細《しさい》に検討してみると、各地の土豪・地侍層や有力百姓（有徳人）らが、武田氏の御家人（軍役衆）になる経緯には、いくつかの種類があり、それが同心の預け先の選択にも影響を与えていたらしい。通常は、武田氏が陣参奉公を求める触れを出し、それに応じて軍役奉公を申請することで、御家人として迎え入れられる。しかし、武田軍が軍事侵攻を行った地域では、①あらかじめ武田軍の軍事侵攻が始まる以前に、味方になることが調略などで相互に合意に達しており、御家人になったケース、②軍事侵攻に直面した時、主君から離れて武田軍に身を投じ御家人になったケース、③武田に敵対した武将とともに籠城《ろうじょう》し、一緒に降伏した際に御家人になる選択をしたケース、④先方衆が独自に武士を雇用し、武田氏の御家人として申請、登録したケース、などがみられる。

このうち、②についてはすでに一八九頁で佐久郡田口《たのぐち》領の事例を紹介しておいた。武田軍の侵攻に際し、田口「家中」からは、武田氏の被官（御家人）となり知行安堵《あんど》を受けた者が少なくなかった。信玄は、依田宮内大輔《よだくないたいふ》に対し、武田氏の御家人となった者については、今後依田氏に預け、彼の同心とすること、今後従属を申請してきた者は依田の被官にすると指示している。ここでは、武田氏の御家人となった旧田口氏の「家中」の武士の扱いを、田口領の新たな領主（地頭）となった依田氏に預けている。これは、彼らが田口領中に居住していた関係性を考慮し、武田氏が新領主依田氏に同領の武田氏御家人を同心として預けたものである。武田氏の占領地ではこの事例が最も多く、一般的といえるだろう。

いっぽう、③については、今川重臣岡部正綱《おかべまさつな》とその同心の事例がある（戦武一四九〇号）。

今度籠城之内、其方ニ随逐之貴賤、此間不可有相違之条、弥加悃（懇）切可為同心之旨、被仰出者也、仍而如件

永禄十三年正月五日（龍朱印欠）　土屋右衛門尉（昌続）奉之

岡部次郎右衛門（正綱）殿

武田信玄は、永禄《えいろく》十一年十一月、今川氏との同盟を破棄して、駿河《するが》に侵攻した。だが、同盟破棄と今川攻めに怒った北条氏康《うじやす》・氏政《うじまさ》父子に背後を封じられ、いったん甲斐《かい》に撤退する。永禄十二年四月以後、武田軍撤退後の駿府《すんぷ》に入り、駿府館を占拠、籠城したのが岡部正綱であった。岡部正綱は、多くの武士と籠城戦を遂げ、同年十二月、臨済寺《りんざいじ》の僧鉄山宗鈍《てつざんそうどん》の仲介により

開城するまで抵抗を続けた。降参後、正綱は武田氏に従属している（『松平記』『当代記』他）。この文書は、降参の翌月、武田氏が駿河先方衆岡部正綱に対し、ともに籠城戦を戦い抜いた「貴賤《きせん》」（大身、小身の武士たち）をそのまま同心として預けることを通達したものである。彼らは、降参後、武田氏より知行安堵などを受けたとみられ、武田氏の御家人となった。しかし彼らの寄親を選定する際、信玄は正綱との籠城戦の経験を考慮し、そのまま指揮を委《ゆだ》ねることにしたわけである。

次に④のケースは、武田氏の御家人となることを申請した者への窓口を先方衆が務め、これを武田氏に報告した場合である。武田氏は御家人となった者をそのまま同心として預け、寄親に任命している。この点については、二四七頁の「所領役帳と御恩帳」において史料②として掲出した事例が最もわかりやすいだろう。岡部元信《もとのぶ》は、独自に同心を登用したが、これを武田氏に申請して、「御恩帳」に登録してもらう手続きをしていなかった。つまり、通常であれば、この手続きは寄親となる先方衆が実施しなければならなかったことを示している。

では、武田氏の御家人となるための申請を先方衆を通じて行った場合、その者の知行（御恩）はどのように給与されたのであろうか。「御恩帳」に登録されるべき給地は、どのように設定されていたのか。武田氏は、先方衆に対し所領たる「領」の安堵を行ったが、同時に加増分などの一部を「同心給」とし、先方衆が独自の判断で登用を決定した同心への給地として配分を認めていた。

例えば、遠江《とおとうみ》先方衆松井《まつい》宗恒《むねつね》は、元亀《げんき》三年十二月十六日、武田信玄より遠江各地で二〇〇〇貫文を与えられたが、「此内弐百貫同心給」と規定されていた（戦武二〇〇一号）。実際に松井宗恒が同心を登用し、これを武田氏に申請した際の文書が残されている（戦武二一四九号）。

定

其方同心武藤采女・松井善十郎本領之事、無紛有証跡者、安堵不可有御異儀候、但当秋御出馬之砌被聞召届、可有御落着候、何ニ其方令随逐勤軍役者、可被宛行所領之由、被仰出者也、仍如件

元亀四年癸酉

八月十三日〇（龍朱印）　原隼人佑
　　　　　　　　　　　　　　奉之

松井山城守殿（宗恒）

この奉書式朱印状は松井宗恒の同心武藤・松井の本領安堵を、彼らの求めに応じて松井が武田氏に申請したことへの回答に相当する。これはちょうど、信玄から勝頼《かつより》への代替わりの時期に相当し、あらためて安堵申請がなされたのだろう。武田氏は、「証跡」（証文）に間違いがなければ安堵すると返答したが、秋に出陣した際に、松井の同心らへの知行宛行を行うと述べている。この内容は、松井を通じて武藤ら同心に伝達されている。このことから、松井は、同心の寄親であると同時に、武田氏への上訴や申請を取り次ぐ、奏者であることがわかる。

同様の事例は、遠江先方衆天野藤秀《あまのふじひで》とその同心にもみられる（戦武二二〇七・二三八二号）。

（A）

定

従法性院殿（武田信玄）被渡置候本領・新地、於自今已後茂、弥不可有相違候、然而新地之内同心・被官

へ配分候之処、背其方下知及異儀者、宛行領知取放、自余之人ニ出置、相当之軍役可被申
付者也、仍如件

元亀四年癸酉

十一月拾五日　　勝頼（花押）

［　　］（天野）宮内右衛門尉（藤秀）殿

（B）従天野宮内右衛門尉（藤秀）所、山梨并大原内百貫文之地相渡上者、無異議可令知行、但有意趣、
対天野宮内右衛門為儀（義）絶、可有違篇（変）者也、仍如件

天正二年甲戌

十一月二十一日　　（武田勝頼）（花押）

尾上十郎殿

（A）によると、遠江先方衆天野藤秀は、信玄より安堵された本領と新地について武田勝頼より再安堵された。そのうち、新地（新恩地）には同心や天野氏の被官に配分された知行地があったらしい。その配分（給与）は、天野藤秀に委ねられ、彼の自由な差配が認められていた。しかしそのいっぽうで、藤秀の命令に背いたり、反抗するような者がいたら、与えた領知を改易、追放のうえ、他の者に与え直し、軍役を務めさせるように指示された。天野氏の裁量を、武田氏は尊重しつつこれを背後から支援していたわけである。

（B）は、天野藤秀より山梨（袋井市）と大原（静岡市）で一〇〇貫文の給分を与えられた尾上十郎が、武田氏よりそれを安堵された判物《はんもつ》である。勝頼は、天野藤秀による知行給与を追認

するとともに、もし事情があり天野との関係を絶つような事態になったら、知行を取り上げ、改易すると念を押している。これと同様の文書は、天野藤秀同心渡辺三左衛門尉にも発給されており（戦武二三八三号）、武田氏は先方衆による同心への知行宛行、軍事指揮権を認め、その処分を尊重していた。このことは、次の駿河先方衆三浦員久への指示からも窺《うかが》われる（戦武一八九八号）。

　　定
武具已下之嗜、同心・被官仁如軍法可被申付候、若於無沙汰之輩者、不及披露、可被加成
　敗者也、仍如件
　　元亀三年壬申
　　　　五月廿日　　　　信玄（花押）
　　　三浦右馬助殿（員久）

　これは武田信玄が、三浦に対して認めた同心、被官への対応措置の内容である。三浦は、武田氏より指示された「軍法」を同心・被官に周知徹底し、武具などを規定通り支度させる責務があった。これは寄親としての責務にあたる。これに反抗したり、怠慢だったりした同心、被官に対しては、武田氏に「披露」（報告）することなく成敗してもよいとされた。被官は、三浦の「家中」であるから、成敗権は当然としても、ほんらいは武田氏の御家人（『甲州法度』でいうところの「晴信《はるのぶ》被官」）を、地頭や寄親は勝手に成敗することは許されていなかった。だが武田氏は、寄親（奏者）に同心として預けた御家人を、不奉公を理由に届け出なく改易や成敗

することを認めていたことがわかる。

　このように、同心の中には、武田氏の御家人であるにもかかわらず、寄親としての先方衆への従属度の高い者たちがいた。彼らは、寄親によって取り立てられ、彼が武田氏より与えられていた「同心給」の中から知行を給与され、同心になった経緯により、それへの従属度が強かったと考えられる。彼らのような同心（与力・寄騎）を、「恩顧の与力」と呼んでいる。これに対し、戦国大名より寄親に一時的に附属させられた、従属度の低い与力・同心は「当座の与力」と呼ばれていた（下村効・一九六九年）。

　ところで、武田氏が先方衆に給与していた「同心給」であるが、他の戦国大名との「境目」近くに設定されていた場合、状況によっては敵に奪われてしまうこともあった。そうなると、同心は無足（家臣であるにもかかわらず、奉公への反対給付である知行を与えられていない者のこと）での奉公を余儀なくされてしまう。その場合、武田氏は急遽《きゅうきょ》、「同心給」の場所を変更し、彼らの軍役奉公が滞らぬように配慮するとともに、寄親たる先方衆にもその旨を伝達しなければならなかった。

　天正五年までに、武田氏は長篠《ながしの》敗戦の影響もあって徳川氏の反攻により、遠江での諸城と領土を奪取されてしまった。その中には、新庄（静岡県牧之原市）も含まれていた。ここには、駿河先方衆岡部元信に給与した「同心給」が存在しており、元信は同心十人にここで知行を与えていたのである。そこで元信の申請を受けた武田氏は、新庄に替えて、時谷（藤枝市）で一三〇貫文を給与し、元信同心の軍役継続を実現している（戦武二七六四号）。こうした事態は、各地で行われたとみられる。

このように、「恩顧の与力」といえども、原則として彼らは武田氏の御家人（「晴信被官」、軍役衆）である。彼らの最終的な進退権は武田氏が掌握していた。

遠江衆本間氏は、高天神《たかてんじん》城主小笠原信興《おがさわらのぶおき》の同心として活動していた。小笠原氏は、天正二年六月、武田氏に降参し、その支配領域を安堵された。本間氏も、当主源右衛門尉氏重《うじしげ》が武田氏より知行を安堵されている（戦武二三七一号）。ところが、源右衛門尉氏重が急死し、後継者不在という事態となった。そこで、武田方に附いていた本間一族の和泉守《いずみのかみ》が、寄親（奏者）小笠原信興を通じて武田氏に家督相続を願い出た。勝頼はこれを認定するとともに、今後は小笠原氏の同心ではなく、武田氏への「直之御家人」として奉公するよう命じている（戦武二三八五号）。

また駿河衆杉山小兵衛は、天正元年十月七日、駿河先方衆岡部正綱より「合力」として志田郷（藤枝市）で五貫文を給与された（戦武二一八九号）。これは、同心給より給与されたものであろう。ところが、天正二年十二月十八日、杉山は武田氏より駿河国安倍《あべ》（静岡市）、賀地間（富士市）で二四貫文を与えられ、武田氏の指揮下に入っていたことが窺われる（戦武二四一二号）。さらに、杉山は天正四年には、駿河先方衆岡部元信の同心として遠江国小山《こやま》城に籠城し、徳川軍の攻撃を撃退する戦功を挙げ、勝頼より九月二十一日付で感状を授けられていた（戦武二五二七号）。

このように、寄親としての先方衆と、同心との関係は、「恩顧の与力」といえども必ずしも固定的ではなく、武田氏の軍事的要請に応じて、配属の変更を命じられることも珍しくなかった。

ここでは紹介しなかったが、いうまでもなく武田氏により、それまでまったく関係を持たなかった武田氏の御家人を、先方衆に同心として預ける「当座の与力」も数多く、むしろこちらが通常の方法であった。例えば、天正四年五月十一日、武田氏は酒井・興津・浅羽・横山の四人について、「御奏者」がいないので、駿河先方衆岡部元信を適任者とし、彼の同心に配属したうえで、彼らの指南を委ねている（戦武二六五〇号）。

同心と奏者（寄親）の対立

寄親としての先方衆に、武田氏の御家人が同心（与力・寄騎）として預け置かれる様相を紹介してきた。ところで、これまでみてきた事例からも窺えるように、双方の関係がうまくいけば問題はないのだが、そうはいかない場合も多かったようだ。武田氏より寄親としての先方衆や、同心らに与えられた文書には、軍法や指示を守らねば改易、成敗とする文言が加えられていることがなによりの証拠である。それでも、紛争は絶えなかったようで、考え方の相違や人間関係で揉《も》めることは、いつの時代でも同じらしい。

同心は、寄親（奏者）が気に入らなかったり、対立したりした場合、寄親の変更を求めて訴え出ることも少なくなかった。実は『甲州法度』には、寄親と寄子（寄騎・同心）それに関する条文が三ヶ条もある。

①一無意趣而、嫌寄親事、自由之至也、於如然之族者、自今已後、理不尽之儀、定出来歟、
但寄親非分無際限者、以解状可訴訟（二十六ヶ条本一四条、五十五ヶ条本一九条）

②一閣本奏者、就別人企訴訟、又望他之寄子条、奸濫之至也、自今以後、可停止之旨、具以
載先条畢（二十六ヶ条本二三条、五十五ヶ条本二七条）

③一自分之訴訟不可致披露、就寄子訴、可致奏者事勿論也、雖然依時宜可有遠慮歟、沙汰之
日事者、如載先条、寄子親類・縁類等申趣、一切可禁遏也（二十六ヶ条本二四条、五十
五ヶ条本二八条）

①をみると、当時の武田領国では、寄親と寄子の対立があちこちで発生しており、武田氏はその理由を寄子のわがままであったとみていたようだ。そんな理不尽な者には、きっと報いがくるだろうと言いながらも、武田氏は寄親が際限なき「非分」を行っていることも考慮にいれ、その際には「解状」（訴状）で訴え出るよう寄子救済のために道をつけている。

②は、①を受けつつ、それでは処理しえない事案に対応しようとした条文である。寄子は武田氏に訴訟する際に、自身の寄親（本奏者）を通じて行うのが正規ルートであった。だが寄親（本奏者）をさしおき、他者の寄子になりたいがため、他の有力者を奏者にして訴えてくることを悪賢さの極みであると断じ、断固とした奏上停止を宣言している。いっぽうで、寄子が正当な理由があり訴訟したい場合には、①の条文にあるように「解状」をもって訴え出ることを容認している。つまり、寄親（本奏者）を弾劾すべき正当な理由がある場合は、他者を奏者にするような姑息《こそく》な方法はせずともよいはずだと述べているわけだ。このことは、寄子が寄親を

理由なく嫌い、その麾下《きか》から離脱しようという動きが頻発していたことを窺わせる。

③は、寄親（奏者）が自分の訴えごとを武田氏に直接報告しようとすることを禁じている。奏者が武田氏に「披露」すべきことは、寄子からの訴えごとだけであって、それすら時と場合によっては遠慮しなければならない。裁判の日程はすでに定めた通りなので、それに従うように。なお、寄子の親類、縁者などが本人を支援するために申し出てくることは一切禁止するとしており、寄親との関係を清算するために、寄子の親類、縁者が加わってくることで、問題がよりいっそうこじれることが多かったようだ。

実際に、寄子が寄親と紛争を起こし、寄親・寄子関係を離された事件は、甲斐国《かいのくに》都留《つる》郡小山田《おやまだ》氏の事例などがあり、かなり頻繁であったようだ（平山・二〇〇二年、丸島和洋・二〇一三年②）。

国衆の復活、改易、転封

中部・東海地方の戦国争乱の過程で、国衆は武田氏の勢力に押され、従属を余儀なくされていった。ところで、武田氏の領国拡大戦争の過程では、本領を逐《お》われていたもと国衆当主が、武田氏のもとに参じ、その支援で本領回復を果したケースや、誅殺《ちゅうさつ》こそされなかったが、事実上改易されたケース、さらに武田氏によって本領から別の地域に転封されたケースもみられる。決して一様ではない武田氏と国衆との関係について紹介しておこう。

〔1〕復活を果たした国衆

周辺の国衆や一族、大名との戦いに敗れ、本領を逐われた国衆当主が、武田氏のもとに亡命し、その後援を得て本領回復をなし遂げた事例はいくつもみられる。

最も古い事例は、諏方《すわ》郡の諏方大社下社大祝《おおはふり》諏方（金刺《かなさし》）氏であろう。金刺昌春《まさはる》は、諏方大社上社大祝・惣領《そうりょう》の諏方頼満《よりみつ》（碧雲斎）との抗争に敗れ、永正十五年（一五一八）に本領を逐われた。昌春は、大永五年（一五二五）に甲府を訪れ、信玄の父武田信虎《のぶとら》の庇護《ひご》を受けることに成功し、甲府に屋敷を拝領した。信虎は、金刺昌春の諏方帰還を名目に、享禄元年（一五二八）に諏方侵攻を開始したが、境川合戦で敗退した。そのため昌春の時代には、帰還は実現しなかったが、天文十一年、武田信玄の諏方侵攻が成功したことから、下諏方への復帰が実現し、昌春の息子豊保・善政兄弟が諏方大社下社大祝と竹居祝に就任している（平山・二〇〇二年、『辞典』）。

次に小県《ちいさがた》郡真田氏の事例は著名である。天文十年に武田信虎・諏方頼重《よりしげ》・村上義清《よしきよ》連合軍の小県郡侵攻により、滋野一族は惣領海野《うんの》棟綱《むねつな》をはじめとして多数が本領を放棄し、上野国《こうずけのくに》関東管領上杉憲政《のりまさ》のもとへ亡命した。真田氏も行動をともにしている。だが、真田《さなだ》幸綱《ゆきつな》は武田信玄のもとに参じ、佐久郡内山城に配備され、武田氏の信濃《しなの》侵攻の尖兵となって活躍した。実は幸綱は、真田氏の惣領ではなかったが、兄右《う》馬允《まのじょう》綱吉《つなよし》よりも先に武田氏に出仕したこと、そして国衆の調略に功績があったことなどから、本領と惣領職は幸綱に安堵されたと推定されている。かくて、小県郡真田氏は、幸綱―信綱《のぶつな》―昌幸《まさゆき》と継承され、発展していく（平山・二〇一五年、丸島和洋・二〇一五年①②他）。

真田氏と同族の海野氏も復活を果たした国衆である。海野氏も、天文十年に武田・諏方・村上氏により上野国に逐われ、本領を喪失した。ただ、海野氏復活の経緯については、史料が不足しており、不明な点が多い。海野棟綱の嫡男幸義《ゆきよし》は、天文十年の海野平《うんのたいら》合戦で戦死したが、その子左馬允《さまのじょう》幸光が祖父とともに上野国で成長し、時期は不明ながら、武田氏に従属したとみられる（「白鳥神社所蔵海野系図」）。だが、海野に復帰したものの、惣領職は信玄の次男龍芳《りゅうほう》（御聖導様《おしょうどうさま》）が相続したため、海野衆の一員となるに留まった。しかも、海野氏の所領である「海野領」も復活されることはなかった。幸光は、海野衆として、武田氏の指示のもと、上野国や駿河国《するがのくに》の城番として活動している（平山・二〇一七年、『辞典』）。

伊那《いな》郡の松尾小笠原《おがさわら》氏は、天文二年（一五三三）に、当主下総守《しもうさのかみ》信貴《のぶたか》が府中小笠原長棟《ながむね》、伊那郡下条時氏《ときうじ》に攻められ、本領を放棄して武田氏を頼ったとされる（『下伊那史』第六巻他）。これらは確実な史料では確認できず、『寛政譜』などの系図類に記されるのみであるが、天文四年を最後に確実な史料に、小笠原信貴が伊那郡で活動した形跡がないことから、天文四年頃に本領を逐われ、同二十三年の武田氏の下伊那平定により本領復帰を遂げたのではないかと推定される。信貴の嫡男信嶺《のぶみね》は、信玄の弟逍遙軒《しょうようけん》信綱の息女を正室とするなど厚遇されており、武田氏の支援により本領復帰を果たしたのは事実であろう。

上野国甘楽《かんら》郡国峯《くにみね》城主小幡憲重《おばたのりしげ》・信真《のぶまさ》父子は、一族の内紛により本領を逐われた国衆である。天文十七年に関東管領上杉氏から離叛《りはん》し北条氏に従属したが、いっぽうで信濃佐久郡に勢力を伸ばした武田氏とも関係を保ち、両属の国衆として活動したらしい。天文二十二年九月に、村上義清を追放し信濃小県郡塩田城に入城した武田信玄のもとへ、息子信真とともに出仕している（『高白斎記《こうはくさいき》』）。永禄三年（一五六〇）、上杉謙信の関東侵攻が始まると、小幡図書助《ずしょのすけ》（憲重の従兄弟《いとこ》か）の謀略により本領国峯城を追放された。憲重・信真父子は、武田氏の支援を得て、余地《よじ》峠《とうげ》麓の上野国南牧《なんもく》谷の南牧城を拠点とし、南牧谷の土豪市河氏と連携しながら反攻の機会を窺った。そして、永禄四年十一月、武田軍の西上野侵攻に伴い小幡景高（図書助の子）を追放して国峯城を回復している（黒田基樹・一九九七年、『辞典』他）。

最後に、上野国後閑《ごかん》（上条《じょうじょう》）氏を紹介しよう。後閑信純《のぶずみ》は、上野国甘楽郡丹生《にう》郷（富岡市）を本領とする新田岩松一族で、武田氏からも「新田殿」と呼ばれていた。永禄五年頃に武田氏に従属するが、その本領は小幡憲重・信真父子に奪われ、信玄はその還付を実現できなかった。その経緯は定かでないが、後閑氏の帰属が遅れたのが背景にあったものか。信純は、甲府に在府し、武田氏より一族上条氏の名跡を与えられるとともに、信濃で知行を与えられた。上条宮内少輔（後に伊勢守）を称した信純は、永禄十年六月、武田氏より上野国後閑郷を与えられ、一〇六四貫文を知行する先方衆として復活している。

このように、武田氏は亡命してきた国衆当主や一族を支援し、その本領復帰を名目に、彼らを押し立てて軍事侵攻を正当化し、領土拡大と国衆復活を実現させている。そして、彼らはいずれも武田氏に重用され、小幡・真田は譜代格、海野・松尾小笠原・後閑は武田一族の縁戚、金刺は諏方大社下社の祭主として重きをなしていることがわかるだろう。

〔2〕事実上改易された国衆

これに対し、武田氏に抵抗を続けたため、事実上改易にされたが、誅殺されることなく知行を与えられ一円領を保持する領主としての性格は喪失したが、存続を許されたケースもある。

代表的な事例は、信濃国佐久郡岩村田大井氏、駿河国富士郡富士氏、同駿東郡《すんとうぐん》・富士郡葛山氏であろう。

岩村田大井氏は、貞隆《さだたか》・貞清《さだきよ》父子が天文十二～三年の二年にわたって武田氏と戦い、天文十二年九月、父貞隆は、小県郡長窪《ながくぼ》城を開城、降伏し、身柄は甲府に送られた。いっぽう貞清は、同十五年五月、佐久郡内山城を開城、降伏している。武田信玄は、佐久郡野沢に蟄居《ちつきょ》していた大井貞清・貞重《さだしげ》父子に甲府在府を要請し、生命と進退の保証を明記した起請文《きしょうもん》を与え、甲府に参府させた（『高白斎記』）。これ以後、大井貞隆・貞清父子はかつては六万貫文に及んだと伝わる本領を没収され、事実上の改易となったが、甲府在府とともに知行を与えられ、軍役などを務めることが命じられたようだ。

貞隆は某年に甲府で死去したが、貞清・貞重父子はその後も甲府在府のまま、武田氏に軍役奉公などを務めたらしく、天正三年五月の長篠《ながしの》合戦でともに戦死した。これにより、岩村田大井氏の嫡流は断絶したと推定されている（平山・二〇〇二年、二〇一四年、『辞典』）。なお、岩村田大井氏の改易後、旧領の地頭、土豪層らは、武田氏の御家人となり「佐久北方衆」に編成され、佐久郡司小山田《おやまだ》虎満《とらみつ》の指揮下に編入されている。

駿河国富士信忠《のぶただ》・信通《のぶみち》父子は、富士大宮浅間神社の大宮司で、富士大宮城代を務めた。永禄十一年十二月、武田氏の駿河侵攻が始まると、富士父子は大宮城に籠城し、多くの今川方が武田方に靡《なび》いたのに対し武田軍への抵抗を続けた。だが武田方の穴山信君《あなやまのぶただ》らの攻撃により、永禄十二年七月、大宮城を明け渡し、北条方の蒲原《かんばら》城に退去した。ところが、蒲原城も武田軍の猛攻により、永禄十二年十二月に落城した。富士父子は城を脱出したらしく、駿河の北条領に退去し大宮城奪回を目指すが果たせず、困窮したこともあって、元亀二年十月、遂に今川氏真《うじざね》に暇を乞い、北条方からも離れ、同三年四月までには武田氏に従属した。

富士父子の富士大宮城と所領は武田方に没収されており、信玄より駿府《すんぷ》周辺で知行を与えられ軍役奉公を命じられた。信忠・信通父子は、富士大宮浅間神社の大宮司に再任され、祭祀《さいし》の執行を実施したが、地域の領主としての性格は失われた（前田利久・一九九四年、小佐野浅子・二〇一四年、『辞典』他）。

以上のように、誅殺は免れたものの、本領は没収され、居城も接収された結果、国衆としての実態を喪失し、別に知行を与えられ、軍役奉公などを求められる形での存続が認められた場合もあった。なお、駿河国駿東・富士郡の国衆葛山氏元《うじもと》も彼らと同様の憂き目に遭っている。葛山氏は、家督を信玄の息子十郎信貞に奪われ、自身は甲府在府のまま大井氏と同様の奉公を命じられたようだが、謀叛《むほん》を企て、諏方で誅殺されている（『裾野市史』通史編他）。

〔3〕 転封された国衆

戦国大名が、国衆を他地域に移動させる転封が可能であったのかと驚かれる人がいるかも知れないが、武田領国では三件の事例が確認されている。

まず自発的に武田氏へ転封を願い出たケースが、小諸《こもろ》大井高政《たかまさ》である。永禄十年、大井高政・満政《みつまさ》父子は上野国箕輪《みのわ》城への在城を指示された。それまでは、小諸城の警固と定期的な普請、小諸より上野国へ向けた兵粮《ひょうろう》その他の輸送業務を命じられていたが、今回は本拠地を離れての在番である。ところが、大井高政は、武田氏に対し小諸を進上するので、上野国箕輪周辺で替地をいただきたいと申請したのである。これは丸島和洋氏も指摘するように、自発的な転封願いに相当する。その理由について、丸島氏はちょうど同時期に佐久郡を襲った大凶作と飢《き》饉《きん》を想定している（丸島和洋・二〇一六年）。

しかし、武田氏は『甲州法度之次第《こうしゅうはっとのしだい》』において、給与した恩地について、たとえ水損、旱損《かんそん》による損害が出たとしても替地の申請は受け付けないと明確に規定し、被害による減額分に応じた奉公を指示していた。ただし、これには例外規定があり、忠勤に励んだ者についてはそれに応じた地を与えると明記している（二十六ヶ条本八条、五十七ヶ条本一〇条）。それでも、恩地の加増について考慮すると述べているだけで、例外規定でも替地は認定していない。では、小諸領の荒廃を背景とする替地申請はなぜ認められたのか。

このことについては、柴裕之氏が興味深い想定を行っている（柴裕之・二〇〇八年）。それによると、今川領国では、給人が債務による困窮に陥った際に、今川氏が最前線の城郭への在城を忠節、功労と認定し、給恩の徳政を実施して借米銭の一部債務返済の免除を行っていたという。大井高政父子の事例も、これに相当するとし、当時、対上杉戦の最前線であり、しかも武田方の拠点城郭であった箕輪城への在城は、信玄の軍事政策を支える重要な案件だったわけである。最前線の拠点城郭への恒常的在城と本領および居城小諸城進上を引き替えに、大井高政は替地申請＝転封申請を行い、信玄は総合的な判断のもとでこれを了解したのであろう。小諸城とその地域が武田氏直轄領となれば、上信国境の守備もはるかに武田氏にとって有利となるからである。

かくて武田信玄は、大井高政父子の国衆領進上を了承し、上野への転封作業が終了するまで、大井氏の軍役を十六人と定め、完了後は四十人とすると通達した（戦武一二一七号）。大井高政の軍役量は、永禄五年に四十五人、同七年の改訂では三十八人となっており、上野転封後も軍役量はほぼ維持されていることがわかる。

次に、高天神小笠原氏の事例を紹介しよう（黒田基樹・一九九九年、小笠原春香・二〇一四年）。小笠原氏助《うじすけ》は、元亀三年十月、武田信玄の遠江《とおとうみ》・三河《みかわ》侵攻に際し、武田氏に降伏したが、天正元年春に離叛し、徳川方に復帰した。そこで天正二年、武田勝頼は小笠原氏を攻め、六月降伏させたのである。勝頼《かつより》は、小笠原氏助に弾正少弼《だんじょうしょうひつ》の官途と、偏諱《へんき》を与えて信興《のぶおき》とし、引き続き高天神城《たかてんじんじょう》を委ねた。ところが、天正三年五月の長篠敗戦により、徳川氏の反攻が厳しさを増したことから、遠江の防衛強化と、小笠原信興の離叛を防止するために、小笠原氏を駿河国富士郡に転封させている。

最後に、戦国大名間の思惑で転封となった事例として、武蔵国御嶽城《むさしのくにみたけ》（埼玉県神川町）主長井（平沢）政実《まさざね》の事例を紹介しよう（浅倉直美・一九八八年、浅見良治・一九九七年）。

平沢左衛門尉政実は、足利長尾氏の家臣であったが、北条氏に従い武蔵国御嶽城主に任じられた。永禄十一年十二月に始まった武田信玄の駿河侵攻により、北条と武田氏の同盟が決裂すると、御嶽城は武田・北条両氏の「境目」（最前線）となる。元亀元年六月、平沢政実は武田軍の猛攻を受け降伏し、これ以後武田氏に従属した。その際に、「長井」の名字と豊前守《ぶぜんのかみ》の受領を授与され、長井豊前守政実と称している。元亀二年末、北条氏政は武田信玄との再同盟を締結すると、その「国分《くにわけ》」（国境画定）が問題となった。とりわけ難航したのは、御嶽城主長井政実の処遇で、長井は武田方であったが、御嶽城は北条氏に返還することとなっており、政実の替地をどうするかで画定が長引いた。ようやく元亀三年十一月に御嶽城の割譲が実現し、政実は上野国三ツ山城を与えられたため、ここに移動した。事実上の転封である。そして天正元年十一月、ようやく替地の知行一〇〇〇貫文の給与を武田勝頼から約束された。

このように、戦国大名も政治・軍事情勢や国衆の事情などを考慮したうえで、その合意のもと、転封が実施されていたことがわかるだろう。そのためには、本領と同等規模の知行高などを保証する必要があり、それらの確保はかなり厄介だったようだ。ただ近世大名のように、幕府の一方的な思惑で、大名との合意なしに進められることはなかった。戦国大名にとって国衆の転封とは、国衆の存続と彼らへの軍事的安全保障体制を維持、機能させるための重要な政策であり、国衆の保護手段という意味も持っていたといえるだろう。同時にそれはまた、敵との勢力の接点となった「境目」において国衆の離叛を食い止めるための手段でもあった。

武田氏と先方衆の双務的関係

武田氏は、近隣諸国への軍事侵攻の過程で、他国国衆を従属下に入れ、彼らの本領を安堵し、さらに新恩地を与え、その存立をあらゆる意味で保証する体制を整えた。具体的には、先方衆が武田氏より給与された新恩地の多くは、本領から遠く離れた場所に設定されることが多く、遠隔地所領の維持は独自にはなしえなかった。それは、武田氏による年貢・公事《くじ》収取の保証がなされて、それに依拠していたわけである。一族を派遣して、遠隔地所領を維持していた鎌倉・室町期の地頭領主や国人領主とはこの点が大きく相違する。ここに、先方衆が武田氏に依拠せねばならぬ理由の一つがあった。

次に最も大きいのは、自己の「領」を超える問題が発生した場合、個々の先方衆では解決しえず、武田氏に上訴して裁定してもらわねばならぬ事態が多発したからである。具体的には、用水や山林の争論をはじめ、先方衆同士の「領」の境界をめぐる問題などである（用水争論については、簗瀬大輔・二〇一五年参照）。「領」の境界をめぐる争論については、信濃国《しなののくに》依田芦田氏と前山伴野氏や、上野国《こうずけのくに》鎌原氏と羽尾・斎藤氏の事例を紹介したが、同様の出来事は各地で発生していたことであろう。一歩間違えれば、先方衆同士の戦争に発展する場合があり、ひいてはそれがそのまま謀叛に直結する問題になりかねなかった。武田氏は、先方衆同士の自力救済を認めておらず、領国内はすべて

「私戦」の禁止、すなわち「惣無事」（自力の停止、凍結）が原則であり、すべての問題は武田氏による裁判を経なければならなかった。つまり喧嘩《けんか》両成敗（喧嘩停止令《ちょうじれい》）が、領国全域に適用されていたわけだ。先方衆の武力発動は、戦国大名に従軍して行われる「公戦」においてのみ奨励され、それが功績（戦功）として忠節、恩賞評価の唯一の基準となった。

もし裁定を不服とし、自力（武力）を発動し味方中の先方衆を攻撃するようなことがあれば、武田氏は裁許を受諾したにもかかわらず攻撃を受けた先方衆を保護し、自力を発動した先方衆の攻撃に着手した。かつてであれば、周辺の先方衆や中小武士、村々を巻き込む地域紛争に発展していたであろうが、戦国大名はこれを全力で押さえ込み、領国秩序の維持を図ったのである。ただ、大名の影響力が衰え、先方衆への求心力を失った場合、この地域紛争は大規模化、長期化し、その後の政局に大きな事態を招くこともありえた。今川氏であれば、「三河忩劇《みかわそうげき》」（弘治《こうじ》二年～永禄元年の三河一国争乱）、「三河錯乱」（永禄四～八年、松平家康の離叛と三河平定）、「遠州忩劇」（永禄六～九年、曳馬《ひくま》飯尾氏の離叛を契機とした国衆の反乱）などが著名である（大石泰史・二〇一八年）。

そして先方衆が武田氏のもとに身を置き続ける最大の理由は、戦国争乱が激化する時代において、彼らの「家」（「家中」）と「領」（「国」）を敵の攻撃から保護してもらうことに他ならない。先方衆の本領が攻撃を受けた場合、戦国大名は軍勢を派遣してこれを撃退せねばならなかった。まず先方衆の援護に向かったのは、「指南」（奏者）を務める武田氏の重臣層（郡司、城代）であり、それでも間に合わなければ信玄・勝頼が本隊を率いて出陣した。

これは武田氏の軍事的要請を受けて、国衆当主や「家中」が遠隔地の主要城郭に在番、籠城していた場合も同じである。在番を命じられた城郭は、「境目」（最前線）付近が一般的であり、そこは常に敵の標的となっていた。そのため、頻繁に攻撃を受けていたのである。武田信玄・勝頼は、こうした事態を受けて、在城する先方衆ら保護、支援のため、出陣する義務があった。このような、戦国大名による先方衆保護の体制を、軍事的安全保障体制と呼んでいる。

このように、武田氏によって先方衆は、「家中」と「領」（「国家」）の存立が保証されていたのであり、それゆえに軍役、諸役（知行役）の奉公（負担）を務める義務があった。これを怠ると、謀叛と認定され討伐の対象となったわけである。武田氏は、長篠《ながしの》敗戦後の、織田・徳川氏への反攻を宣言し、これを「当家興亡之一戦」と位置づけ、領国の御家人に参戦を呼びかけた。これは後に、北条氏が羽柴秀吉との対決の危機が迫った際に「国家」への忠節と奉公を呼びかけたのと同じ論理である。武田氏の場合、「当家」（武田家）が、「国家」（御家人の家〈「家中」〉と所領〈「国」＝村町の集合体〉の集合体）を保護する主体であり、「当家興亡」こそが、「国家」の帰趨《きすう》に関わると主張していた。まさに、戦国大名と先方衆は運命共同体であるとの論理が主張され、先方衆はそのために大名の動員に応じ、戦うことを求められたわけである（勝俣鎮夫・一九七六、一九九六年、池享・二〇〇五年、平山・二〇〇六年他）。

このように戦国大名と先方衆は、双務的関係にあり、忠節と奉公を尽くさねば先方衆は潰《つぶ》される命運が待ち受けており、逆に大名は先方衆の存立を所領安堵や新恩地給与、軍事的保護などあらゆる安全保障をし続けなければならなかった。つまり、戦国大名による政治・軍事的安全保障体制の安定こそ、大名存立の基本であったということになるだろう。

「境目」の先方衆と武田氏

これまで、先方衆がいかに自立的存在であり、彼らの動向が戦国争乱の帰趨に大きく影響してきたかを述べてきた。彼らは、郡規模の「領」(「国」)を持ち、「家中」を構成し、それらを基盤とする軍事力を保持していた。彼らこそが、戦国大名の軍事力の大きな柱であったわけだ。だからこそ、大名への奉公を継続するかどうかの選択は、先方衆自身の主体的判断にかかっていた。戦国大名領国の安定が実現できていれば、大名の先方衆(国衆)への求心力は維持された。しかしひとたび、それが不安定になると、先方衆たちの動向も微妙になっていく。

とりわけ、戦国の戦争(当時「国郡境目相論」と呼ばれた)が勃発《ぼっぱつ》するのは、大名同士の勢力圏の接点である「境目」(最前線)に存在する先方衆の動向がきっかけとなる場合が多かった。「境目」の先方衆は、双方の大名に両属することが容認されていた。いっぽうで、家を挙げて片方の大名に荷担する選択をしていた先方衆も少なくない。両属していたことで著名なのは、駿河国葛山《するがのくにかずらやま》氏(北条・今川氏)、美濃国《みののくに》遠山一族(織田・武田氏)などであろう。

「境目」の先方衆が、敵方にも祝儀などを提出し、連絡を取っていた事例として著名なのが、永禄三年十月から十一月にかけて、関東在陣中の上杉謙信と誼《よしみ》を通じようと、信濃《しなの》先方衆十八名が春日山《かすがやま》城に太刀を贈ったものである。この時、自ら太刀を持参して春日山に参上したのは、栗田・須田・井上・屋代・海野・仁科《にしな》・望月《もちづき》・市川・河田・清野・嶋津・保科《ほしな》・西条・真田・

禰《ね》津《つ》・室賀・綱島・大日方《おびなた》氏であり、いずれも信越・上信国境の先方衆ばかりであった（平山・二〇一一年③）。彼らはいずれも、反武田方の人物を追放、粛清し、「家中」を挙げて武田氏に荷担していた先方衆ばかりであるが、もし謙信の関東平定が達成されれば、彼らの帰趨もわからなかったであろう。

「境目」の先方衆が「家中」を挙げていっぽうの大名に荷担したとしても、先方衆領の村々はそうではなかった。「境目」の村々は、敵味方双方に年貢などを半分ずつ納入する「半手《はんて》」を行うことで、戦争が始まった時に掠奪《りゃくだつ》、蹂躙《じゅうりん》される危機を回避しようとしていた。

　武田領国では、甲斐国都留《かいのくにつる》郡と相模国《さがみのくに》津久井郡、甲斐国山梨郡・上野国《こうずけのくに》児玉郡・甘楽郡と武蔵国秩父《むさしのくにちちぶ》郡などが著名である（丸島和洋・二〇一三年①②、平山・二〇一七年）。これらの村は、史料に「敵知行半所務」「半手之郷」などとして登場する。戦国大名にとっては、敵地の情報を褒美を与えて秘《ひそ》かに聞き出すこともできる情報源でもあったのだ。

　これらの地域は、領主である先方衆は武田氏に「家中」を挙げて荷担していたのだが、領内の村々はそうではなかったことを示している。注目される事例として、三河国設楽《みかわのくにしたら》郡田峯《だみね》菅沼《すがぬま》領の村々を紹介しよう。この地域は、元亀三年十月、山家《やまが》三方《さんぽう》衆が武田氏に従属したことで、武田方となった。その後、天正元年八月、山家三方衆のうち、作手《つくで》亀山城主奥平定能《さだよし》・信昌《のぶまさ》父子が武田氏から離叛し、本拠地を捨てて徳川氏のもとへ一族、被官とともに出奔したため、緊張が一気に高まった。

　ところで徳川家康は、奥平父子を引き抜くため、天正元年八月二十日、七ヶ条に及ぶ起請文を送り、帰属への見返りとして実行すべき密約について誓約した。

その内容は、①奥平信昌のもとへ家康息女亀姫を輿入《こしい》れさせる、②三河の本領作手や遠江《とおとうみ》国内の奥平領（散在所領、遠隔地所領）は安堵する、③田峯菅沼氏の所領すべてを与える、④長《なが》篠《しの》菅沼氏の所領もすべて与える、⑤新知行として三〇〇〇貫文を三河・遠江で半分ずつ与える、⑥三浦氏の跡職を今川氏真《うじざね》の許可を得て与える、⑦織田信長の起請文ももらうよう手配する、また信濃国伊那郡も与えられるよう信長に働きかける、というものであった（愛⑪九〇一号）。

このうち、とりわけ注目されるのは、③である。その原文を掲げよう。

一田嶺跡職、同菅沼常陸守・同新次郎・同伊賀・林紀伊守、其外諸親類・諸被官知行、井
遠州知行共ニ渡進之候、然者彼知行之内、松平備後守・菅沼十郎兵衛・同藤三郎を始、
其外方々へ随(雖カ)出置候、田嶺跡職一円ニ其方へ進置候上ハ、一所も無相違、則当所務より
渡可申事、付、野田へ之義、筋目次第可申付事

家康は、武田方に残留した田峯菅沼定忠《さだただ》の追放を宣言し、その跡職を奥平父子に与えると約束した。なおここに登場する人物のうち、菅沼常陸守《ひたちのかみ》は田峯菅沼氏の支流井代《いしろ》菅沼氏の祖常陸《ひたちの》介定仙《すけさだのり》（菅沼新三郎定広《さだひろ》の息子、刑部丞定忠の叔父《おじ》）、菅沼新次郎は定仙の子定政《さだまさ》、菅沼伊賀守は島田菅沼氏の菅沼伊賀守定勝《いがのかみさだかつ》をそれぞれ指す。また林紀伊守は、双瀬（新城《しんしろ》市副川《ふくがわ》）を本領とし居館（双瀬村古屋敷）を構えていた土豪で、田峯菅沼氏の家臣であった。彼らはいずれも家康より敵と名指しされ、所領没収の対象になっているので、武田方であることがわかる。

ところが、これに続いて登場する松平備後守清善《びんごのかみきよよし》は竹谷《たけのや》松平氏の当主で、遠江宇津山《うつやま》城（静

岡県湖西市）の城番を務めていた人物である。次の菅沼十郎兵衛は、田峯菅沼氏の支流で菅沼新三郎定広の子菅沼十郎兵衛定氏（刑部丞定忠の叔父）のことで、また菅沼藤三郎は、定氏の子定吉を指すとみられる。松平清善はもとより、菅沼定氏・定吉父子も一貫して徳川氏に属し、子孫は幕臣となっているので、ここでは徳川方の人物の知行について、家康が方針を示したものである。すなわち徳川氏は、奥平父子の帰属以前に、すでに田峯菅沼氏の所領の一部を彼らに知行として充行《あてが》う約束が済んでいたことがわかる。しかし奥平父子の徳川氏帰属の条件に田峯菅沼領の一円給与が条件とされたため、彼らの知行を家康が収公し、奥平父子に引き渡すことになったのであろう。

通常、こうした知行宛行は、まだ田峯菅沼氏が田峯城に健在であることから、約束手形（空手形）とみなされることが多い。ところが注目すべきは、田峯菅沼氏の所領から納入される当所務（年貢）についてである。家康は、田峯菅沼氏の所領のうち、松平備後守清善・菅沼定仙・同定政らに与えた知行を無効とし、「当所務」（今年の年貢分）から早速奥平父子に与えると明言している。つまり田峯菅沼領の村々から、徳川氏は年貢収納を実際に見込める状況だったと推察される。しかしこの時、田峯領は武田領国に編入されており、徳川氏の領国ではなかった。にもかかわらず、家康は田峯領一円の年貢を今年分から早速奥平氏に与えるというのは如何《いか》なることなのか。

結論から言えば、田峯領の村々は、半手の村であったのだろう。村々は、情勢次第で支配者がめまぐるしく変化する可能性が高い状況をよく認識しており、生き残りを図るため、武田方

（田峯菅沼氏）にも、また徳川方にもそれぞれ年貢を半分ずつ納めていたのだろう。そうでなければ、武田方の田峯菅沼氏の支配領域でありながら、徳川方が年貢収納を実現できていた理由が読み解けない。

「境目」の先方衆たちは、自らの置かれた政治・軍事状況に規定され、支配領域の村々を完全に味方の地とすることができなくなっていたのである。そして、地域の安全保障を完全に実現しえない武田氏─田峯菅沼氏も、徳川氏─作手《つくで》奥平氏もともに村々からの全面的な支持を取り付けられなかったわけであり、それが双方に年貢を半分ずつ納めるという「半手」という村の行動に繋《つな》がっていたとみられる。誰が頼りとなる領主なのか、それを判断し年貢・公事を納入するという地域の思惑と行動の主導権は、実は村々にあったといえる。だからこそ、「境目」の先方衆とその存立に責任を持つ戦国大名は、地域社会の完全掌握と「半手」状況の解消を目指し、領国拡大を追求せねばならなかった。

なお長篠合戦で武田勝頼は大敗し、田峯・長篠両菅沼氏は支配領域を逐われ、この地域は約束通り奥平氏に与えられた。その後の史料に、奥三河一帯に武田氏の影は見えなくなるので、「境目」状況は解消され、徳川氏の支配が村々に受容、確立されていったと考えられる。

終　章　武田氏滅亡と国衆

高天神崩れと武田領国の動揺

武田勝頼は、天正三年五月の長篠《ながしの》敗戦後も、織田・徳川の反撃を凌《しの》ぎつつ、「家中」と軍団再編に取り組み、軍事力の回復に成功した。そして、天正六年の御館《おたて》の乱を契機に、上杉景勝《かげかつ》と同盟（甲越同盟）を結び、北条氏政《うじまさ》と敵対関係に突入した。勝頼《かつより》は、佐竹・結城《ゆうき》・宇都宮《うつのみや》氏ら「東方之衆」と同盟を結び、北条氏を翻弄《ほんろう》、領国を拡大し、天正八年末には父信玄時代を超える最大版図を誇るに至る。

これに対し北条氏政は、織田・徳川と同盟を締結し、駿河《するが》・遠江《とおとうみ》で徳川軍と共同作戦を展開する。この結果、勝頼は駿豆《すんず》国境に進攻してきた北条軍に拘束されてしまい、遠江高天神《たかてんじん》城への補給や在番入れ替えなどをまったく行えなくなる。城将岡部元信《もとのぶ》、甲斐《かい》衆横田尹松《ただとし》、安西平右衛門をはじめ、信濃《しなの》先方衆栗田・依田阿江木《あえき》（相木《あいき》）、上野《こうずけ》先方衆大戸浦野氏、飛驒《ひだ》先方衆江馬氏、駿河先方衆三浦・朝比奈《あさひな》・由比《ゆい》氏ら、遠江衆長尾・武藤《むとう》・神尾《かんのお》・六笠《むかさ》氏ら多数が籠城《ろうじょう》していた高天神城は、天正八年末までには徳川軍の付城（高天神六砦）によって完全に封鎖され、進退窮まった。

籠城衆は、勝頼に何度も後詰《ごづめ》を要請したが、織田信長と和睦《わぼく》交渉を進めていた武田氏は、軍勢派遣が交渉破綻《はたん》の要因となることを危惧《きぐ》し、これに応えることができなかった。武田氏は、信長と和睦し、さらに家康とも和睦することで、高天神城を救おうと考えていたようだ。だが信長は、和睦交渉を長引かせ、家康の高天神城攻略を待ち続けた。なぜならば、信長は、高天神城を勝頼が見殺しにしたという演出さえできれば、武田氏攻略は容易だと判断していたからであった（平山・二〇一七年）。

高天神城は、餓死者も出始めた状況下で追い詰められ、天正九年三月二十二日、生き残りの武将や城兵が徳川軍の陣地に討って出て壊滅、落城した。武田氏に忠節を尽くそうと、三ヶ年の籠城戦を耐え抜いた先方衆たちを、助けるアクションも起こさず、見殺しにしてしまう形となったわけである。信長の目論《もくろ》み通りの結果となった。これは、武田氏の政治・軍事的威信を完全に失墜させた。『信長公記』は、そのことを的確に記述している。

武田四郎御武篇に恐れ、眼前に甲斐・信濃・駿河三ヶ国にて歴々の者上下其数を知らず、高天神にて干殺にさせ、後巻仕らず、天下の面目を失ひ候

高天神崩れは、戦国大名武田氏に計り知れぬダメージを与えた。それは、先方衆たちへの求心力、忠誠の維持という意味においてである。それは、もはや武田氏は頼りにならぬとの認識の拡大と共有となったのだろう。それは、武田氏による政治・軍事的安全保障体制が、機能を停止したとみなされたことに他ならなかった。

「境目」の崩壊

高天神崩れの直後から、上野国《こうずけのくに》などで武田氏に離叛《りはん》する動きが始まる。上野国の不穏な動きは、北上野郡司真田《さなだ》昌幸《まさゆき》の活躍でことなきを得るが、天正十年一月、信濃《しなの》・美濃《みの》国境の国衆木《き》

曾義昌《そよしまさ》が、織田方の調略を受け入れ、謀叛《むほん》を起こしたことで、状況は動き出した。

武田勝頼は、木曾攻めをすべく甲斐《かい》新府《しんぷ》城を出陣するが、木曾支援と武田攻めのため、二月、織田信忠《のぶただ》が信濃口、徳川家康が駿河《するが》口、北条氏政《うじまさ》が関東口より侵攻を開始すると、「境目」の先方衆は戦わずして降参し、武田方から離脱していった。「境目」が崩壊すると、その後ろの国衆領が新たな「境目」となる。だがその先方衆も離叛し、武田方から離脱するという連鎖が相次ぎ、「境目」が甲斐本国に向けて急速に移動を始めた。かくて武田領国は一挙に縮小し、三月には甲斐本国を除くすべての領国は敵方となった。先方衆がまるでドミノ倒しのように、連鎖的に敵方となったためである。武田領国は、一部の御料所を除き、その多くは国衆領であった。その支配者である国衆が背き、武田方から次々に離脱したのだから、領国縮小と崩壊はあっけなかった。もし先方衆の信頼と忠節が健在であれば、敵方に転じた国衆が出現しても、「境目」の縮小は、どこかの段階で食い止められた可能性がある。だが、武田氏に忠誠を尽くしても、助けてもらえないという認識が広まってしまった状況（政治・軍事的安全保障体制の機能停止）では、勝頼に先方衆を繫《つな》ぎ止める術《すべ》はなかったのである。

武田氏滅亡・天正壬午の乱と国衆の命運

武田氏滅亡は、先方衆の命運に大きな影響を与えた。まず、甲斐本国の国衆は、穴山武田氏を除きほぼ壊滅させられた。彼らの多くが、武田氏の準一門ばかりだったからである。信濃《しなの》では、坂西、和田遠山、春近《はるちか》衆、仁科などが滅ぼされたが、多くは織田氏に従属した。上野《こうずけ》・駿《する》河《が》なども同様である。ただ、駿河・遠江《とおとうみ》では、朝比奈氏が滅ぼされ、天野・小笠原《おがさわら》氏などが没落している。先方衆は、武田氏の侵攻を受け従属した領主であったから、織田・徳川方は原則として敵対しない限り、滅ぼすことはしなかった（平山・二〇一七年）。

国衆にとって、その後の命運を左右したのは、むしろ天正十年六月二日に発生した本能寺の変後、甲斐・信濃・上野・駿河・遠江・飛騨《ひだ》という旧武田領国で展開した、天正壬午《てんしょうじんご》の乱である。上杉・北条・徳川三氏の争奪戦が始まると、国衆たちは生き残りをかけてそれぞれの大名に帰属していく。だが、本領回復を目論む小笠原貞慶《さだよし》（信濃守護小笠原長時の息子）や、藤沢頼《より》親《ちか》、知久《ちく》頼氏《よりうじ》、保《ほ》科正直《しなまさなお》、依田信蕃《のぶしげ》をはじめ、提携する大名を変更しながら、周辺の国衆を続々と従属させ領土拡大を目論む真田昌幸などの動きが、大名たちの思惑を狂わせ、多くの国衆はそれに巻き込まれて没落、滅亡していく。

天正壬午の乱後、生き残り、領域支配を拡大し、自立を維持しえたのは、小笠原・木曾・下条・知久・松尾小笠原・保科・諏方・依田芦田・真田氏に過ぎず、北信濃の川中島四郡は上杉氏に従属し家臣となった（以上、平山・二〇一一年①②）。ここに、武田信玄・勝頼の侵攻により書き換えられた戦国期中部・東海・関東の国衆分布の地図は、さらに大きく変動したわけである。北信濃を除く、他地域の国衆は、小笠原をはじめとする巨大化した国衆に従属するか、追放もしくは滅ぼされる結果となり、歴史の舞台から姿を消した。

国衆の終焉

天下一統をなし遂げた豊臣秀吉は、各地を平定する過程で、仕置を実施したが、各国に存在した国衆の存在を認めぬ方針を採用した。本能寺の変から秀吉による天下一統までの間に、各地で発生した争乱により国衆の没落、滅亡が相次ぎ、かつての国衆の一部が有力となり、周辺の国衆を従属させたり、打倒したりして巨大化したものも多かった。こうした現状を受けて、秀吉は、国衆について独立大名として取り立てるか、独立領主としての権限を否定され大名の家臣となるか、取り潰《つぶ》されるか、という運命の岐路に立たされた。

信濃《しなの》の場合、下条、知久、藤沢が滅亡し、諏方、保科、小笠原、依田芦田（松平）、真田、木曾氏が支配領域内の国衆を粛清するか、家臣に編成した。そして、徳川氏に従属していた諏方・保科・依田芦田（松平）を除く、木曾・小笠原・真田氏は豊臣秀吉に大名に取り立てられた。ただ、豊臣政権において、大名は知行高十万石以上、小名は十万石以下とされていたので、ほとんどが小名に分類された（黒田基樹・二〇一六年①②）。そして、彼らは真田氏を除き、徳川氏の与力大名となり、関東に転封された。駿河《するが》・遠江《とおとうみ》の国衆も、徳川家臣に編成され、故地を後にした。北信濃の国衆は、上杉家臣に編成され、慶長三年に会津に転封となり、故地を離れた。かくて、独自の「領」（「国」）を持ち、「家中」を編成して自立した領主として存在した国衆は姿を消した。国衆の終焉《しゅうえん》は、同時に戦国時代の終焉を意味したのである。

参考文献一覧

編著書

秋山　敬『甲斐武田氏と国人—戦国大名成立過程の研究』高志書院、二〇〇三年①／同『甲斐の荘園』（甲斐新書5）甲斐新書刊行会、二〇〇三年②／同『甲斐源氏の勃興と展開』岩田書院、二〇一三年／同『甲斐武田氏と国人の中世』岩田書院、二〇一四年／秋山伸隆『戦国大名毛利氏の研究』吉川弘文館、一九九八年／浅野晴樹・齋藤慎一編『中世東国の世界3　戦国大名北条氏』高志書院、二〇〇八年／浅見良治『長井氏の研究』私家版、一九九七年／池上裕子・稲葉継陽編『展望日本歴史12　戦国社会』東京堂出版、二〇〇一年／池享『大名領国制の研究』校倉書房、一九九五年／石井　進『中世武士団』小学館、一九七四年／石井進編『中世の村落と現代』吉川弘文館、一九九一年／磯貝正義『武田信重』戎光祥出版、二〇一〇年、初版は一九七四年／磯貝正義先生追悼論文集刊行会編『戦国大名武田氏と甲斐の中世』岩田書院・二〇一一年／市村高男『戦国期東国の都市と権力』思文閣出版・一九九四年／井原今朝男『中世のいくさ・祭り・外国との交わり』校倉書房、一九九九年／伊藤俊一『室町期荘園制の研究』塙書房、二〇一〇年／大石泰史編『全国国衆ガイド』星海社新書、二〇一五年／大石泰史『今川氏滅亡』角川選書、二〇一八年／小笠原春香・小川雄・小佐野浅子・長谷川幸一著『戦国大名武田氏と地域社会』岩田書院・二〇一四年／片桐昭彦『戦国期発給文書の研究—印判・感状・制札と権力—』高志書院、二〇〇五年／勝俣鎮夫『戦国法成立史論』東京大学出版会、一九七九年／同『戦国時代論』岩波書店、一九九六年／久保田順一『上州白旗一揆の時代』みやま文庫228、二〇一八年／栗原修『戦国期上杉・武田氏の上野支配』岩田書院、二〇一〇年／久留島典子『一揆と戦国大名』日本の歴史十三巻、講談社、二〇〇一年／黒田基樹『戦国大名領国の支配構造』岩田書院、一九九七年／同『戦国期東国の大名と国衆』岩田書院、二〇〇一年／同『中近世移行期の大名権力と村落』校倉書房・二〇〇三年／

同『戦国期領域権力と地域社会』岩田書院、二〇〇九年／同『小田原合戦と北条氏』敗者の日本史10、吉川弘文館、二〇一三年／同『戦国大名』平凡社新書、二〇一四年／同『増補改訂版戦国大名と外様国衆』戎光祥出版、二〇一五年（初版は一九九七年）／同『「豊臣大名」真田一族』洋泉社、二〇一六年①／同『真田信之』角川選書、二〇一六年②／呉座勇一『日本中世の領主一揆』思文閣出版、二〇一四年／国立歴史民俗博物館編『国立歴史民俗博物館研究報告　室町期荘園制の研究』同館、二〇〇三年／小林一岳『日本中世の一揆と戦争』校倉書房、二〇〇一年／五味文彦・吉田伸之編『都市と商人・芸能民』山川出版社、一九九三年／酒井紀美『戦乱の中の情報伝達』歴史文化ライブラリー372、吉川弘文館、二〇一四年／笹本正治・萩原三雄編『定本・武田信玄―21世紀の戦国大名論―』高志書院、二〇〇二年／佐藤和彦編『中世の内乱と社会』東京堂出版、二〇〇七年／佐藤孝之『近世前期の幕領支配と村落』巌南堂書店、一九九三年／佐脇栄智『後北条氏と領国経営』吉川弘文館、一九九七年／四国中世史研究会・戦国史研究会編『四国と戦国世界』岩田書院、二〇一三年／静岡県地域史研究会編『戦国期静岡の研究』清文堂出版、二〇〇一年／静岡市教育委員会『蒲原城跡総合調査報告書』静岡市教育委員会、二〇〇七年／柴　裕之『戦国・織豊期大名徳川氏の領国支配』岩田書院、二〇一四年／柴辻俊六『戦国大名領の研究』名著出版、一九八一年／同『戦国大名武田氏領の支配構造』名著出版、一九九一年／柴辻俊六編『新編武田信玄のすべて』新人物往来社、二〇〇八年／同『戦国大名武田氏の役と家臣』岩田書院、二〇一一年／柴辻俊六他編『武田氏家臣団人名辞典』東京堂出版、二〇一五年／清水克行『戦国大名と分国法』岩波新書、二〇一八年／下村　效『戦国・織豊期の社会と文化』吉川弘文館、一九八二年／鈴木将典編『遠江天野氏・奥山氏　論集戦国大名と国衆8』岩田書院、二〇一二年／鈴木将典『戦国大名武田氏の領国支配』岩田書院、二〇一五年／戦国史研究会シンポジウム「戦国期における大名と『国衆』」レジュメ、戦国史研究会、二〇一七年／辰田芳雄『室町・戦国期備中国新見荘の研究』日本史史料研究叢書六、二〇一二年／田端泰子『中世村落の構造と領主制』法政大学出版局、一九八六年／都留市教育委員会・勝山城跡学術調査会『山梨県史跡・勝山城跡』都留市教育委員会・勝山城跡学術調査会、二〇一〇年／中口久夫『太閣検地と徴租法』清文堂出版、二〇一二年／中村吉治『日本封建制の源流』下巻、刀水書房、一九八四年／永原慶二『日本封建制成立過程の研究』岩波書店、一九六一年／長沼歴史研究会編『長沼城の研究―城跡の検証―』同会、二〇一四年／則竹雄一『戦国大名領国の権力構造』吉川弘文館、二〇〇五年／萩原三雄編『定本・山梨県の城』郷土出版社、一九九一年／平山　優『戦国大名領国の基礎構造』校倉書房、一九九九年／同『川中島の戦い』上・下巻、学研M文庫、二〇〇二年／同『武田信玄』吉川弘文館、歴史文化ライブラリー221、二〇〇六年／同『天正壬午の乱』学研、二〇一一年①（増補改訂版、戎光祥出版、二〇一五年）／同『武田遺領をめぐる動乱と秀吉の野望』戎光祥出版、二〇一一年②／同『真田三代』PHP新書、二〇一一年③／同『穴山武田氏』戎光祥出版、二〇一一年④／同『長篠合戦と武田勝頼』吉川弘文館、二〇一四年／同『大いなる謎 真田一族』PHP文庫、二〇一五年／同『武田氏滅亡』角川選書、二〇一七年／平山優・丸島和洋編『戦国大名武田氏の権力と支配』岩田書院、二〇〇八年／福嶋紀子『中世後期の在地社会と荘園制』同成社、二〇一一年／藤木久志『戦国社会史論』東京大学出版会、一九七四年／同『雑兵たちの戦場』朝日新聞社、一九九五年（新版、朝日選書、二〇〇五年）／藤木久志編『日本中世気象災害史年表稿』高志書院、二〇〇七年／丸島和洋『戦国大名武田氏の権力構造』思文閣出版、二〇一一年／同『戦国大名の「外交」』講談社選書メチエ、二〇一三年①／同『郡内小山田氏―武田二十四将の系譜―』戎光祥出版、二〇一三年②／同『図説真田一族』戎光祥出版、二〇一五年①／同『真田四代と信繁』平凡社新書、二〇一五年②／同『戦国大名武田氏の家臣団―信玄・勝頼を支えた家臣たち―』教育評論社、二〇一六年／同『武田勝頼』平凡社、二〇一七年／峰岸純夫『中世の東国―地域と権力―』東京大学出版会、一九八九年／同『中世社会の一揆と宗教』東京大学出版会、二〇〇八年／村井良介『戦国大名論―暴力と法と権力―』講談社選書メチエ、二〇一五年／矢田俊文『日本中世戦国期権力構造の研究』塙書房、一九九八年／簗瀬大輔『関東平野の中世―政治と環境―』高志書院、二〇一五年／山田邦明『室町の平和』日本中世の歴史5、吉川弘文館、二〇〇九年／歴史学研究会・日本史研究会編『講座日本史』3封建社会の展開、東京大学出版会、一九七〇年

※この他に都道府県史などの自治体史誌や、郡史誌などを参考にしたが、それらについてはその都度文中でカッコ内に明記した。

論　文

秋山　敬「戦国商人末木氏の系譜」秋山・二〇〇三年①所収、初出は一九九四年／浅倉直美「御嶽・三ツ山城主長井氏に関する基礎的考察」（『駒沢史学』三九・四〇号、一九八八年）／池　享「戦国大名領国における「国」について」（『武田氏研究』三二号、二〇〇五年）／石田晴男「室町幕府・守護・国人体制と「一揆」」（『歴史学研究』五八六号、一九八八年）／市村高男「下総国結城城下町についての考察」市村・一九九四年所収、初出は一九八一年／同「常陸国下妻城下町についての考察」同右、初出は一九八二年／同「戦国期城下町の形成と民衆」同右、初出は一九八五年／同「下野国小山城下町についての考察」同右、初出は一九八五年／伊藤　毅「宿の二類型」（五味・吉田編・一九九三年所収）／井原今朝男「信濃国伴野荘の交通と商業」（『信濃』三五―九、一九八三年）／同「中世城館と民衆生活」井原・一九九九年所収、初出は一九八八年／小笠原春香「武田氏の戦争と境目国衆―高天神城小笠原氏を中心に―」（小笠原春香・小川雄・小佐野浅子・長谷川幸一・二〇一四年所収）／小佐野浅子「武田氏の駿河領国化と富士信仰」（小笠原春香・小川雄・小佐野浅子・長谷川幸一・二〇一四年所収）／小川隆司「武田氏の駿遠支配と国衆統制」（静岡県地域史研究会・二〇〇一年所収）／勝俣鎮夫「戦国法」（勝俣・一九七九年所収、初出は一九七六年）／同「十五―十六世紀の日本―戦国の争乱」（勝俣・一九九六年所収、初出は一九九六年）／菊池浩幸「戦国期人返法の一性格―安芸国を中心に―」（『歴史評論』五二三号、一九九三年）／同「室町・戦国期在地領主のイエと地域社会・国家」（『歴史学研究』八三三号、二〇〇七年）／北爪真佐夫「国人領主制の成立と展開」（歴史学研究会・日本史研究会・一九七〇年所収）／栗原修「武田氏の上野国箕輪領支配」（栗原・二〇一〇年所収、初出は一九九三年）／同「戦国大名武田氏の上野支配と真田昌幸」（同右、初出は一九九七年）／同「戦国大名武田氏の上野吾妻地域経略と真田氏」（同右、初出は一九九八年）／久留島典子「中世後期在地領主層の一動向―甲賀郡山中氏について―」（『歴史学研究』四九七号、一九八一年）／同「領主の一揆と中世後期社会」（岩波講座日本通史』九巻、岩波書店、一九九四年所収）／同「甲賀山中氏に関する二・三の問題」（佐藤和彦・二〇〇七年所収）／黒川直則「中世後期の領主制について」（『日本史研究』六八号、一九六三年）／黒田基樹「武田氏の駿河支配と朝比奈信置」（黒田・二〇〇一年所収、初出は一九九五年）／同「戦国大名北条氏の他国衆統制（一）―「指南」・「小指南」を中心として―」（黒田・一九九七年所収、初出は一九九六年）／同「国大名北条氏の他国衆統制（二）―主従制論を中心として―」（同右、初出は一九九七年）／同「大名被官土豪層の歴史的性格」（黒田・二〇〇三年所収、初出は一九九八年）／同「遠江高天神小笠原信興の考察」（黒田・二〇〇一年所収、初出は一九九九年）／同「甲斐穴山武田氏・小山田氏の領域支配」（黒田・二〇〇九年所収、初出は二〇〇七年）／同「武田氏家中論」（平山・丸島和洋編・二〇〇八年①所収）／同「信玄の先方衆統制」（柴辻俊六編・二〇〇八年②所収）／呉座勇一「伊勢北方一揆の構造と機能」（呉座・二〇一四年所収、初出は二〇〇七年）／小林計一郎「甲陽軍鑑の武田家臣団編成表について―「武田法性院信玄公御代惣人数之事」の検討」（『日本歴史』二〇六号、一九六五年）／佐脇栄智「後北条氏の軍役」（佐脇・一九九七年所収、初出は一九八一年）／柴　裕之「武田氏の領国構造と先方衆」（柴・二〇一四年所収、初出は二〇〇八年）／同「長篠合戦再考」（同右、初出は二〇一〇年）／柴辻俊六「甲斐武田氏領の人返し法」（柴辻・一九八一年所収、初出は一九七六年）／同「甲斐武田氏の軍役について」（同右、初出は一九七七年）／同「戦国大名武田氏の直轄領」（同右、初出は一九八一年）／同「甲斐武田領の反銭と棟別役」（柴辻・一九九一年所収、初出は一九八二年）／下村　效「『今川仮名目録』よりみた寄親寄子制」（下山・一九八二年所収、初出は一九六九年）／鈴木将典「武田氏の普請役」（鈴木・二〇一五年所収、初出は二〇一二年）／寺島隆史「海野衆真田右馬助の系統と真田氏」（『信濃』六六巻二号、二〇一四年）／則竹雄一「「領」と戦国大名」（浅野晴樹・齋藤慎一編・二〇〇八年所収）／中口久夫「武田氏の御家人制―「名田」・「恩地」をめぐって」（中口・二〇一二年所収、初出は一九八六年）

／永原慶二「守護領国制の展開」（永原前掲著書所収、一九六一年）／花岡康隆「信濃高梨氏の『国衆』化」（戦国史研究会シンポジウムレジュメ、二〇一七年所収）／同「室町～戦国初期の須田氏について」（『信濃』六九―一二、二〇一七年）／平山優「戦国末期甲斐国における在地秩序について」（『武田氏研究』六号、一九九〇年）／同「戦国大名武田氏の海津領支配について―城代春日虎綱の動向を中心に―」（『甲斐路』八〇号、一九九四年①）／同「戦国大名武田氏の領国支配機構の形成と展開―川中島四郡支配を事例として―」（『山梨県史研究』第二号、一九九四年②）／同「戦国大名武田氏の筑摩・安曇郡支配について」（『武田氏研究』十五号、一九九五年）／同「駒井高白斎の政治的地位」（『戦国史研究』三九号、二〇〇〇年）／同「戦国大名武田氏の在地支配」（笹本・萩原編、二〇〇二年所収）／同「武田氏の知行役と軍制」（平山・丸島編・二〇〇八年所収）／同「武田氏の流通統制について」（『馬の博物館研究紀要』第十八号、二〇一二年）／藤木久志「戦国大名制下における買地安堵制―永正～天文期の伊達氏について―」（藤木・一九七四年所収、初出は一九六六年）／服部治則「近世初頭武士集団における親族関係（六）～（九）―海津城二の曲輪（その一）～（その四）―」（『山梨大学教育学部研究報告』二一～二四号、一九七一～七三年）／深沢修平「戦国大名武田氏の先方衆統制―取次と縁戚の役割分担―」（『戦国史研究』六三号、二〇一二年）／同「長篠合戦後における武田氏の側近取次―土屋右衛門尉昌恒を中心に―」（『武田氏研究』五二号、二〇一五年／前田利久「武田信玄の駿河侵攻と諸城」（『地方史静岡』二二号、一九九四年）／松浦義則「戦国大名の領主層掌握をめぐって」（『福井大学教育学部紀要』第Ⅲ部社会科学三〇号、一九八一年）／松平乗道「武田氏と信濃の武士」（『甲斐史学』特集号、一九六五年）／丸島和洋「戦国大名武田氏と従属国衆」（四国中世史研究会・戦国史研究会・二〇一三年所収）／同「戦国大名武田氏の西上野支配と箕輪城代―内藤昌月宛『在城定書』の検討を中心に」（『地方史研究』三六九号、二〇一四年）／峰岸純夫「室町時代東国における領主の存在形態―上野国新田庄の岩松氏の場合―」（峰岸・一九八九年所収、初出は一九六二年）／同「東国における十五世紀後半の内乱の意義―『享徳の乱』を中心に―」（同右、初出は一九六三年）／同「戦国時代の『領』と領国―上野国新田領と後北条氏―」

（同右、初出は一九六九年）／同「村落と土豪」（歴史学研究会・日本史研究会編・一九七〇年所収）／同「中世社会と一揆」（峰岸・二〇〇八年、初出は一九八一年）／宮島敬一「荘園体制と『地域的一揆体制』」（『中部大名の研究』戦国大名論集4、吉川弘文館、一九八三年所収、初出は一九七五年）／矢田俊文「戦国期甲斐国の権力構造」（矢田・一九九八年所収、初出は一九七九年）／湯本軍一「戦国大名武田氏の貫高制と軍役」（『法政史学』二九号、一九七七年）／同「信濃高梨氏城下の景観復原」（石井進編・一九九一年所収）

あとがき

二〇一七年一月、前著『武田氏滅亡』刊行のための作業をすべて終えた私は、すっかり抜け殻のようになってしまっていた。『武田氏滅亡』に、自らのすべての熱量を傾注したといっても過言ではないほどだったからかも知れない。やがて手にした、分厚く、ずっしりと重い完成品を、景徳院《けいとくいん》に献納すると、私はようやく積年の肩の荷がおりたような思いに駆られた。それと同時に、私は次の著作の執筆が待ち受けているにもかかわらず、何もする気力がなくなり、研究に気が向かなくなってしまった。それればかりか、自分の内側から湧き出るはずの、あらゆるものが枯渇したような気分に襲われた。それからというもの、私は自分を立て直すことがなかなか出来なかった。

その間、科研費の共同研究や、『戦国遺文真田氏編』の作業に没頭し、自分への不安を忘れようとしていた。だが否応《いやおう》でも、著作の執筆に取りかからねばならない。しかしうまくいかない。その葛藤《かっとう》に苦しむ日々が続いた。前に進むことが困難なときほど、私は史料渉猟と熟読に耽溺《たんでき》するしかないと自分に言い聞かせている。史料と向き合う日々の中から、新たな情熱と発想が湧き出てくるはずだ。

こうした先の見えぬ日々を経て、徐々にではあるが、新たな著作に向けた作業が進み始めた。

実をいうと、それは国衆論ではなく、戦国大名武田氏の軍事編成全般をテーマとした歴史書であり、国衆論はその一部に過ぎなかった。ところが、史料を調査し、読み込み、先行研究と向き合いながらまとめていくうちに、武田氏と国衆の部分だけで単著になるほどの分量になってしまっていた。しかも、室町期国人領主から国衆への転換や、それぞれの相違と継承の態様をどう考えるべきかにも思考が拡大してしまっていたため、著作のテーマとの論点のズレが目立ち始めてしまっていた。

そこで私は、武田領国全域に及ぶ国衆の成立と展開、そして消滅を網羅的に紹介したほうが、現在の研究動向を見渡しても有効ではないかと考え、思い切って「戦国大名武田氏と国衆」というテーマで一書を成立させることとした。だが、私のわがままのせいで、著作の刊行をお約束していた出版社には大変なご迷惑をおかけする結果となってしまった。本当に申し訳なく思っている。完成した本書の原稿を抱えたまま、途方に暮れていた私に救いの手をさしのべてくれたのは、『真田信繁』『武田氏滅亡』を手がけてくれた大林哲也氏である。抜け殻だった私の再始動に向けて、大林氏は後押しを惜しまなかった。衷心より感謝申しあげたい。

それにしても、この数年で国衆論は大きく前進した。『全国国衆ガイド』（星海社新書、二〇一五年）が刊行され、さらに大河ドラマ「真田丸」により「国衆」が一般にも定着し始めたばかりか、戦国史研究会シンポジウム「戦国期における大名と『国衆』」が二〇一七年夏に開催され、東国だけでなく東北、西国、四国、九州を含めた検討がなされるようになった（この成果は、『戦国時代の大名と国衆』〈戎光祥中世史論集7、戎光祥出版〉として本書と同時期に刊行される予定)。本書も、こうした研究の流れの中で誕生したといってよい。同時に、本書を書き上げて感じたのは、各戦国大名と国衆の研究書が続いて欲しいということだ。個別の国衆研究はもちろん基礎研究として必要だが、大名領国ごとの広域的展開を、室町から戦国期の時間軸で網羅的に検討すれば、相互の比較検討がよりやりやすくなることだろう。後進の健闘に期待したい。

そして本書を完成させたことで、まだ自分にも前に進む余力が充分にあると意を強くした。新たな地平を切り開く作業に、今後も身を投じていきたいと思う。

二〇一八年十一月十三日

平山　優

平山 優（ひらやま・ゆう）

1964年東京都生まれ。立教大学大学院文学研究科博士前期課程史学専攻（日本史）修了。専攻は日本中世史。山梨県埋蔵文化財センター文化財主事、山梨県史編さん室主査、山梨大学非常勤講師、山梨県立博物館副主幹を経て、山梨県立中央高等学校教諭。2016年放送のNHK大河ドラマ「真田丸」の時代考証を担当。著書に『真田信繁　幸村と呼ばれた男の真実』『武田氏滅亡』（角川選書）、『天正壬午の乱　増補改訂版』（戎光祥出版）、『長篠合戦と武田勝頼』（吉川弘文館）、『真田三代』（PHP新書）などがある。

角川選書 611

戦国大名《せんごくだいみよう》と国衆《くにしゆう》

平成 30 年 12 月 21 日　初版発行

著　者　平山《ひらやま》 優《ゆう》

発行者　郡司 聡

発　行　株式会社 KADOKAWA

東京都千代田区富士見 2-13-3　〒 102-8177

電話 0570-002-301（ナビダイヤル）

装　丁　片岡忠彦　　帯デザイン　Zapp!

印刷所　横山印刷株式会社　　製本所　本間製本株式会社

ISBN978-4-04-703670-3 C0321